2013 年重庆师范大学学术专著出版基金资助

区域金融结构与产业结构协调度研究

杜家廷　著

科学出版社

北　京

内 容 简 介

　　基于金融结构视角,本书从内部结构、外部结构、空间结构等多个维度对西部地区金融结构与产业结构之间的协调度展开研究。全书共 10 章,第 1 章是绪论;第 2 章是文献综述及评价;第 3 章是金融结构;第 4 章是产业结构;第 5 章是基于跨期动态模型的金融结构与产业结构协调度理论研究;第 6 章是西部地区金融结构和产业结构发展现状研究;第 7 章是基于外部结构视角的西部地区金融结构与产业结构协调度实证研究;第 8 章是基于内部结构视角的西部地区金融结构与产业结构协调度实证研究;第 9 章是基于空间结构视角的西部地区金融结构与产业结构协调度实证研究;第 10 章是结论及政策建议。

　　本书可供高等院校和科研院所经济管理类专业师生,以及政府经济管理决策部门相关人员阅读参考。

图书在版编目(CIP)数据

区域金融结构与产业结构协调度研究/杜家廷著. —北京:科学出版社,2014.12

　　ISBN 978-7-03-043304-6

　　Ⅰ. ①区… Ⅱ. ①杜… Ⅲ. ①区域金融–金融结构–关系–区域产业结构–研究–中国 Ⅳ. ①F832.7

中国版本图书馆 CIP 数据核字(2015)第 026871 号

责任编辑:杨 岭 孟 锐/责任校对:胡小洁
责任印制:余少力/封面设计:墨创文化

科 学 出 版 社 出版
北京东黄城根北街 16 号
邮政编码:100717
http://www.sciencep.com

成都创新包装印刷厂 印刷
科学出版社发行　各地新华书店经销
*
2014 年 12 月第 一 版　开本:B5(720×1000)
2014 年 12 月第一次印刷　印张:12.75
字数:240 000
定价:59.00 元
(如有印装质量问题,我社负责调换)

前　言

当前，全球经济格局正发生着深度变化，产业竞争异常激烈。发达国家纷纷提出"再工业化"战略，新兴市场国家也在加快产业升级步伐，我国正面临着发达国家抢占战略制高点和发展中国家抢占传统市场的双重压力。为此，早在党的十六大上，党中央就根据世界经济发展新趋势和新型工业化道路的要求做出了推进产业结构升级的战略部署。2012 年，党的十八大报告再次强调，要通过产业结构优化升级，提高产业创新能力和技术水平，增强我国产业核心竞争力和国际竞争力。由此可见，产业结构升级是当前我国转变经济增长方式的关键所在。

就西部地区而言，自 1999 年 3 月西部大开发战略被正式提出和实施以来，我国西部地区产业结构升级步伐显著加快，经济结构获得快速提升，地区经济呈现出一种高速增长态势，成效显著。但与此同时，当前西部地区产业结构仍面临一系列问题。如产业空间布局趋同，重复建设严重，区域协作不力，第一产业产业化程度不高，第二产业结构层次低，第三产业比重偏低等。西部地区产业结构存在的这一系列问题与当前国际、国内经济发展趋势，以及党的十八大报告提出的优化产业结构、加快传统产业转型升级的要求尚存在较大差距，深入研究西部地区产业结构问题在当前显得尤为迫切。为此，本书从金融结构出发对西部地区金融结构与产业结构的协调度进行研究，而不是像传统研究中那样以人力资源开发、区域产业分工、区域产业转移、要素资源禀赋优势等为出发点来探讨该问题，获得了以下基本结论。

第一，金融结构与产业结构之间存在协调互动关系。无论从外部结构还是内部结构来看，产业结构会通过对工人和企业家财富分布的影响，或通过对财富门槛值的影响来作用于金融结构。与此同时，金融结构也会通过这两个途径来反作用于产业结构。

第二，金融总量不足、结构失衡，产业结构层次较低、第三产业发展滞后。从金融结构来看，西部地区货币资产与东部地区存在较大差距，仅与中部地区相当；证券资产发展水平较低，上市公司数量及总市值在三大区域中都是最低的；保险资产增长速度较快，但总量明显偏少。整体上以货币资产占绝对比重，结构较为单一，区域内各省（自治区、直辖市）间发展差异较大。从产业结构来看，西部地区的产业结构尚处于"二三一"状态，刚进入工业化初期阶段，层次较低。

第三，金融外部结构对产业结构效应显著，产业结构对金融外部结构调整作用不明显。西部地区金融外部结构与非农产业之间具有相互的正向促进作用，与第三产业之间具有相互抑制效应。西部地区当前主要处于金融结构调整带动产业结构升级阶段，而不是产业结构升级带动金融结构调整阶段，产业结构对金融结构调整的反作用力较弱。西部地区金融结构与产业结构之间存在协整关系，从长期来看存在双向格兰杰因果关系，从短期来看存在金融外部结构到产业结构的格兰杰原因，但不存在产业结构到金融外部结构的格兰杰原因。

第四，金融内部各组成要素与产业结构之间的协调互动作用存在显著差异。西部地区货币资产、证券资产、保险资产对非农产业和第三产业的作用方向和大小存在较大差异，其中对非农产业变动影响的大小顺序为证券资产、货币资产、保险资产，对第三产业变动影响的大小顺序为保险资产、货币资产、证券资产。而非农产业变动对金融内部各构成要素影响的大小顺序为证券资产、货币资产、保险资产，第三产业变动对金融内部各组成要素影响的大小顺序为货币资产、证券资产、保险资产。在长期，金融内部结构和产业结构之间存在双向格兰杰因果关系；在短期，货币资产、证券资产与非农产业之间，保险资产与第三产业之间存在单向格兰杰因果关系，保险资产与非农产业之间，货币资产、证券资产与第三产业之间不存在格兰杰因果关系。

第五，从空间视角考察，金融结构对产业结构具有显著促进作用。西部地区产业结构存在空间自相关，金融结构对非农产业和第三产业均具有显著促进作用。总体上看，对非农产业影响最大的是金融结构；其次是固定资产投资；劳动力的影响最小。对西部地区第三产业影响最大的是金融结构；其次是劳动力；固定资产投资对产业结构的影响为负。考察期间，西部地区非农产业存在逐渐分化的趋势，第三产业在 2003 年以前有分化趋势，2003 年以后逐渐收敛。区域内各省（自治区、直辖市）产业结构具有较强异质性。

根据研究结论可知，当前西部地区应从以下三个方面来优化金融结构和产业结构的协调互动机制：①做大金融资产总量，优化金融结构。具体包括提升银行业务创新能力，扭转货币资产对产业结构升级的抑制效应；创新证券市场产品，增强证券资产对产业结构升级的促进作用；增大保险资产总量，提升保险资产对产业结构升级的促进效用。②增强技术创新能力，提升产业结构层次。具体包括深入改造传统农业；大力升级传统工业；加快发展第三产业，从而为金融结构与产业结构协调互动创造有利条件。③夯实互动保障机制，构建协调发展环境。具体措施包括提高经济商品化与货币化程度；加强社会信用基础和信用制度建设；优化外部监管环境，加强风险管理。

在具体研究中，本书在研究内容和方法上努力寻求突破与创新。具体表现在：①以 Chakraborty 和 Ray（2007）的动态均衡模型为基础，构建了金融结构与产业结构协调互动作用的跨期动态均衡模型，从理论上对二者的协调互动关系进行论证，弥补了传统文献在对这一问题进行分析时重实证轻理论研究的不足。②采用

panel vector autoregression（PVAR）模型、面板协整检验（panel cointegration test）模型、面板格兰杰因果关系检验、面板脉冲响应和方差分解技术对西部地区金融结构与产业结构之间的协调互动关系进行实证研究，克服了大多数文献采用单纯时间序列进行研究的不足，所获得的结论更接近现实。③从空间结构视角，采用地理权重矩阵和经济权重矩阵的空间面板误差模型对西部地区金融结构和产业结构之间的协调互动关系进行实证对比研究，克服了传统研究中由忽略空间效应造成的模型设定偏误问题。

杜家廷

2014 年 9 月

目　　录

第1章　绪　　论

1.1　研究背景

产业结构升级是产业结构合理化和高度化的有机统一。当前，我国产业结构升级正面临着国内外环境变化带来的巨大挑战。从国际上看，全球经济格局正发生着深刻变化，产业竞争异常激烈。发达国家纷纷提出"再工业化"战略，继续通过核心技术和高水平的专业服务牢牢掌控全球产业价值链的高端。与此同时，许多发展中国家也奋起直追，利用成本优势，与我国在传统产业市场展开激烈竞争。可以说，在国际上，我国产业发展正面临着来自发达国家和发展中国家的双重挤压。

长期以来，我国一直非常重视产业结构升级战略的实施。早在党的十六大上，党中央就根据世界经济发展新形势和新型工业化道路的要求做出了推进产业结构升级的部署，提出要构建以高新技术产业为先导、基础产业和制造业为支撑、服务业全面发展的产业格局，从而为我国产业结构升级指明了方向。在十六届五中全会上，党中央在《中共中央关于制定国民经济和社会发展第十一个五年规划的建议》中又明确提出在"十一五"期间推进产业结构升级的重要历史使命，强调要发展先进制造业、提高服务业比重，加强基础产业基础设施建设，全面增强自主创新能力，努力掌握核心和关键技术，增强科技成果转化能力，提升产业技术整体水平。2005 年 12 月，经国务院常务会议审议通过发布的《促进产业结构调整暂行规定》则对我国产业结构调整的目标、原则、方向和重点进行了明确规定。2012 年，党的十八大报告再次强调，要紧跟国内外产业发展新趋势，积极转变经济增长方式。加快产业结构升级步伐，提高产业创新能力和技术水平，增强我国产业核心竞争力和国际竞争力。由此可见，产业结构升级是当前我国转变经济增长方式的关键所在。

就我国西部地区而言，其产业结构升级经历了一个曲折的演进历程。1949 年以前，我国工业基础十分薄弱，区域分布极不平衡，70%以上的工业分布于东部沿海地区，西部地区人口虽占当时全国人口的 22.8%，但工业产值却仅占 11.2%，整个产业结构基本以农业为主。从 1949 年新中国建立到 20 世纪 70 年代中后期，我国开始注意在全国有计划地调整工业布局，提高落后地区经济发展水平，确立了加快包括西部在内的广大内陆地区发展的生产力均衡布局政策。在这一时期，西部地区的产业结构得到一定程度提升。十一届三中全会以后，以市场为导向的经济体制改革在我国正式展开，伴随着家庭联产承包责任制的推行、乡镇企业的崛起、科学技术的发展及市场化程度的提高，西部地区的产业结构开始发生快速转变。其中，家庭联产承包责任制的推行使西部地区农业经济获得巨大发展，第一产业比重开始增加，三次产业比重逐渐趋于合理。乡镇企业的异军突起在吸纳众多农村剩余劳动力的同时，有力地促进了农村产业结构的调整，改变了农村单一的产业结构状况，为西部地区农村产业结构升级做出了重要贡献。1999 年 3 月 22 日，西部大开发战略被正式提出和实施，西部地区产业结构升级步伐显著加快，经济结构获得快速提升，地区经济呈现出一种高速增长态势，成效显著。但与此同时，当前西部地区产业结构仍面临一系列问题。例如，第一产业存在投入不足，基础设施薄弱，综合生产能力低，产业化程度不高等问题；第二产业存在结构层次低，采掘业比重大，加工业比重小，传统初级加工业比重大，深加工、精加工业比重小，产品质量档次低，骨干企业和名牌产品少等问题；第三产业存在比重偏低，传统产业比重大，新兴产业比重小，管理落后，效率低下等问题；产业结构布局上则存在空间布局趋同，重复建设严重，区域协作不力等问题。

西部地区在产业结构方面存在的这一系列问题与当前国际、国内经济发展趋势，以及党的十八大提出的加快经济发展方式转变、优化产业结构、加快传统产业转型升级的要求尚存在较大差距。为此，深入研究西部地区产业结构问题在当前显得尤为迫切。作为现代经济的核心，金融发展状况是决定一国或地区经济发展水平的关键因素之一。金融发展一方面表现为金融资产总量的增长；另一方面则表现为金融结构的优化。其中，金融总量增长反映的是一国或地区经济增长和经济金融化水平，金融结构变化则反映的是一国或地区经济发展层次和产业结构升级状况。一国或地区金融发展完善程度，一方面表现在货币市场、资本市场及其他相关金融市场发展水平上；另一方面表现在各种金融资产之间的结构是否合理，以及金融结构和实体产业结构是否协调一致上。只有金融结构与产业结构彼此相互协调时，才能最大限度地发挥金融对经济的支持作用，促进产业结构实现顺利升级。为此，本书从金融结构视角出发对区域金融结构与产业结构的协调度进行研究，而不是像传统文献中那样从人力资源开发、区域产业分工、区域产业转移、资源禀赋优势等视角讨论区域产业结构问题，这有利于人们更全面地理解和把握金融结构与产业结构之间的协调互动关系。

1.2 研究意义

1.2.1 理论意义

第一，促进学科交叉领域的理论发展。金融结构属于金融学研究的领域，产业结构属于产业经济学的范畴。本书将二者结合起来，通过对金融结构与产业结构协调理论的研究，把金融学、产业经济学、计量经济学、经济地理学等学科知识有效结合起来，有利于拓展金融学和产业经济学的理论发展空间，促进学科交叉领域理论研究的发展。

第二，推动金融结构与产业结构协调实证模型的进一步发展。本书在既有学者研究基础上，以金融结构和产业结构演进规律为基础，对二者的相互作用因子和互动机制进行重新界定和甄别，在考虑传统的时间、截面要素基础上，把空间要素引入实证模型，从而使实证研究的结论能更准确解释金融经济发展现实，有效推动金融结构与产业结构协调实证模型的发展。

第三，弥补金融结构与产业结构协调度研究中存在的理论模型缺乏问题。金融结构与产业结构协调互动的内在机理及二者的协调互动路径究竟如何？既有的研究成果往往重实证研究轻理论分析，反映二者真实协调互动关系的理论模型缺乏。本书以 Chakraborty 和 Ray（2007）的动态均衡模型为基础，通过扰动因素的引入，构建了金融结构与产业结构协调互动作用的跨期动态模型，从而较好地弥补了既有研究在这一问题上的不足。

1.2.2　实践意义

长期以来，西部地区金融结构调整相对缓慢，产业结构升级步伐相对滞后，金融结构与产业结构彼此间协调性较差，互动作用机制发挥不足，这与党的十八大提出的转变经济增长方式、优化产业结构、加快传统产业转型升级的发展战略不相符，也将严重影响我国西部大开发战略的有效实施。为此，本书从西部地区金融结构与产业结构发展现状入手，分别从外部结构、内部结构、空间结构视角对二者的协调互动关系进行理论和实证研究，这不仅是西部地区制定科学合理的金融发展战略的现实需要，也是促进西部地区产业结构升级，实现区域经济持续协调发展的现实需求。

1.3　主要研究内容与研究方法

1.3.1　主要研究内容

第 1 章：绪论。首先，阐述研究背景及意义；其次，对本书中涉及的关键概念进行界定；再次，对研究内容和研究方法进行介绍；最后，提出了本书的研究特色和创新点。

第 2 章：文献综述及评价。从早期研究成果和近期研究成果两个方面对国内外既有相关文献进行系统回顾，对其值得借鉴的地方和尚欠缺之处进行简要评价，为后面的研究提供方向指导。

第 3 章：金融结构。从不同视角出发对金融结构的基本内涵进行深入剖析，对金融结构基本特征、金融结构的构成、金融结构的影响因素、金融结构的优化路径、金融结构的评价标准和评价指标等问题进行理论研究。

第 4 章：产业结构。从质和量两个维度对产业结构的基本内涵进行界定，对产业结构的基本特征、产业结构的具体构成、产业结构的影响因素、产业结构的优化路径、产业结构的评价标准和评价指标进行深入剖析。

第 5 章：基于跨期动态模型的金融结构与产业结构协调度理论研究。以 Chakraborty 和 Ray（2007）的动态均衡模型为基础，通过对模型中的经济主体、生产条件、职业类型、金融市场类型的重新界定，以及对模型中最优契约安排的重新推导、以扰动项 λ_i 的方式把金融结构和产业结构因素纳入模型，构建了分析金融结构与产业结构协调互动关系的一般静态均衡和跨期动态均衡模型。并以此为基础，对金融结构与产业结构之间的协调互动原理进行严密的逻辑论证。

第 6 章：西部地区金融结构和产业结构发展现状研究。首先，采用比较分析方法，对我国东、中、西部三大区域的货币资产、证券资产、保险资产、金融外部结构、金融内部结构进行比较研究，找出西部地区在金融结构上存在的问题与不足。其次，在对西部地区三次产业构成现状进行描述性统计分析的基础上，从系统动力学角度入手，构建产业结构发展系统动力学模型，并运用计算机仿真模拟技术对西部地区产业结构的发展历程进行系统模拟仿真研究，探讨其发展规律与演进路径。

第 7 章：基于外部结构视角的西部地区金融结构与产业结构协调度实证研究。在构建金融外部结构指标和产业结构指标的基础上，以西部地区 12 个省（自治区、直辖市）的金融外部结构和产业结构面板数据为样本，采用面板单位根检验、面板协整检验、面板格兰杰因果关系检验对金融外部结构与产业结构之间的协整关系和格兰杰因果关系进行检验。通过 PVAR 模型的构建，运用脉冲响应和方差分解技术分析二者的冲击效应及影响程度。在研究过程中，为了验证金融外部结构与产业结构之间协调互动关系的稳健性，分别采用了非农产业占比和第三产业占比两种不同的产业结构指标进行实证分析。

第 8 章：基于内部结构视角的西部地区金融结构与产业结构协调度实证研究。在构建金融内部结构指标的基础上，结合第 7 章构建的产业结构指标，运用西部地区 12 个省（自治区、直辖市）的相关面板数据进行面板单位根检验、协整检验、格兰杰因果关系检验来检验二者的长期均衡关系和格兰杰因果关系，运用 PVAR 模型进行脉冲响应和方差分解分析，研究二者的冲击效应及影响程度，进而从金融内部结构视角来揭示二者的协调互动关系。在研究过程中，也分别采用了两种不同的产业结构指标，以验证这种互动关系的稳定性。

第 9 章：基于空间结构视角的西部地区金融结构与产业结构协调度实证研究。采用跨学科的研究思路，根据空间相关性检验结果，选择空间面板误差模型，运用Matlab7.10中的Spatial econometric模块对西部地区金融结构和产业结构之间的协调度进行深入考察。在研究时，分别采用了地理邻近权重和经济邻近权重两种空间权重指数，以及非农产业占比和第三产业占比两种产业结构指标，以检验金融结构和产业结构之间协调互动作用关系的稳健性。

第10章：结论及政策建议。在总结前几章研究结论的基础上，提出促进西部地区产业结构升级的金融结构调整对策和产业结构发展对策。

1.3.2　主要研究方法

本书从理论和实证两个方面入手，运用金融学、产业经济学、计量经济学、经济地理学等相关理论知识和实证研究方法，从金融结构视角出发，对我国西部地区金融结构和产业结构之间的协调互动关系进行深入研究，提出增强金融结构和产业结构协调度的政策建议。本书中主要采用了以下三种研究方法。

（1）比较研究法。比较研究法是指对两个或两个以上的事物或对象加以对比，以找出它们之间的相似性和差异性的一种分析方法。为了探寻西部地区金融结构和产业结构的发展演变规律，本书充分运用了比较研究这种直观有效的研究方法。在研究金融结构和产业结构发展现状时，分别从横向和纵向、内部和外部等不同视角，把西部地区发展现状与我国东中部地区，以及与全国平均水平进行对比，把西部地区内部各省（自治区、直辖市）的发展现状进行对比，找出其中的优势和劣势。在分析西部地区金融结构与产业结构协调互动关系时，分别从外部结构、内部结构、空间结构三个不同维度，运用非农产业占比、第三产业占比两种不同的产业结构指标来进行对比研究，从而能更透彻地把握二者的协调互动关系。

（2）定性与定量研究相结合的方法。定性研究是根据社会现象或事物所具有的属性和在运动中的矛盾变化，从事物的内在规定性来研究事物的一种方法。它以普遍承认的公理、一套演绎逻辑和大量历史事实为分析基础，从事物的矛盾性出发，描述、阐释所研究的事物。定量研究是指主要搜集用数量表示的资料或信息，并对数据进行量化处理、检验和分析，从而获得有意义的结论的研究过程。本书在研究中充分发挥定性和定量两种研究方法的优势，在研究西部地区金融结构和产业结构发展现状、发展对策时，主要运用的是定性研究方法。在研究西部地区产业结构演进历程，以及从内部结构、外部结构、空间结构视角研究西部地区金融结构和产业结构协调互动关系时，则主要采用的是系统动力学模型（system dynamics model）、面板协整检验、面板向量自回归模型、脉冲响应和方差分解技术、格兰杰因果关系检验、空间面板误差模型（panel SEM[①]）等定量研究方法。

---

① SEM：空间误差模型（spatial error model）。

（3）静态与动态分析相结合的方法。静态分析方法就是在完全抽象掉时间因素和具体变化过程的条件下，分析经济现象的均衡状态和有关经济变量达到均衡状态时所需具备的条件，是一种静止、孤立地考察某种经济事物的研究方法。动态分析方法则是以客观现象所显现出来的数量特征为标准，判断被研究现象是否符合正常发展趋势的要求，探求其偏离正常发展趋势的原因并对未来发展趋势进行预测的一种统计分析方法。在研究过程中，本书充分考虑了金融结构和产业结构具有静态和动态双重性质的特征，在研究其发展现状时，主要采用静态分析方法，以便进行区域之间、区域内部各省（自治区、直辖市）之间的比较。在研究二者的协调互动作用关系时，考虑到这种互动作用关系的动态特征，在选择相关计量指标时，选用了代表动态特征的流量指标而不是存量指标。在研究西部地区产业结构演进历程时，运用系统动力学模型，从动态视角探寻其演化特征。

本书的主要研究内容和方法如图 1-1 所示。

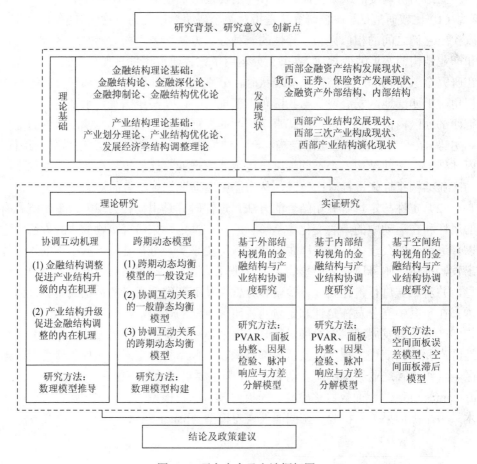

图 1-1　研究内容及方法框架图

1.4　主要特色及创新

本书的特色和创新主要体现在以下三个方面。

（1）以 Chakraborty 和 Ray（2007）的动态均衡模型为基础，通过以扰动项 λ_t 的方式把金融结构和产业结构因素纳入分析框架，构建金融结构与产业结构协调互动关系的一般静态均衡模型和跨期动态均衡模型，从理论上对金融结构与产业结构之间的协调度进行推导和论证。

目前国内外相关研究成果在对这一问题进行研究时，大多是以一国或地区数据为样本，采用协调度模型、协整检验模型进行实证研究，或者从二者相互作用路径和影响因素方面展开定性分析，真正采用数理模型从理论上对二者的协调度进行严密逻辑论证的成果尚相对缺乏。本理论模型的构建为这一问题的进一步深入探讨提供了理论参考。

（2）在构建金融外部结构、内部结构指标，以及产业结构升级指标的基础上，以西部地区 12 个省（自治区、直辖市）的相关指标面板数据为样本，采用 PVAR 模型、面板协整检验模型、面板格兰杰因果关系检验、面板脉冲响应和方差分解技术对西部地区金融外部结构与产业结构之间的协整关系和格兰杰因果关系进行实证研究，发现从不同视角考察，西部地区金融结构和产业结构之间的协调度存在较大差异。

目前国内外对这一问题进行研究时，大多采用时间序列进行脉冲响应分析和方差分解，少数成果采用了面板协整检验，但在进行格兰杰因果关系检验时，大多又采用时间序列进行分析。而事实上，金融结构与产业结构不仅受各个时期的宏观政策影响，还受到各省（自治区、直辖市）的区位因素影响，单纯时间序列往往无法满足分析目的的需要。本书采用 PVAR 等新兴面板数据模型对这一问题进行研究，可有效弥补既有研究的不足，使研究结论更贴近客观事实。

（3）采用跨学科的研究思路，从空间结构视角，在运用沃尔德（Wold）检验、似然比（likelihood ratio，LR）、拉格朗日乘数（Lagrange multiplier，LM）和莫兰（Moran）指数对面板数据序列进行相关性检验的基础上，以 Matlab7.10 中的 Spatial econometric 软件模块为计量工具，分别采用地理权重矩阵和经济权重矩阵的空间面板误差模型对西部地区金融结构和产业结构之间的协调度进行实证对比研究。

从既有研究成果来看，鲜有从空间视角来考察金融结构和产业结构协调互动作用关系的文献。但根据 Anselin（1988a，1988b）等学者的研究，经济变量在很多时候存在空间依赖性和空间差异性等空间效应，其中前者是指一个地区的样本观测值与其他地区的观测值相关，观测值在空间上缺乏独立性，而且空间相关的程度及模式由绝对位置和相对位置（如布局、距离）决定。后者是指由于空间单位的异质性而产生的空间效应在区域层面上的非均一性，其来源要么是不同地区经济变量样本数据的采集可能存在空间上的测量误差；要么是相邻地区间的经济联系客观存在。如果现实环境中存在空间效应而实证模型中却没有加以考虑，则可能产生严重的模型设定偏误。为此，从空间视角来对金融结构与产业结构的协调度进行实证研究，可避免由忽略空间效应造成的模型设定偏误问题，所获得的结论也更能反映真实规律。

第 2 章　文献综述及评价

金融结构与产业结构的协调互动关系是金融与经济关系领域中的一个重要研究内容，也是学术界长期关注和争论的话题。以 Schumpeter（1912）为代表的许多经济学家认为发达的金融体系能有效促进经济增长，而以 Lucas（1988）为代表的一些经济学家则认为人们过分夸大了金融在经济增长中的作用，是经济增长带动了金融发展而不是金融发展促进了经济增长。截至目前，虽然在金融发展与经济增长之间是否存在因果关系的问题上尚存在较大争议，但二者之间存在密切关系这一点却早已成为理论界的共识。本章通过对早期和近期金融结构与产业结构相关文献的系统回顾和评价，揭示既有研究存在的不足，为后面章节的研究寻找突破口。

2.1　早期相关研究文献综述

2.1.1　金融结构论

金融结构论（financial structure theory）是有关金融发展问题的最早和最有影响力的研究成果之一，该理论是由比利时美籍经济学家、耶鲁大学教授 Goldsmith 创立的。1969 年，Goldsmith 的代表作《金融结构与金融发展》正式出版。在这部著作中，Goldsmith 通过对世界 35 个典型国家一百多年的金融数据资料进行深入对比研究后认为，世界金融发展仅有一条主要道路。在这条道路上，尽管各国的金融结构发展起点和速度不同，但其演变规律非常相似，极少偏离这条道路，除非发生战争和通货膨胀等特殊情况。

在《金融结构与金融发展》这部著作中，Goldsmith 开创性地构建了金融相关比率（financial international ratio，FIR）等用于测量一国金融结构状况与金融发展水平的金融存量和流量指标，首次采用了量化研究方法对世界主要国家的金融发展道路进行对比研究，揭示出世界各国金融发展的一般规律和具体路径，强调了研究金融发展与经济发展关系问题的重要性，并指出了开展研究的具体方向。在这部著作中，Goldsmith 把金融现象具体分为金融工具、金融机构和金融结构三个基本方面。其中，金融工具是指某一经济主体对其他经济主体的债权或所有权凭证；金融机构即金融中介机构，是指那些资产和负债主要由金融工具构成的企业；

金融结构是指一国或地区的现有金融工具和金融机构之和。Goldsmith 认为，一国或地区的金融结构状况主要由该国或地区的各种金融工具及金融机构的规模和性质等体现出来。金融发展具体表现为金融结构变化，通过对一国或地区金融结构的剖析就能有效把握该国或地区的金融发展水平和趋势。

Goldsmith 从理论上对金融结构影响经济发展的具体路径进行了高度概括，认为以初级和二级证券市场为代表的金融结构能够为资金转移到最佳使用者手中提供便利，能够更高效地促进资金向社会收益最高的地方流动。从这个意义上说，金融上层结构能够加速经济增长，提高经济运行效率。根据 Goldsmith 的观点，随着金融工具的出现和金融机构的成立，金融资产的范围得到有效扩大，储蓄和投资彼此相互分离，从而能有效提高投资收益和资本形成比率，进而促进经济增长率的提高。这是因为当金融工具出现之后，储蓄和投资被分离成两个相互独立的职能，一方面可摆脱现实中存在的自身储蓄能力不足的问题，使一个单位的投资可大于或小于其储蓄；另一方面可为储蓄者带来增值收益，使储蓄在被作为财富储藏的同时还可获得增值收益。由此可见，不管对于储蓄者还是投资者来说，双方均愿意接受金融活动带来的这种社会分工，从而可有效克服资金运动中存在的收支不平衡问题。

对于工商企业、政府等非金融经济单位发行的债券、股票等初级金融工具来说，这种作用是非常显著的。而对于金融机构来说，Goldsmith 认为它们对经济增长的促进效应在于能够重新安排储蓄者和投资者之间的资金供求，金融机构的出现和介入能够使投资和储蓄的总量增长，超出不存在金融机构的储蓄和投资总量。同时，金融机构能够把资金配置到更高效的投资项目中，从而能有效提高投资资金的边际收益率。通过提高储蓄率，以及提高投资水平和资金配置效率这两条渠道，发达金融机构可实现对经济增长的促进作用。为此，金融越发达，金融工具和金融机构提供的选择机会就将越多，人们从事金融活动的欲望将越强，储蓄总量的增加速度就将越快。在资金总量一定的条件下，资金的使用效率和金融活动的活跃程度成正相关，金融越发达，金融活动对经济的渗透能力将越强，经济增长和经济发展速度就将越快。金融结构理论的核心就是强调金融的自我发展，认为促进经济增长的关键就是要保证金融工具的有效供给和金融机制的正常运行。

现实中存在着多种类型的金融机构，无论从金融相关比率、金融机构资产份额、金融工具构成来看，还是从国民生产总值中金融工具的规模、金融机构资产的配置情况来看，各国均存在着显著差异。Goldsmith 经过自己深入的理论和实证研究发现，尽管现实中存在这种差异，但各国的金融发展实际上只有一条主要路径，即无论是金融相关比率、金融资产中金融机构的份额，还是银行体系的地位都具有一定的规律性，只有在为战争融资或发生通货膨胀时，这种规律才可能出现偏离。在这条道路上，不同国家起步的时间点有差异，金融经济发展起步的阶段不同，各国的发展速度也可能存在较大差异，但各国在发展道路上偏离这一路径的程度会较小。

根据 Goldsmith 的金融发展理论，金融相关比率在金融结构中的地位非常重要和特殊。金融发展的基本特点表现为金融机构和经济结构在规模上的相互关系可直接通过金融相关比率指标反映出来。在一国或地区国民经济中，金融相互关系的密度越高，其金融相关比率就会越高。当经济发展后，金融相关比率会随着经济的发展而不断提高，金融相关比率是衡量经济发展阶段的重要尺度。金融机构金融资产与全国金融资产总量之间的比值直接反映了储蓄和投资机构化的程度，这个比率越高，就表明通过金融机构间接储蓄所占的份额越大。金融机构金融资产占全部资产的比值变化可以说明储蓄过程中银行体系地位的变化，即新金融机构的产生情况及现有金融机构在增长率上存在的差异。根据 Goldsmith 的定义，金融相关比率的计算公式为

$$\mathrm{FIR}=\frac{F_r}{W_r}=\beta_r^{-1}[(\gamma+\pi+\gamma\pi)^{-1}+1][k\eta+\phi(1+\lambda)+\xi]+\theta(1+\varphi)^{\frac{n}{2}}-1$$

其中，r 为裁截比率，代表截止时间；F_r 为金融活动总量；W_r 为国民财富的市场总值；β 为平均资本产出率；γ 为国民生产总值（gross national product，GNP）实际增长率；π 为物价变动率；$k=$资本形成总值/国民生产总值；η 为外部融资比率；$n=$非金融部门金融工具发行量/资本形成总值；$\phi=$金融单位发行的金融工具/国民生产总值；λ 为分层比率，等于某类金融机构对其他金融机构发行的金融工具/某类金融机构对非金融部门的发行总额；ξ 为海外净债权率，等于外国发行量/国民生产总值；θ 为受价格波动影响的金融工具净发行额的比例；φ 为价格敏感资产的价格平均变动比率。

当前，Goldsmith 定义的金融相关比率指标已成为用来衡量一国金融发展程度的最重要指标。在具体应用中，人们把这一指标进行了相应简化，常常以国民生产总值作为分母，代表经济活动总量指标。用代表金融负债总体水平的广义货币供给量 M_2 作为金融活动总量或金融工具总额的替代指标来表示金融资产总和。金融资产总体上被分为银行资产和有价证券两种类型，其中有价证券包括股票市值和债券市值，据此，FIR 指标就转变为 $(M_2+L+S)/\mathrm{GNP}$。当忽略价格波动、外生资本产出率和金融工具价值变化等因素时，影响金融相关比率大小的主要有三个要素：①$\delta=k\eta$，为非金融机构发行的金融工具/国民生产总值；②$\varphi=\varphi（1+\lambda）$，为金融机构发行的金融工具/国民生产总值；③$\xi$ 为外国发行的金融工具/国民生产总值。这三个因素分别从不同视角反映了金融行为给储蓄和投资带来的影响，以及最终对经济增长的影响。对上述公式进行变形可得以下公式：

$$\mathrm{FIR}=\frac{F_r}{W_r}=\beta_r^{-1}[(\gamma+\pi+\gamma\pi)^{-1}+1](k\eta+\xi)\left[1+\frac{\phi(1+\lambda)}{k\eta+\xi}\right]+\theta(1+\varphi)^{\frac{n}{2}}-1$$

$$\mathrm{FIR}=\frac{F_r}{W_r}=\beta_r^{-1}[(\gamma+\pi+\gamma\pi)^{-1}+1](k\eta+\xi)[1+L]+\theta(1+\varphi)^{\frac{n}{2}}-1$$

其中，L 为金融中介比率。由上式可知，影响金融相关比率大小的三个因素主要是由一国的资本形成比率、非金融部门的外部融资比率、国际融资比率、金融中介比率等体现金融发展程度的一系列指标反映出来。其中，一国的资本形成比率体现的是该国的最终投资效率，非金融部门的外部融资比率、金融中介比率体现的是特定金融体系和该体系下的金融结构对最终投资形成的作用程度，国际融资比率反映的是金融开放程度对最终投资形成的作用程度。

2.1.2　金融深化论

金融深化论主张政府应放弃过分干预金融活动，从而使利率和汇率能充分反映金融市场的供求状况，并对通货膨胀进行有效控制。该理论的研究对象主要是发展中国家，因此常常又被称为发展中国家金融结构论。1955 年和 1956 年，Gurley 和 Shaw 在 *Financial aspects of economic development* 和 *Financial intermediaries and the saving intestment process* 两篇论文中，对金融和经济的关系及各种金融中介体在储蓄-投资过程中的重要作用进行研究，开创了金融深化研究领域的先河。20 世纪 70 年代，美国经济学家 McKinnon 和 Shaw 构建了具体的金融深化模型，提出用金融自由化政策促进不发达国家经济发展的思想。金融深化理论从一个全新的视角对金融与经济之间的关系进行了开创性研究，它既弥补了一般货币理论忽视发展中国家货币特征的缺陷，又克服了传统发展理论忽略货币金融因素的不足，进而为发展中国家制定货币金融政策、推行货币金融改革提供了理论依据。

大多数经济学家认为，在收入水平既定的前提下，货币与实质资本之间具有相互替代关系，人们持有的货币余额越多，现实中的实质资本数量就会越少。如果要使实质资本数量增加，就需要减少人们持有的货币余额数量。McKinnon（1973）认为，这种替代关系假说并不适用于经济相对落后的发展中国家。因为发展中国家的经济大多是分割型经济，即企业、政府机构和居民等经济单位相互隔绝，各部门既无法按照同一价格获得土地、劳动力、资本品及一般商品，也无法得到完全相同的生产技术。在这些发展中国家里，资本市场非常不发达，间接金融的功能非常弱小，因此，那些需要进行投资和技术改造的众多中小企业只能依赖内源融资，即主要通过自身货币积累的途径来获得资金。在投资门槛既定的前提条件下，投资者必须积累起投资所需的绝大部分货币资金之后才能进行投资，计划投资规模越大，所需要积累的实质货币余额就会越多，所需要的积累周期就会越长。因此，McKinnon 认为，在发展中国家，货币与实质资本之间具有同步增减的互补关系，并用一个图形来对这一问题进行了具体阐释。

如图 2-1 所示，实线表示低投资高消费类型企业的实质现金积累行为，从其获得收入并开始积累现金的 A 点出发，当积累现金量达到 B 点后，企业家积累的现金达到投资规模的需求，于是将积累的现金用于投资，同时又开始下一轮的积累循环，这类低投资高消费企业的平均持有现金余额量为 A 点的水平。与此相比较，图 2-1 中的虚线代表的是高投资低消费类型企业的实质现金积累行为。由于这类企业内源融资偏好较强，其持有的现金余额水平为图 2-1 中的 B 点，明显高于低投资高消费类型企业的现金余额持有水平。

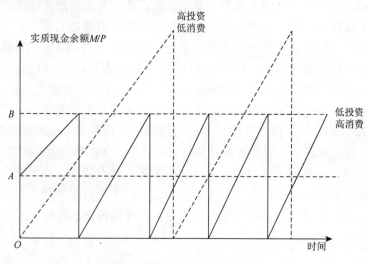

图 2-1　货币与实质资本关系图

为了进一步揭示发展中国家货币与实质资本之间的互补关系，McKinnon 构建了一个货币需求函数：

$$(M/P)^D = L(Y, I/Y, d-P^*) \qquad (2-1)$$

其中，M 为名义货币需求量；P 为通货膨胀率；$(M/P)^D$ 为实质货币需求余额；Y 为名义收入；I/Y 为投资占收入的比重；d 为各类存款名义利率的加权平均值；P^* 为预期通膨率；$d-P^*$ 为货币实际收益率。McKinnon 认为货币需求与各解释变量均呈正相关关系，即货币需求余额对各解释变量的偏导数均大于零，即

$$\partial L/\partial Y > 0, \quad \partial L/\partial(I/Y) > 0, \quad \partial L/\partial(d-P^*) > 0$$

实质货币需求余额与各解释变量之间的正相关关系，尤其是 $(M/P)^D$ 与 I/Y 之间的正相关关系表明货币与实质资本之间存在着一种互补关系。McKinnon 指出，发展中国家经济体系的实际收益率并不是单一的，因此，在对其进行理论分析时，只能假设这些国家的经济体系中存在一个相同的资本平均收益率，同时还要考虑到其他各种外生因素的影响。基于此，他又提出了一个与式（2-1）相近但又存在一定差异的货币需求函数模型，具体如式（2-2）所示。

$$(M/P)^D = L\left(Y, \overline{r}, d - P^*\right) \tag{2-2}$$

在式（2-2）中，$\partial L / \partial \overline{r} > 0$，其中 $\overline{r}$ 为平均资本收益率，即平均资本收益率与实质现金余额之间呈正相关关系。McKinnon 认为这一相关关系非常重要，它能进一步证明货币与实质资本之间存在的互补关系。在普遍采用内源融资方式的发展中国家，这种互补关系的存在说明增加实质现金余额将有利于投资和总产出的增长，货币与实质资本之间并不存在竞争关系，而是为投资增加提供渠道，是投资增加的先决条件，货币需求会随着货币实际收益率的增加而增加。当由货币需求增加引起的实质现金积累不断增长，企业内源融资为主要资金积累模式时，企业资本形成的机会将增多，二者相互促进，形成良性循环局面。McKinnon 把这种经济效应命名为"渠道效应"。但 Shaw（1973）却并不认为货币是一种社会财富，而认为货币是金融体系的一种债务，它与实质资本之间不存在竞争关系，但具有减少生产和交易成本、提高生产效率、促进储蓄和投资增加的功能。McKinnon 认为，货币与实质资本之间并不仅仅具有互补关系，当货币的实质收益率足够高，超过某一限度时，许多人就可能宁愿以现金的形式持有货币，而不愿将货币转化为投资或实质资本。这时，货币与实质资本之间的关系就是替代关系而不是互补关系，二者之间的替代效应就开始发生作用。具体如图 2-2 所示。

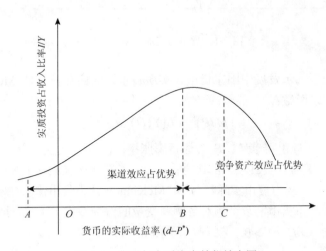

图 2-2　货币与实质资本替代效应图

在图 2-2 中，曲线表示货币的实际收益率与实质投资占收入比率之间的相互关系。其中，A 点到 B 点为渠道效应占优势的区间，在这一区间里，曲线呈逐渐上升趋势，表明货币实际收益率、实质投资占收入比率、现金持有额三者同时增长的情形。到达最高的 B 点后，曲线开始逐渐下降，原来的渠道效应开始逐渐被取代，替代效应开始发挥主要作用。此时，存款人将更多地持有现金，实质投资占收入比率会下降，投资率降低。McKinnon 认为，在现实中，替代效应取代渠道效应的真正分界点可能并不是 B 点而是 C 点，这是因为当货币实际收益率增长到足够高时，生产者将不再愿意采用原材料或半成品囤积这种对整个社会来说效率低下的持有行为，而更多地愿意持有现金，这会提高整个社会的资本素质。在这种情况下，渠道效应与替代效应的分界点可能要在靠后于 B 点的 C 点。

与内源融资一样，对于外源融资来说，货币与实质资本之间同样存在着这种互补关系。因为对于任何一个生产单位或企业来说，拥有的库存现金或流动资金越丰富，该生产单位或企业对贷款者和投资者的吸引力就越大。此时，无论采取间接融资方式向银行等金融机构借款，还是采取直接融资方式在资本市场上发行债券，成功融得资金的几率都会增加。即对于任何单位和企业来说，它持有现金货币越多，获得外部融资的成功可能性将越大。与内源融资一样，在最初一段区间内，渠道效应占优势，外源融资会随着货币实际收益率，即实质利率水平的提高而增长。在实质利率继续提升，超过一个临界点时，替代效应开始取代渠道效应发挥作用，外源融资便开始出现下降趋势。

根据以上解释，McKinnon（1973）、Shaw（1973）针对普遍存在于许多发展中国家的金融压抑问题提出了相应的发展对策。他们认为，这些发展中国家应积极推行金融深化政策，实行金融自由化，消除和降低金融压抑问题，才能有效抑制通货膨胀，实现金融经济的持续快速健康发展。即政府应放弃那种过度干预利率和汇率的管制措施，让利率和汇率能真实反映金融市场信息，成为资金供求和外汇供求关系变化的真正信号。McKinnon 和 Shaw 认为，对于发展中国家的经济成长而言，外国资金固然非常重要，但国内储蓄更加重要。当存在金融压抑的情况下，货币积累的形成机制会受到阻碍。发展中国家只有放弃金融压抑政策，提高利率水平，放松对金融的严格管制，才能有效促进储蓄和投资增长，进而充分发挥金融对经济增长的促进作用。

针对凯恩斯学派的经济成长理论，特别是 Harold-Domar 模型中有关储蓄倾向为常数或固定系数的前提假设，McKinnon（1973）认为，这一假设条件没能关注到货币政策对储蓄倾向的影响，也没能表达出储蓄倾向、金融深化与经济成长彼此之间的相互关系。为了论证这一观点，McKinnon 以 Harold-Domar 模型为基础来证明了金融深化假说。

用 Y 代表实际收入或产量，K 为资本存量，σ 为产量与资本间的比率，I 为实质投资，s 为储蓄倾向，S 为储蓄量，变量上面加点表示该变量的变化率或时间导数，则

$$Y = \sigma K \tag{2-3}$$
$$\dot{Y} = \sigma(\dot{K}) \tag{2-4}$$

式（2-4）中 σ 为一常数，按照定义，实质投资是资本存量的时间导数，所以

$$I = \mathrm{d}K / \mathrm{d}t \tag{2-5}$$

当金融系统均衡时，储蓄等于投资，储蓄量 S 等于储蓄倾向 s 与收入 Y 的乘积，因此

$$I = \mathrm{d}K / \mathrm{d}t = sY \tag{2-6}$$

结合式（2-6）和式（2-4）可得

$$\dot{Y} / Y = \sigma s \tag{2-7}$$

式（2-7）就是 Harold-Domar 模型，该模型的基本含义为：在经济系统均衡条件下，经济增长率等于储蓄倾向和资本产出比率之间的乘积。在这一模型中，储蓄倾向 s 被假定为常数。McKinnon 认为，s 为常数的假定实际上忽略了收入增长率和其他金融因素，如实质利率水平等因素对经济系统带来的影响，把储蓄倾向作为变量来看待将能更好地反映现实情况和规律，即

$$\dot{s} = s(\dot{Y}; \rho)$$

$$0 < s < 1, \quad \partial s / \partial \dot{Y} > 0, \quad \partial s / \partial \rho > 0 \tag{2-8}$$

其中，ρ 为金融体制改革后的金融深化因素向量。由此，可将式（2-7）变为

$$\dot{Y} = \sigma s(\dot{Y}; \rho) \tag{2-9}$$

式（2-9）揭示了经济增长率、储蓄倾向和金融深化指标之间的相互作用。McKinnon 还用图 2-3 揭示了式（2-9）的解。

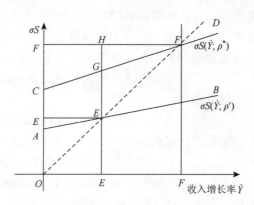

图 2-3　经济增长、储蓄倾向及金融深化关系图

在图 2-3 中，横轴表示收入增长率，纵轴为预期或先前储蓄倾向与 σ 的乘积。当经济均衡增长时，收入增长率等于预期或先前储蓄倾向与 σ 的乘积。由图 2-3 中从原点出发的 45°线可见，假设 AB 线为变动储蓄倾向，该线为收入增长率 $\dot{Y}$ 的递增函数。当 AB 线和 45°线相交时，其交点 E 就是经济的均衡增长点。在这一

均衡增长点，因收入实际增长产生的意愿储蓄能为经济的均衡增长率提供足量的投资资金。在比率 E 上，经济将不确定地继续增长。假定均衡增长率 $\dot{Y}$ 等于零，那么，此时的储蓄倾向就是 OA，该值仍为正数。如果把这部分储蓄成功转换为净投资，收入增长率就会得到有效提升。但是，要满足 AB 线与 45°线之间相交，使均衡点 E 能够存在，必须假定 AB 的斜率要小于 1，即该模型应满足以下条件：

$$\partial s / \partial \dot{Y} < 1 / \sigma \qquad (2\text{-}10)$$

为了体现收入增长率 $\dot{Y}$ 与储蓄倾向 s 之间的关系，上述论证中均假定 ρ 为常数，即假定客观存在于经济中的金融结构是固定不变的。现假设 $\rho = \rho'$，表示金融压抑水平，代表持有货币的实际收益或货币收益率。当经济活动中存在严重的金融压抑时，指标 ρ' 的值非常低，甚至为负。与此同时，储蓄函数 AB 的值也非常低。当取消金融压抑，实施金融深化政策时，参数 ρ 将从 ρ' 上升到 ρ^*，储蓄曲线 AB 从原来的位置向上移动到 CD 位置。此时，金融深化对储蓄产生两种效应，即总储蓄函数上移，总储蓄函数相对于收入增长率 $\dot{Y}$ 的斜率增加。

在图 2-3 中，当储蓄曲线从 AB 上升到 CD 时，均衡增长率也会相应上升到 F 的水平。从总体上看，这种增长可分为两个部分：一是收入增长率 $\dot{Y}$ 还没真正提高之前，金融深化的扩张效应表现为均衡点从 E 向 G 的移动；二是当收入增长率 $\dot{Y}$ 提高到新的水平时，金融深化的扩张效应表现为均衡点从 G 到 H 点的移动，GH 就是在引致作用促进下增加的储蓄量。由图 2-3 可知，曲线 CD 的斜率大于曲线 AB 的斜率，这说明当金融压抑放松时，人们将有更大的意愿持有货币资产。事实上，不仅人们自愿持有实际余额数量的增加会促进储蓄增加，收入增长也会通过"有组织"的金融过程促进人们更多地储蓄。

2.1.3 金融抑制论

Gurley 和 Shaw（1955，1956）认为，金融发展的基础和前提是经济发展，而经济发展的动力和手段则是金融发展。McKinnon（1973）、Shaw（1973）通过对传统货币理论和凯恩斯主义进行批判，以及对金融发展与经济发展之间相互制约、相互促进的辨证关系进行详细论证后发现，不管是金融变量还是金融制度，它们对经济成长和经济发展要么具有促进作用，要么具有阻碍作用，并不是中性的，而究竟起到什么作用，关键在于政府选择什么样的政策和制度。许多发展中国家都存在着金融政策和金融制度选择错误的现象，其具体表现就是政府当局通过人为压制市场利率和汇率对金融活动进行强制干预，从而导致金融体系和实体经济发展缓慢、呆滞不前，即 McKinnon 和 Shaw 所指的金融抑制问题。当存在严重的金融抑制现象时，市场上的实际存款收益率将很低，人们不愿意从事储蓄活动，整个社会的储蓄率很低，银行也无法根据市场风险程度的高低来决定利率水平。在实际贷款利率很低的情况下，为了降低贷款风险，银行将更愿意选择低收益和低风险的安全项目，那些低收益和低风险项目将占用大量贷款资源，而那些高风险项目和生产性项目常常得不到贷款资金，或者只能借助于信贷配给方式获得货币资金，这样市场上的非正式信贷市场就会产生。

McKinnon 和 Shaw 的金融抑制理论主要是针对发展中国家的实际情况提出来的，该理论揭示了发展中国家金融抑制阻碍经济增长的问题。金融抑制论对发展中国家存在的以下四种典型金融抑制现象进行了详细阐释：其一是名义利率限制。许多发展中国家常常通过规定上限或某一百分比的方式对贷款和存款的名义利率进行控制，以确保市场利率维持在一个低水平上。这种低水平甚至负的实际存款利率会严重压制整个社会对金融中介机构实际债权存量的需求，那些生产型企业或高风险项目只能依赖信贷配额的方式来满足自身对中介机构贷款的过高要求。此时，中介机构贷款利率水平一方面偏低，另一方面，某些利率还能为一些特殊群体借款人带来净补贴收益。其二是规定较高的准备金要求。在较高的准备金要求下，许多发展中国家的商业银行必须将存款中的很大一部分比例作为不生息准备金存放于中央银行，由中央当局直接指定贷款用途，还有一部分则被投放到住房债券等低收益项目上。同时，为了达到维持本币稳定的目标，许多发展中国家常常把本币和发达国家的货币挂钩。然而，与拥有硬通货的发达国家相比，这些发展中国家的经济存在较大差异，具有较大差距。如果采用这种盯住方式，往往会出现高估本币价值的问题，即本币汇率高估，国内商品出口将因此而受损。为了克服这一弊端，许多发展中国家的政府采取出口补贴和出口退税等措施，鼓励国内企业扩大出口水平。但出口补贴和出口退税更多的是给那些具有出口权的企业带来好处，那些缺乏出口自主权的企业只能将出口商品交给拥有出口自主权的企业，并不能得到这种补贴和退税带来的好处，国内企业无法在同一市场条件下进行平等竞争，这会扭曲市场机制。其三是干预限制外源融资。在存在金融抑制条件下，政府会干预限制外源融资，外源融资的对象也由政府来决定，此时银行信贷仅仅成为某些政府的金融附属物，甚至政府在解决自身往来账户的普通赤字时也会采用预先占用存款银行的有限放款资源，而经济中真正的生产部门和企业则得不到生产所需的足够资金。其四是设置特别信贷机构。发展中国家金融抑制还表现为一些特别信贷机构的设置上，通过这些特别信贷机构的设置，掌握这些重要资源的中央银行可将廉价的信贷资源引导至这些机构。而这些信贷机构又以低于均衡水平的利率将资金投向出口领域、小农户信贷领域或政府想补贴的工业项目等。此时，这些信贷机构实际上承担的就是部分政府的功能。此外，为了弥补政府财政赤字，中央银行的信贷甚至可直接流向国家相关财政部门。

　　许多发展中国家的这种金融抑制会带来一系列消极效应：第一，资本市场效率降低。当金融抑制程度加剧之时，原已受限的银行导向型资本市场效率会受到进一步降低，如果由于总需求减少带来商品和劳务形成总供给瓶颈，这种需求下降就具有自我打击特征，其代价尤其巨大。如果与社会商品和劳务总供给相对应的劳务总需求减少，市场价格水平就会下降或停止上升，市场供求关系就不能够得到真实反映，价格对供给的刺激及对需求的限制作用也不能得到有效发挥。第二，经济增长低于最佳水平。当储蓄倾向提高，资本形成质量获得提升时，货币改革对实际经济产量具有刺激作用。经济的高增长需要依赖人们较强的储蓄倾向及较多的货币资金支持。因此，McKinnon（1973）认为，从这一角度来看，由于金融抑制会降低人们的储蓄倾向，生产企业获得货币资产的机会减少。因此，金融抑制对最初经济增长产生的阻碍作用非常大，在存在金融抑制的情况下，经济增长会低于最佳水平。第三，银行体系适应经济增长需要的能力降低。持有金融抑制论观点的学者认为，银行体系的规模应该扩大到新投资边际收益水平，即等于持有货币的实际收益与提供银行服务的边际成本之和的水平。此时，高效的银行体系可将私人储蓄有效地引导到高收益投资领域。然而，如果存在金融抑制，银行体系的扩展将受到金融抑制的制约，货币实际收益与服务边际成本之和很多时候会高于新投资的边际收益，根本不可能达到理论上的最优边界水平。当存在这一缺陷时，银行无法把私人储蓄向高收益的投资领域进行有效引导。第四，加剧现实经济的分化程度。除利率抑制之外，发展中国家的另一个金融抑制问题就是本币价值高估，即汇率抑制问题。在汇率抑制和本币价值高估条件下，本国商品价格偏高，商品出口能力下降，国际竞争力减弱，本国商品出口量将受到严重限制。此时，政府实际上是通过金融抑制手段来支持商品出口，当从农民手中收购农副产品时执行的是低价格，而在出口时又给出口商以补贴，或者基于对制造业产品有利的视角来改变商品贸易条件，在不作任何补偿的情况下榨取其他地方，如农村地区的强制性储蓄就是典型例子。另外，如前所述，内源融资模式实际上是一种对已拥有较多财富的富人更有利的一种收入分配方式，这会使贫困的人在收入分配中受到更严重的剥夺，从而变得更加贫困，富裕的人在收入分配中获利更多，从而变得更加富裕，无法真正体现市场经济的公平原则。第五，融资形式受到限制。在现实经济体中，单个企业或个人的内源融资能力毕竟有限，于是，外源融资就成为大家竞相争夺的一种特权。只要争取到外源融资权力，无疑就意味着拥有了一种稀有金融资源，就争取到了比别人更加优越和高级的发展权。但是，在金融抑制环境下，外源融资是受到制约的，特别是对于中小企业来说，其外源融资受到的限制更加严重，只有那些被政府认为非常重要的大企业才拥有外源融资权力。这一限制带来的直接后果是大量企业将因外源融资缺乏而无法获得最佳生产技术的连续投资。

2.2　近期相关研究文献综述

从近期相关研究文献来看，人们主要是从金融主体结构与经济增长的关系、金融功能结构与经济增长的关系、金融结构与产业结构的关系三个方面来对金融结构与产业结构的协调度展开研究。

2.2.1　金融主体结构与经济增长的关系研究

根据不同的主体，金融结构可分为银行主导型和市场主导型两种主体结构类型。国内外学者在研究金融主体结构与经济增长的关系时，一般把金融结构分为银行主导型和市场主导型两种结构类型，然后围绕着两种结构类型在获取信息有效性、控制风险和治理结构有效性、动员资本稳定经济的有效性等方面展开研究。

从获取信息的有效性方面来看，持有银行主导观的 Diamond（1984）、Ramakrishan 和 Thakor（1984）、Beck 和 Levine（2004）认为相比市场而言，银行更容易获得企业和经营者的有关信息，在法制不健全、合约执行力较差的市场环境下，银行比市场更有效。Stiglitz（1985）从市场有效性假说出发对两种不同金融主体结构类型进行对比研究后发现，由于在证券市场上常常存在着信息不对称问题，市场价格并不能把公司的市场业绩全面反映出来，那些业绩优良公司的上市成本与那些业绩一般公司的上市成本相差不多，造成前者上市成本往往偏高，从而无法实现资源的有效配置。Boot 和 Thakor（2000）则从金融市场中的免费搭乘现象出发进行研究，发现在有效市场上，信息是完全公开的，这不可避免会带来严重的免费搭乘问题，个体投资者可轻易地免费获取信息，从而会大大弱化这些投资者获取信息的激励机制。而在银行主导型金融结构体系中，由于银行与企业已达成了稳定的合作关系，银行并不需要像市场主导型金融结构体系那样需要非常快地公布相关信息，从而能够有效缓解这一问题。此外，Grossman 和 Hart（1979）的研究发现，在有效市场上，作为外部威胁的接管机制实际上并不具有很强的操作性，因为如果市场上出现外部接管，为数众多的分散股东可能会通过大量增持股份来获取企业被接管带来的好处，从而导致外部接管的成本明显升高，接管利益显著下降。但与此相反，Allen 和 Gale（1999）等持有市场主导观的学者认为，尽管从发现、收集、处理信息来看，银行主导型金融结构比市场主导型金融结构更经济有效，但在某些缺乏规律性的情况下，如决策人在收集什么信息，以及怎样处理这些信息方面意见不一致的时候，相比市场来说，银行的效率会明显偏低。因此，在环境多变、不确定性强、创新性特征突出的环境下，银行并不具有信息获取优势。此时，市场在信息扩散和传递方面比银行效率更高。

从控制风险和治理结构的有效性方面来看，Rajan（1999）、Rajan 和 Zingales（2003）发现银行比市场能更有效地督促企业偿还债务，银行主导型金融结构比市场主导型金融结构更有效。在那些契约合同执行不力的国家，这一特点更加明显。Boot 和 Thakor（1997）发现作为投资者之间的协调组织，银行主导型金融结构比市场主导型金融结构在控制企业贷款后的道德风险方面更有优势。Bencivenga（1993）则从市场的缺陷出发进行研究，发现金融市场虽然能够分散风险，但由于市场存在不完全性，并不能对加总冲击进行分散。在平滑加总风险方面，银行比市场主导的金融体系更能提供有效的风险防范措施，促进经济增长。Bhide（1993）发现在那些流动性高的金融市场，由于市场较为发达，当出现公司治理问题或其他风险时，投资者可非常便利地卖掉自己手中的证券。为此，他们极少愿意真正去参与公司治理和风险控制活动。市场越发达，投资者的参与意愿就越弱，这越会对公司有效治理和经济增长产生阻碍作用。Chakraborty 和 Ray（2007）从比较研究的视角，通过运用内生增长模型对银行主导和市场主导两种金融结构体系进行比较研究后发现，银行主导的金融结构体系能部分解决代理人问题，在银行主导的金融结构体系下，投资水平和人均收入更高，收入不平等程度更低，经济增长空间更广阔。与以上观点相反，Rajan（1992）认为在银行主导型金融结构体系中，银行的势力过于强大，在与企业交易时银行会依靠这种强势地位向企业抽取大量租金，造成企业所获利润大大降低。这一方面会使企业缺乏动力去开展创新活动，另一方面那些与银行关系密切的企业将不再面临市场竞争压力，受到非正常保护，最终将使企业的创新能力受到严重制约，无论从内部还是从外部来看都可能失去活力。Wenger 和 Kaserer（1998）认为大银行受到的管制较少，更容易同企业经营者串谋，从而损害债权人利益，妨碍有效公司治理结构的形成。当经济体中的企业平均规模较大时，市场主导型金融结构体系比银行主导型金融结构体系具有更多优势。

从动员资本稳定经济的有效性这一视角来看，Sirrie（1995）、Rajan（1999）、Stulz（2002）发现垄断银行结构可减少银行间的过度竞争，防止由银行过度竞争造成的金融不稳定，以及在动员资本、实施重要战略、实现规模经济、稳定经济增长等方面比市场主导型金融结构体系更有效。Claessens 和 Laeven（2005）的研究也发现那些银行系统更发达的国家或地区经济增长更快，产业发展层次更高。但持市场主导金融主体结构论的 Boyd 和 Smith（1998）认为，银行很可能会通过对企业管理层进行贿赂的方式来使外部人利益受损，对市场竞争和新企业的创立造成阻碍，进而影响到经济的长期增长。殷剑峰（2004）以 Ramsay 模型为基础，通过在模型中引入外生的中间品生产技术进行研究，发现当存在道德风险时，市场主导型金融主体结构在采纳新技术方面比银行主导金融主体结构更有优势，但同时经济增长也存在陷入不对称信息陷阱的问题。吴晓求（2005）以中国为例，从影响金融结构形成的外部因素、金融功能的内生演变、金融微观结构的演变等视角展开研究后认为，从长期来看，要想有效分散金融风险，保证金融体系拥有充足的流动性，以及实现经济增长财富效应和存量资源的优化配置，中国应该要构建一个市场主导型的金融主体结构体系。

2.2.2　金融功能结构与经济增长的关系研究

金融功能结构观认为，与金融机构和组织形式相比较，金融体系的基本功能随时间和地域变化而发生改变的可能性更低，稳定性更强，但市场竞争会使金融结构向效率更高的金融系统转变。总体上看，金融功能结构观主要体现在金融服务论和法律主导论两个方面。其中，金融服务论强调金融系统的功能主要体现在金融服务上，这些服务有助于公司、产业及整个经济的发展。为此，区分是金融中介还是金融市场更善于提供这些服务是次要的。法律主导论是金融服务观的扩展，该观点强调法律体系在金融部门中的地位，认为国家法律体系是决定金融结构效率的关键因素。

通过大量深入的实证研究，Levine（1997）首先最先提出了金融服务论，他认为金融结构并不是经济增长的关键因素，对经济增长的影响程度非常微弱，几乎可以忽略。金融系统提供的服务水平和质量才是影响经济增长的重要因素，那些银行规模更大、股票市场更活跃的国家具有更快的经济增长速度就是这一理论的一个很好例证。在如何提供金融服务这一问题上，Boyd 和 Smith（1998）认为问题的关键不在于是由什么金融机构来提供这些金融服务，而在于为金融机构提供优良的金融服务环境。在这种环境中，银行和市场不仅能提供优质金融服务，而且彼此能取长补短、相互支持和补充。但与此同时，Boyd 和 Smith（1996）、Allen 和 Gale（1999）认为市场和中介虽然是互补的，但方式和成功的可能性存在差别。如通过鼓励对公司控制权的竞争和创造投资机会，金融市场会减轻强权中介的逆反效应。Lee（2012）通过对美国、英国、日本、德国、韩国等国家金融系统的研究对该结论进行了进一步验证，发现除美国之外，其他国家银行主导的金融结构和市场导向的金融结构体系之间都是互补的。Besanko 和 Kanatas（1996）设计的金融市场和金融中介共存经济体中，金融市场可有效减轻银行对企业的过度监督。Demirguc-Kunt 和 Levine（1996）用企业层面的经验数据进行的研究结论也显示，在发展中国家，证券市场的发展能有效促进银行融资能力，两种金融体系存在互补关系。Levine（1999）在用各国数据集检验金融结构和经济增长关系时，其研究结论也强烈支持金融服务观的主张。

法律主导论可认为是金融服务观的扩展，是由 LaPorta 等（1997，1998，2000）

提出的。他们通过对发达国家四个主要法律体系，即普通法、德国民法、法国民法和斯堪的纳维亚法进行研究后发现，在那些具有较好知识产权保护制度、较强合约执行力的国家，往往具有更高发展水平的股票市场。而对于那些知识产权保护程度低、合约执行力较差的国家，则往往具有更发达的银行体系。在那些具有完善股东权益保护机制的国家，企业的融资模式更偏向于以外部资本市场融资的模式进行。Demirguc-Kunt 和 Levine（1999）的研究认为，在假定人均收入固定的前提下，有习惯法传统、对股东和债权人保护力强、会计制度标准健全、腐败程度低及没有存款保险制度的国家，企业更倾向于采用市场融资模式。反之，有民法传统、对股东和债权人保护不力、合约执行力差、腐败程度较严重、会计制度标准不规范、银行系统受到严格限制及通货膨胀率较高的国家，其企业更倾向于采用银行中介融资模式。Tadesse（2002）通过对 36 个国家相关行业数据进行研究后发现，一个国家的金融结构需要与该国的法制环境相一致。当法制不健全时，那些实行间接融资体制的国家的企业业绩比那些采用直接融资体制的国家的企业业绩更好。Rajan 和 Zingales（1998）发现相比银行，市场对外部法律体系的依赖更强，对于那些经济发展水平较低的国家，银行主导型的金融结构将是一种更好的制度安排。Levine（1998，2003）的研究还发现，在一个国家里，如果债权人的优先权能够得到法律和监管体系的有力保护，则金融中介在这个国家里将获得更好的发展，是否具有完善的法律制度、投资者权益是否能得到可靠保护是决定经济增长的最重要因素，金融结构是银行主导型还是市场主导型并不是区分金融体系优劣的有效依据。Ergungor（2008）通过比较研究也发现金融结构和经济增长之间存在非线性关系，那些建立了公正透明法制系统的国家，金融结构对经济增长的促进作用更显著。总之，法律制度决定论认为，作为一系列合约集合的金融来说，其效力是由现实中的法权和实施机制决定的，法制在金融发展与经济增长互动过程中具有重要作用。

2.2.3 金融结构与产业结构的互动关系研究

从产业结构对金融结构影响的相关成果来看，学者们主要是从金融结构演变的决定和影响因素出发来进行研究。Amel（1997）从产业组织理论视角对金融业加以研究，发现与其他产业一样，银行业的发展同样遵循着产业组织发展的特定规律。因此，那些决定产业结构演变的因素，如期初结构、市场规模、市场垄断和竞争等因素也同样会对金融结构产生影响。Rajan 和 Zingales（1998）认为，虽然企业外源融资的主要渠道是银行信贷和股票市场发行股票两种模式，但由于存在信息成本的差异，不同行业企业会偏向于采用不同的融资模式，进而形成不同的企业融资结构和金融结构。于忠和王继翔（2000）通过对中国银行业进行深入研究后发现，影响中国银行业集中程度的主要有产权结构和经营效率、期初集中度、产品差异性、市场需求成长率和最低经济规模等，其中对银行集中度影响最大的是新兴商业银行的运行效率。林毅夫等（2003）、林毅夫和江烨（2006）通过对产业结构决定论进行拓展研究，发现特定经济发展阶段的最优产业结构是由该阶段的要素禀赋结构决定的，而最优金融结构又是由最优产业结构来决定的。一国政府的发展战略如果背离了要素禀赋决定下的最优产业结构，金融结构也可能会因此而受到影响，从而背离最优水平。他们以 1980～1992 年的全球制造业数据为样本进行实证分析，研究结论表明只有与制造业规模结构相匹配时，金融结构才能有效满足企业的融资需求，进而促进制造业的增长。银行业结构越集中，经济结构将越偏向重工业、大型企业和国有企业；经济结构越偏向重工业、国有工业和大工业，银行业结构将越集中。他们还检验了 1986～2004 年我国各省（自治区、直辖市）要素禀赋、发展战略及经济结构对银行业结构的影响度，检验结果发现赶超越严重的地区，银行结构越集中。

从金融结构对产业结构影响的相关成果来看，学者们主要是从金融结构与产业、金融结构与企业的相关性等宏微观两个视角来对这个问题进行研究的。首先，关于金融结构如何影响产业结构的问题，Allen 和 Gale（1999）的研究认为，对于新兴产业投资而言，由于缺乏显著的经济实践证据，对于如何管理这种产业的意见存在分歧，所以主要由投资者单独进行决策的市场体系有助于新兴产业的发展。而对于成熟产业而言，由于产业比较成熟，人们对于如何管理这些产业的意见基本一致，单个投资者不愿花费高昂的成本去收集这类产业运行相关的信息，此时采用银行投资决策代理机制的运行效果将更好，银行体系将比市场体系更有优势。青木昌彦（2001）的研究则证实了主银行制在日本产业结构调整中具有举足轻重的作用。同样，有学者也通过研究证实了德国开户银行制对该国的产业成长曾做出过巨大贡献。此外，Rajan 和 Zingales（1998）利用美国的数据对金融结构与产业结构的关系进行实证研究，发现在金融发展过程中，依赖外部融资的产业比不依赖外部融资的产业获益更多，成长更快。Beck 和 Levine（2002）的实证研究结论表明，一国金融系统的总体发展水平对产业进步、企业扩张、新企业的建立有较大影响。Choe 和 Moosa（1999）、Chang 和 Caudill（2005）通过对韩国和中国台湾的研究，发现金融结构是这两个地区经济成功的主导因素。Christopoulos 和 Tsionas（2004）通过对发展中国家的研究也证明金融结构是促进经济增长的重要因素。但 Anoruo 和 Ahmad（2001）、Adjasi 和 Biekpe（2006）的研究结论却认为金融结构对产业结构的影响基本可忽略。

此外，许多学者还对金融资产结构与产业结构、金融资产结构与经济增长之间的互动关系进行了研究。如 Antzoulatos 等（2011）等通过对 1990～2001 年世界 29 个国家 20 个产业数据样本进行格兰杰因果检验发现，在长期，金融资产结构和产业结构之间具有显著的格兰杰因果关系。Luintel 等（2008）等学者应用横截面数据和动态非平衡面板数据对四个国家数据样本进行研究，结果发现在大多数情况下，金融资产结构能显著解释经济产出水平。同时，金融资产结构对经济增长也存在一定程度的依赖性。Ghirmay（2004）的研究也发现强烈的证据表明金融资产结构和产业结构之间存在相互促进的关系。但 Atindehou 等（2005）通过研究却发现金融资产结构与产业结构之间的因果关系非常微弱。Gries 等（2009）通过对非洲撒哈拉沙漠以南 16 个国家的研究，也发现金融深化并没有促进经济增长，同时经济增长优先于金融深化的假设也不成立，二者并不存在因果关系。

2.3　国内外研究成果的评价

从国内外既有研究成果来看，早期学者们常常把金融结构作为经济发展的要素来进行研究，认为金融在经济发展过程中的投融资转化上起到了重要作用。Goldsmith（1969）开创了将金融活动作为一种结构来进行研究的先河，将金融理论研究推向一个新阶段。但 McKinnon（1973）、Shaw（1973）以经济自由主义为理论依据，认为与社会其他经济部门一样，市场机制的力量能够使金融部门的运行自动实现帕累托最优。从近代的研究成果来看，银行主导观认为银行可在不受制度限制的条件下通过信息传递、有效监督、与企业建立长期稳定关系等方式来克服现实中存在的信息不对称问题，实现经济增长的目标。而市场主导观则从市场的优势出发，强调市场能通过增强要素流动性来获取信息、激励创新、规避风险，进而有效促进经济增长。在此基础上，金融服务观把银行和市场看成一个不可分割的整体，从银行主导论和市场主导论那种"非彼即此"的观点发展到"不可或缺"的研究视角，把金融结构研究推进到一个崭新阶段。法律主导论则认为每个国家的银行和股市发展状况是由该国的法制建设水平决定的，当一个国家法制建设水平高时，其市场和银行的运行效率也将更高。为此，要考察经济增长的影响因素时，一个国家属于哪种类型的金融结构并不重要，更重要的是该国是否建立了健全的法律制度和完善的法律实施机制。而产业结构影响和决定论更是把金融结构的研究深入到产业和企业层面，从而使金融结构的研究更加系统深入，与现实联系更加紧密。

国内外既有的这些丰富研究成果对本书研究的顺利开展具有重要的参考价值。但由于当时历史条件的限制，既有的这些成果尚存在一些不足。如早期的学者们虽然看到了金融在投融资过程中所发挥的重要作用，但他们并没认识到企业发展对金融结构同样具有重要影响，没能揭示出金融结构发展的最根本动力。Goldsmith（1969）虽然开创了将金融活动作为一种结构来研究的先河，但他将金融结构仅仅定义为金融机构与金融工具二者之间的相互关系及其量的比例，仅考察了金融结构量的变迁，而没能考察金融结构质的发展，认为金融发展就是金融结构的变化，未能更多地结合制度因素来研究金融结构的变迁及其与经济增长的关系，在一定程度上削弱了其政策含义。McKinnon（1973）、Shaw（1973）虽然看到了市场的作用，但却过分推崇自由主义，完全无视金融结构变迁对经济增长的影响。近代银行主导论和市场主导论所采用的两分法忽略了金融结构的纵向变迁，强调金融结构对经济增长具有重要影响，但对经济增长如何影响金融结构却并没有充分重视。采用这种两分法进行研究的理论前提往往是市场经济制度框架，因此对非市场经济制度下的转型国家金融结构的变迁难以做出有效解释。金融服务论主张"结构无用论"，而事实上，在不同国家和经济发展的不同阶段，只有能够更好地实现金融体系功能的金融结构，才能对经济增长和产业结构升级起到有效的促进作用。对于法律主导论来说，由于一国的法律起源是很早以前就有的，是一种常量，金融结构的演进是否与法律起源有关存在很大的不确定性。而产业结构影响和决定论虽然研究视角更加深入，但对金融结构发展演化的动力探讨不足，对金融结构与产业结构的协调互动机理和路径较少涉及。

为此，从总体上看，国内外既有的研究成果大多是从分析金融结构对经济增长的影响、金融结构对产业结构的影响出发，运用世界各国或某一地区的数据样本，采用理论和实证研究方法，对金融结构与产业结构之间的协调互动关系进行研究。但这些成果在研究时仍存在一定不足，以下问题尚需得到进一步明确和完善：第一，金融结构与产业结构间协调互动作用的内在机理和具体路径是什么？第二，在我国西部特定区域经济金融发展环境下，金融外部结构、内部结构与产业结构间的协调互动关系是如何体现出来的？二者在长期是否存在协整关系？究竟是金融结构调整促进了产业结构升级，还是产业结构升级带动了金融结构调整？第三，考虑到空间要素，我国西部特定区域的金融结构与产业结构间是否仍存在协调互动关系？第四，在我国西部特定区域的经济金融环境下，金融结构和产业结构的优化路径是什么？围绕这些问题，本书从我国西部地区金融结构和产业结构发展现状出发，通过对二者的相互作用机理和作用路径进行探讨，采用理论和实证相结合的方法，从内部结构、外部结构、空间结构等多个视角对金融结构与产业结构之间的协调度进行研究，提出了完善西部地区金融结构和产业结构协调互动作用机制的具体优化路径，具有重要的理论和现实意义。

2.4　本章小结

金融结构与产业结构协调互动关系是金融与经济关系领域中的一个主要研究内容，也是学术界长期以来充满关注和争论的议题。本章通过对早期和近期有关金融结构与产业结构协调互动关系的文献进行梳理的基础上，对既有文献进行了简短的评价，从而发现既有研究存在的不足，为本书的研究寻找突破口，研究获得以下结论。

既有的研究成果大多是从金融结构视角出发，围绕金融主体结构与经济增长的关系、金融功能结构与经济增长的关系展开探讨，金融结构与产业结构协调度这一领域的研究尚待进一步深化，以下问题尚需得到解答：金融结构与产业结构协调互动作用的内在机理和路径是什么？金融结构包含哪些结构层次？从不同结构层次来看，西部地区金融结构与产业结构之间是否存在协整关系？是金融结构调整促进了产业结构升级，还是产业结构升级带动了金融结构调整？除传统的线性关系假设外，西部地区金融结构调整与产业结构升级之间是否存在非线性关系？当考虑到空间要素时，二者的协调互动关系如何？以上这些都是亟待解决的现实问题，也是本书研究的重点。

第3章 金 融 结 构

　　金融结构是构成金融系统各主要金融要素的相对规模、联系方式和组合状态，是金融资产结构、机构结构、市场结构的总和，具有整体性、复杂性、层次性和转换性等特征。本章从金融结构的基本内涵入手，在对金融结构的基本特征、金融结构的构成、金融结构的影响因素进行深入剖析的基础上，对金融结构的一般优化路径、评价标准和评价方法等问题进行了深入研究。

3.1　金融结构及其特征

3.1.1　金融结构的含义

　　基于不同研究视角，学者们对金融结构的内涵拥有不同界定。Gurley 和 Shaw（1955，1956）通过对金融资产、金融机构和金融政策等问题的探讨，试图构建一个以银行理论为基础的金融机构理论体系。他们在研究中并未对金融结构的含义进行明确界定，但已涉及金融工具、金融机构、融资方式等金融结构的相关问题。之后，Goldsmith 在 1969 年的专著《金融结构与金融发展》中指出，金融结构就是各种金融工具和金融机构的相对规模，各国或地区的金融结构差异主要体现在不同金融工具及金融机构出现的先后顺序、相对增长速度、对不同经济部门的渗透程度、对一国经济结构变化的适应速度等方面的不同，从而对金融结构的含义做出了明确界定。继 Goldsmith 之后，20 世纪 90 年代以 Demirguc-Kunt 和 Levine（1996）、Allen 和 Gale（1999）等为代表的两分法金融结构论最具影响力。该理论以内生增长理论为基础，将金融结构分为银行（中介）主导型和金融市场主导型两种基本类型，并对银行主导型金融体系与市场主导型金融体系的生成机制、优缺点及对经济增长的促进作用等方面进行比较分析。

　　国内学术界对金融结构问题的研究始于 20 世纪 80 年代中期。李茂生（1987）在专著《中国金融结构研究》中指出，金融结构是整个社会经济结构的重要组成部分，具体包括金融形式结构、金融机构结构、金融调节机制结构、金融从业人员结构和金融市场结构五个方面的内容，从而开创了我国金融结构研究的先河。此后，王兆星（1990）从横向和纵向视角对金融结构进行了界定，认为从横向上看金融结构是金融主体、客体、形式、工具、价格及市场的有机整体，从纵向上看是微观基础、中观市场和宏观管理的整体。方贤明（1999）从制度变迁角度对金融结构进行研究后认为，金融结构就是金融系统诸要素之间的内在联系方式或配置格局，是由金融活动中主体之间的关系所决定的金融机构、金融工具、金融市场、金融监管体系构成的总和。董晓时（1999）从现代金融运行视角出发，认为金融结构应由主体结构、客体结构和联系结构三个部分组成，金融结构的运行必须与社会文化背景、社会制度和经济发展等社会基础环境相适应。

随着我国在 20 世纪加入世界贸易组织（World Trade Organization，WTO），国内学者对金融结构问题的研究日趋活跃。张立洲（2002）把金融结构划分为宏观和微观两个层次，认为宏观上的金融结构是指金融体系中金融机构、金融业务、金融工具、金融资产等各个组成部分的比例、相互关系及其变动趋势，微观上的金融结构是指各个组成部分内部的构成比例关系及其变动趋势。白钦先（2003）则从狭义与广义视角对金融结构进行划分，认为狭义的金融结构是短期金融与间接金融同长期金融与直接金融比例的不平行发展与不均衡发展，以及后者对前者的逆转；广义的金融结构是指全球不同类型国家或一国不同时期金融机构、金融工具、金融资产、金融市场、金融商品、金融衍生商品、实质经济与虚拟经济的数量变化及质量高低，以及上述因素不同时间、不同空间要素的变化与比例等。此外，刘仁伍（2003）认为金融结构就是金融工具、金融机构、金融市场和金融制度的总和。孙伍琴（2003）认为金融结构包括宏观、微观和综观三个层次，其中宏观金融结构包括融资模式结构、金融机构结构和金融工具结构等。李健（2003）认为金融结构是构成金融总体的各个组成部分的分布、存在、相对规模、相关关系与配合的状态。

综合以上学者的观点并结合本书研究的需要，本书认为金融结构可以理解为构成金融总体的各个组成部分的搭配、排列方式及组合状态，是金融机构、金融工具和金融市场在一定时点的形式、性质及其构成。具体包括金融工具（资产）结构、金融机构结构和金融市场结构。其中，金融工具（资产）结构是指各种金融工具（资产）的构成及其规模，是金融工具（资产）内部结构和外部结构之和；金融机构结构是指各种金融机构持有和发行的金融工具所占比重、从事金融活动的相对规模及它们在地区上的分布等，是金融机构规模结构、所有制结构和地区结构之和；金融市场结构是指金融机构在金融市场上相互关联、联动互通的结构关系，是货币市场结构和资本市场结构之和。

3.1.2 金融结构的特征

作为金融活动赖以运行的基本组织构架，金融结构具有整体性、复杂性、层次性和转换性四个方面的基本特征，具体如下。

1. 整体性

金融结构的整体性是指金融系统各组成要素之间密切联系、相互依存、相互作用、共同构成金融体系内部基本组织架构，使金融系统成为一个有机整体。金融运行中的各要素，包括金融工具、金融机构、金融市场等之间不是相互孤立、彼此分割、杂乱无章，而是相互依存、相互作用，具有内在逻辑联系。这种逻辑联系的存在使得各种金融要素和各种金融关系形成一定的金融结构。金融结构的整体性特征表明，金融功能作用的发挥是由各金融要素共同完成的，但金融结构的整体性并非是各个要素成分的简单相加。例如，仅有货币而没有信用和银行，货币只能是作为交换媒介发挥有限的作用，而货币一旦与信用和银行有机结合就形成一个新的范畴，即金融；各种金融工具、信用关系和金融机构的相互联系和组合，就构成某种金融结构，其整体功能将大于各金融要素功能之和。同时，金融结构整体性还表明，构成金融整体的各个组成要素的搭配方式和组合状态不同，金融整体功能应有差异。

2. 复杂性

金融结构的复杂性是指构成金融整体的金融要素是多种多样的，金融活动过程中的金融关系是错综复杂的，金融内部结构是多层重叠的，影响金融结构变化的因素也是极其复杂多样的。第一，金融结构不是单元素的相加，而是多元素的集合。金融工具、金融结构、金融市场只是构成金融整体的主要元素，金融活动的主体、金融价格、金融期限、金融地域、金融技术、金融政策、金融意识等因素也是影响和构成金融结构的要素。显然，由这些复杂因素构成的金融结构不可能是单一层面的，而是多层面的。所以，金融结构是一个多层次金融要素结构的集合。第二，现代金融对社会经济活动的渗透力是强大的，金融活动关系是复杂的。一方面，金融是经济的一部分，金融结构是经济结构的一部分，二者是部分与整体的关系。同时，金融又相对独立于经济，金融结构相对独立于经济结构，它既决定于经济结构，又反作用于经济结构。金融结构受到经济结构的影响。另一方面，金融结构不只是一国范围内的事情，国际市场与国际市场相互影响、相对统一，决定了金融对内结构与对外结构的统一。第三，金融创新的深化，现代科学技术特别是计算机技术在全球领域的广泛应用，使金融系统内部结构更为复杂，如金融衍生工具、网络银行、电子银行系统等因素不仅导致金融结构层次的多样性，而且推动了金融结构的不断变化。

3. 层次性

金融结构的层次性是指金融结构是由若干层次组成的,是多层次的组织系统。它包括某一时点上的静态的金融层次结构和不同时期的动态金融层次结构,前者反映某一时期内或某一时点上的金融结构的状态,后者反映不同时期的金融发展水平。从静态上看,金融结构是金融系统内部各金融要素的组合方式、相对规模,如金融工具结构、金融机构结构、金融市场结构等。从金融运行层次来看,对这些金融要素结构还可进一步细分,如金融机构结构还可分为所有制结构、规模结构、地区结构等。从动态上看,金融结构是反映不同金融发展水平金融要素的组成状态。金融结构的层次表明不同金融发展阶段上金融结构总体的特征。参照戈德史密斯的分析方法,可以将金融动态层次结构分为初级、中级和高级三个大的层次,每一大层次中间还可细分若干小层次,以反映不同时期内金融结构的变化及其金融发展水平。金融的静态结构和动态结构,即金融结构的内部层次与外部层次是密切联系、不可分割的,它们共同形成金融结构的整体,是金融结构的两个方面,而不是两种互不相关的结构层次。由于金融结构是多层次的组织体系,每一层次都有自己相对独立的循环,即子系统,而子系统之间则通过各种功能耦合的形式连接起来。在某一层次功能耦合受到一定程度干扰,而另一层次内仍然是稳定时,结构整体可以是稳定,也可以是不稳定的。当金融结构内在矛盾激化,引起金融运行中的均衡条件受到破坏,致使一系列十分复杂、相互作用密不可分的均衡过程受到干扰时,就会引起金融动荡,甚至金融危机。这时就需要运用外力对金融结构进行调整,使之重新达到稳定状态。

4. 转换性

金融结构的转换性是指金融结构从低级到高级、从简单到复杂、从一种形态到另一种形态的演变与进化。金融结构的转换是一个渐进的而不是突变的过程。在一定时期内金融结构具有相对稳定性,因为金融结构内部的金融要素之间的逻辑联系是比较持久的,不是经常变化的,但是金融结构所依存的社会经济环境是变化的,金融结构内部的金融要素也是变化的。这种结构变动表现为结构内部各种金融关系、逻辑联系的转换及比例关系的变化。由于金融结构内的各种金融关系存在着逻辑联系,相互作用、相互制约,金融运行过程中的所有机制都在以各种作用力的形式规范着经济金融主体的行为,起着自我调整的作用。正是这种自我调整性的存在,才使金融结构趋于相对稳定和完善化。然而,这种金融结构的自我调整性,其作用力度是有限的,它只能是金融结构在有限的范围内进行调节和转换，当结构失衡达到一定程度而无法自我调整收敛时，便要进行革命性结构重组，即需通过外力推进金融结构的转换。与稳定状态相对应，金融结构失衡是其常态。因为金融结构内部矛盾运动不仅表现为对称性，也表现为对称性的破坏，即非对称性，金融结构也就处于"绝对运动之中"。一般而言，金融结构的对称性是社会经济金融和谐运行的基础，而其非对称性则是金融运行中各种冲突的根源。金融结构的转变和变化就是这种对称性与非对称性之间矛盾运动的结果。

3.2 金融结构构成及影响因素

3.2.1 金融结构构成

按照不同标准，金融结构可分为不同类型。依金融工具创新程度的不同，可将金融结构划分为以基础金融工具为主的金融结构、以衍生金融工具为主的金融结构、二者并重的金融结构；依金融机构职能不同，可分为以商业银行为主体的金融结构、以投资银行为主体的金融结构、二者并重的金融结构；依金融市场特征不同，可分为以货币市场为主的金融结构和以资本市场为主的金融结构；依金融制度约束程度不同，可分为传统管制型金融结构和开放自由型金融结构；依金融政策工具不同，可分为直接管制型金融结构、间接管制型金融结构、二者交叉型金融结构；依一国各地区经济发展水平差异，可分为若干区域金融结构。但无论如何划分，金融结构的基本构成要素主要有金融工具结构、金融机构结构和金融市场结构。

1. 金融工具（金融资产）结构

金融工具结构是指各种金融工具的构成及其规模，包括不同金融工具量的增长趋势、各种不同金融工具之间的比例关系，以及各类金融工具在不同金融主体、不同经济部门及不同地区的分布等，是构成金融结构总体的基础结构。金融工具结构是由社会金融工具总体结构、货币结构、融资结构和工具创新结构共同组成的统一体。其中，社会金融工具总体结构表现为各类金融工具特别是货币类和有价证券类金融工具占全社会金融工具总额的比重，各类金融工具之间的比例关系，以及它们在各类金融机构和非金融部门之间的分布比重等，金融工具总量与经济总量之比反映不同的经济金融化程度。货币结构是指构成货币总量各层次货币的比重，反映不同层次货币的支付能力和流动性强弱，货币总量与经济总量之比反映一国的经济货币化程度。融资结构是指直接融资与间接融资的比例,可以通过有价证券类金融工具的构成比重和票据类金融工具占融资总额的比重来反映各金融主体,尤其是企业的融资方式。有价证券总量占经济总量的比重反映了一国经济证券化程度。工具创新结构表现为创新类金融工具在金融工具总的种类中的比重,反映一国金融创新程度与金融结构的高度化程度。

2. 金融机构结构

金融机构是金融运行的参与者、组织者和中介者,是现代金融体系中最主要的金融主体,是金融工具的主要持有者。在现代市场经济中,金融机构层出不穷,种类繁多。从大的方面划分,有银行机构和非银行金融机构两大类。稍细一些可分为管理型金融机构、存款型金融机构、投资型金融机构、契约型金融机构、政策型金融机构和其他金融机构。不同金融机构所从事的金融活动各有侧重,其性质特征也有明显差异。金融机构结构就是指各种金融机构持有和发行的金融工具所占比重、从事金融活动的相对规模及它们在地区上的分布等,是金融机构规模结构、所有制结构和地区结构之和。其中,规模结构表现为各类金融机构所持有和发行的金融工具的相对规模,所从事的金融活动的相对规模,以及资本金、职工人数、机构网点的数量及其比重等,反映金融机构的市场集中度及在各种融资活动中的地位和作用等。所有制结构表现为各种金融机构的产权结构如国家所有、股份制、私人所有、与国外合资、外商独资等不同类型,它对金融机构的规模及所从事的金融活动有直接影响。地区结构(空间结构)表现为各类金融机构及其营业网点在地区空间的分布,反映金融机构的密度。

3. 金融市场结构

金融市场是指以金融工具为交易对象而形成的供求关系及其机制的总和,它是金融机构和金融工具的统一体,集中反映了金融工具、金融机构的特征及其相对规模。金融市场按照不同标志可分为不同种类。如按照融资期限可分为短期金融市场和长期金融市场;按照金融工具发行和流通特征可分为发行市场和流通市场;按照地区可分为国内金融市场和国际金融市场;按照发展历史可分为传统金融市场和新兴金融市场;按照交易对象可分为货币市场、资本市场、外汇市场和黄金市场等。金融市场结构就是指金融机构在金融市场上相互关联、联动互通的结构关系,其中主要是指货币市场(包括外汇市场)和资本市场(包括债券市场和股票市场)的构成及其相对规模。

3.2.2　金融结构影响因素

金融结构由金融工具结构、金融机构结构、金融市场结构构成，同时又受经济发展、市场深化、金融技术等因素影响，具体分析如下。

1. 经济发展

经济发展阶段与水平是影响金融结构发展的最根本因素。从金融的产生和演变历程来看，金融结构总是经历着从简单到复杂、从低层到高层、从不发达到发达的动态运动过程，而这一过程与经济发展阶段和水平密不可分。从金融工具结构中的货币来看，无论是金属货币还是非金属货币都是商品经济发展的结果和产物。随着商品经济的进一步发展，社会对金融工具的需求不断增加，于是又逐步产生了票据、存款凭证、债券、股票及种类繁多的金融衍生工具。毫无疑问，经济发展是影响金融工具结构的重要因素。同样，也正是由于商品经济的不断发展，金融机构结构和金融市场结构才得以产生并不断完善，经济发展阶段和水平对金融结构具有重要影响。

2. 市场深化

市场深化是指在价值规律作用下，市场范围不断拓宽、交换规模不断扩大、市场结构不断细化、市场资源配置作用不断增强等因素的总和。市场深化和信用关系深化过程常常是交织在一起的，市场深化会推进信用关系深化，而信用关系深化又会引起金融结构变化。这是因为，一方面，随着市场深化程度的不断深入，信用规模和信用范围不断扩大，信用形式和信用结构将随之发生变化，其具体表现就是金融结构和金融制度发生变化；另一方面，随着信用规模和信用范围不断扩大，金融结构和金融制度得以不断完善，商品经营业和货币经营业将获得进一步发展。由此可见，商品生产和商品交换离不开信用关系，市场深化又必然会引起信用和与之相联系的金融结构发生变革，金融结构是在市场深化进程中得以不断发展和完善的。

3. 所有制结构

根据马克思主义的观点可知，在一个经济体中，所有制结构对该经济体系的基本性质具有决定作用,而经济体系的基本性质又对金融结构具有重要影响作用,具体如图 3-1 所示。在纯粹公有制下,其产业导向将是外溢效应较大的基础产业和主导产业,与其庞大投资需求相适应,金融结构将是以规模庞大的金融机构结构为主;在纯粹私有制下,其产业导向将是竞争性行业,与之相适应的必将是较小规模金融机构结构的发展;在混合所有制下,其产业导向则将是资金和技术密集型产业,与其产业性质相适应,金融结构将是大银行和资本市场的并行发展。由此可见,所有制结构将最终影响和决定金融结构。

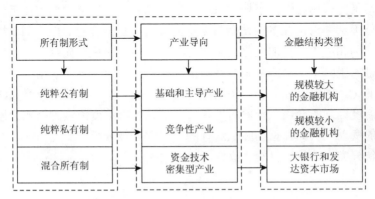

图 3-1　所有制结构对金融结构的影响路径图

4. 技术进步

技术进步不仅是推进产业革命,而且是推进金融革命的重要动因。正是由于金属冶炼技术、造纸技术和现代电子技术的发明和应用,金属货币、纸币和电子货币才得以产生。20 世纪 70 年代以来,以电子计算机及网络技术为代表的现代科学技术在金融领域中的应用对金融结构至少产生以下影响:第一,创新金融工具,促进金融工具结构高度化。如自动转账服务、现金管理账户、可转让支付账户等可转账存单和其他有价证券账户的产生,货币互换、利率互换、金融期货、期权等转移风险保值类工具的出现,本息分销公债、股权债券、零息债券等新型融资工具的出台。第二,促进新型金融机构诞生,提升金融机构层次。如银行持股公司、货币市场互换基金、风险互惠基金、金融复合企业、网络银行等新型金融机构的问世。第三,推进金融市场的发展。现代电子计算机和网络技术的应用不仅推进了新型金融市场的产生和发展,而且为金融市场国际化提供了技术保障,从而使金融市场的层次结构、空间结构发生重大变化。此外,电子计算机及网络技术为代表的现代科学技术在金融领域中的应用引起金融监管技术创新和金融监管方式变化。

5. 对外开放

对外开放对金融结构变化具有重大决定和影响作用。在开放经济条件下，各国产品生产相对优势变动在促进一国国内经济结构改变的同时，必然引起一国金融结构的变化。首先，随着进出口贸易的发展，外汇资金将在国内与国际之间流动；其次，金融市场的对外开放，直接与间接融资方式的引入，使得资本在国际之间流动，国内市场与国际市场联系在一起；最后，本国金融机构在国外设立分支机构，外国金融机构在本国设立网点等，其结果必然引起国内金融市场结构、金融机构结构和融资结构的变化。事实上，对外经济交往首先会在一定程度上使一国经济融入国际市场经济体系，参与国际分工，从而使其产业结构和金融结构发生相应变化。同时，在对外经济发展过程中，除了资源、要素及产品流动外，还存在着制度因素的交流。随着对外开放，某种外部制度因素的引入会影响一国金融结构的变动。例如，把国际上通行的"贷款五级分类"制度引入，对贷款资产进行重新分类，其结果自然会改变已有贷款的资产结构。

6. 法律系统

市场经济是法制经济，法律系统对规范市场主体行为、维护市场秩序具有重要的作用，对一国金融结构变化也有着重要影响。例如，当法律规定严禁商业信用时，金融市场的信用形式结构、短期信用工具结构就可能很单一；当法律规定不允许私人资本进入金融业时，金融机构所有制结构中就缺少私人金融机构；当法律规定禁止发行和买卖股票时，金融工具中就不可能有股票。相反，当上述"禁锢"都放开时，那么，金融工具、金融机构、信用形式的结构将会出现另一种情况。所以，法律系统对金融结构的影响是深刻的。

3.3 金融结构优化

金融结构调整的中心问题就是金融结构优化，即对初始不理想的金融结构进行有关变量的调整，以实现金融结构优化。具体包括金融结构合理化和金融结构高度化两个方面。

3.3.1 金融结构合理化

金融结构合理化是指金融产业部门之间、金融要素之间相互作用所产生的一种不同于各产业部门、各要素能力之和的整体能力，表现为各金融产业部门之间有机联系的聚合质量的提高。从动态意义上来看，金融结构合理化的内在机理在于金融结构的协调，金融结构的协调过程也就是金融结构合理化的形成过程。金融结构协调的内容非常广泛，从协调层次来看，有内部协调、外部协调、宏观协调、微观协调；从协调态势来看，有静态协调和动态协调。

1. 宏观协调

金融结构宏观协调是指金融结构与经济、社会、国际等系统外部环境的协调，主要内容包括总量协调、供求协调、区域协调、对外协调等，具体如表 3-1 所示。

表 3-1　金融结构宏观协调的主要内容

协调内容	具体含义
总量协调	即金融供给总量与金融需求总量是否与经济发展需求相协调，可通过金融相关率、货币供给量与货币需求量等总量指标来衡量
供需协调	即金融需求结构与金融供给结构是否协调，反映的是金融与经济、金融与社会是否协调，金融是否能很好地为经济社会发展服务
区域协调	即金融结构在空间上的协调，即金融产业发展和金融要素分布在空间上要合理，是否能与不同区域经济社会发展相适应
对外协调	即国内金融结构与国际金融是否协调，国际上各国政府在金融政策和行动上是否协调

2. 微观协调

金融结构微观协调是指各金融产业部门、各金融要素相互之间及它们各自内部结构的协调，这是金融结构协调的重点。具体包括银行业与证券业、保险业和信托业之间的协调，尤其是银行业与证券业的协调、货币市场与资本市场的协调、股票市场与债券市场的协调、金融机构内部组织的协调、金融资产的协调等。此外，还包括风险与收益、金融创新与金融技术的协调等。

3. 静态协调

金融结构静态协调主要表现在各金融产业的素质、相对地位和联系方式等方面的协调。从各金融产业素质协调来看，是指各金融产业部门素质应与自身发展要求和相对地位相适应,各金融产业之间在素质上应具有合理的层次性和有序性,不存在技术水平断层和劳动生产率的强烈反差。从各金融产业之间相对地位的协调来看,在一定的经济金融发展阶段上,金融结构内各产业部门会形成有序的排列组合,金融产业之间相对地位协调就是金融产业结构内部具有比较丰富的层次性,产业之间的主次与轻重关系比较明显和适宜。从各金融产业之间联系方式的协调来看,金融产业之间存在着信用关系和其他金融服务关系,如果各金融产业之间能达到互相促进和互相服务,那么这种联系方式就是协调的,反之则是不协调的。

4. 动态协调

金融结构的动态协调主要表现在金融产业部门增长速度分布的协调和金融产业发展阶段交替协调两个方面。从金融产业部门增长速度分布的协调来看,在金融结构演变过程中,金融产业部门的增长速度是不均匀的,但也不能差距太大,否则将会造成金融发展过程中的结构性误差,进而导致金融结构扭曲。金融产业部门增长速度分布的协调表现为两个方面:一是高增长部门、减速增长部门和潜在增长部门之间增长速度差距较合理,如果差距过大,则反映"夕阳产业部门"与"朝阳产业部门"之间连接和交替不协调。二是高增长部门、减速增长部门和潜在增长部门的部门数目比例较合理,从而保证金融产业可持续发展。如果某一时点上这两类部门的比例不协调,在发展过程中就会表现出金融增长的较大波动,甚至会导致过度扩张和收缩,金融危机就可能爆发,这必然反映出金融结构变动的不协调。

3.3.2　金融结构高度化

金融结构高度化是指随着经济发展水平提高和市场深化程度加深,金融结构从低层次向高层次发展演化的过程,表现为金融结构纵向层次的提升,是金融结构变动有序性与方向性、渐进性与飞跃性的统一。

1. 金融结构变动的有序性

金融结构变动是各种金融要素综合演化的结果,具有显著的有序性特征,即金融关键要素间优势地位更迭与金融结构变动的有序性,以及金融创新产品周期与金融结构变动的有序性。首先，从金融关键要素间优势地位更迭与金融结构变动的有序性来看，在各类金融要素中，每个要素的演化虽然一般都要经历一个从产生到消亡的过程，但对于每种主要金融产品或金融产业部门来说，完成这一过程的节奏并不完全一致。在同一时点上，每种主要金融产品或金融产业部门可能所处的发展阶段并不完全相同。即使处在同一阶段上，每种主要金融产品和金融产业部门所经历时间长短也并不完全一致。在任一时点上，往往同时存在着低增长部门、高增长部门、潜在高增长部门三种类型，且高增长部门往往是处于优势地位并支撑着整个金融业的发展。从动态视角来看，这三类金融产业部门总是处于一个连续发展的过程，老金融产业部门会不断被新金融产业部门所取代，其后潜在高增长金融产业部门又将不断超前，替代原来高增长金融产业部门位置。其次，从金融创新产品周期与金融结构变动的有序性来看，如同产品生命周期是产品新陈代谢过程中的客观存在一样，金融创新产品周期是与金融创新过程相伴随的，一个完整的金融创新产品周期由创新期、推广期、成熟期和衰退期四个阶段构成，如图 3-2 所示。T 代表时间，R 为创新产品销售量或创新收益。总体上看，金融创新产品生命周期是一条"S"形曲线。其中，创新期曲线处于较为平坦部分，表明这一时期金融创新产品的使用率较低且增长缓慢；推广期的曲线较为陡峭，说明金融创新产品使用率急剧上升；成熟期曲线处于顶部且较为平坦，说明金融创新产品使用率达到极限，且保持相当长的稳定状态；衰退期的曲线开始下降，说明创新产品开始逐步退出市场。金融创新产品沿着创新期、推广期、成熟期和衰退期进行周期变化的过程，也就是金融结构有序变动的过程，金融创新产品变动的有序性决定了金融结构的变动也是有序的。

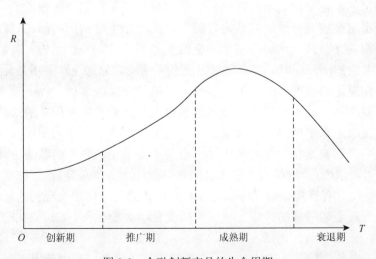

图 3-2　金融创新产品的生命周期

2. 金融结构变动的方向性

金融结构变动的有序性主要表现为金融结构在量上的扩张，而金融结构变动的方向性则主要反映的是金融结构在质上的提高。因此，金融结构变动的方向性最能体现金融结构高度化的运动状态，而金融结构变动的方向性与金融主导部门的演化是密切联系在一起的。按照不同金融部门的金融增长贡献程度，可将金融部门分为以下三种类型：一是主导增长部门，这是指由于最迅速、最有效地吸收创新成果，满足大幅度经济增长金融需求而获得持续较高增长率，并对其他金融部门增长具有广泛直接和间接影响的部门；二是辅助部门，这是指能适应主导部门发展或作为主导部门发展条件的部门；三是派生部门，即在主导部门发展中派生出来的新部门。在这三种类型的金融部门中，主导金融部门对金融发展的贡献最大。这是因为金融结构高度化从本质上讲是指技术的集约化，即采用先进技术的部门在数量和比例上的增加。只有引入新的生产函数，并对其他金融部门增长有广泛直接和间接影响的金融主导部门的更选，才能提高整个金融产业的技术集约化程度，导致金融结构向高度化方向演进。

3. 金融结构的飞跃

金融结构高度化不仅是一个连续性的循序演进过程，也是一个充满非连续性的飞跃过程。这是因为，无论金融结构有序性变动还是方向性变动都与金融创新有关，创新是金融高增长部门和金融主导部门更选演进的根本动力，但创新本身并不完全按照渐进的方式进行演变。尤其是主导部门的形成，往往会引起金融结构的飞跃式变动。当初始的金融主导部门达到一定规模，其能量足以引诱出基本的扩张效应时，就会创造出飞跃式变动。这种飞跃并不是凭空而生，它是建立在渐进的量变基础上的。这种渐进的量变基础体现在以下三个方面：第一，必要条件。主要包括通信技术设施建设、高素质金融人才的培养、经济发展、居民收入水平的提高、金融业自身的发展、涉外金融的发展。第二，充分条件。观念创新是技术创新的先导，企业家是采用新生产函数的主体，是企业创新的"灵魂"，金融结构产生飞跃的充分条件之一就是要有一批金融企业家的出现，他们具有管理金融主导部门及对潜在扩散效应做出反应的意愿和能力。同时，政府对金融管理的政策上也应有所变化，为金融飞跃创造宽松的政策环境。第三，必要参数。包括人口增长率、现有技术水平和已知金融资源的规模等。在这三个条件均具备的情况下，金融结构高度化变动有可能出现飞跃形态，具体如图 3-3 所示。

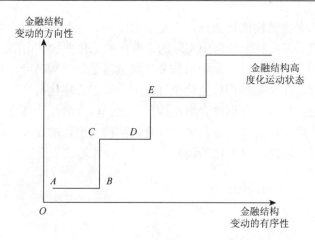

图 3-3　金融结构高度化的运动状态

图 3-3 中，纵轴表示金融结构变动的方向性，横轴表示金融结构变动的有序性，阶梯式向右上方延伸的曲线表示金融结构高度化的运动状态，*AB* 为金融结构有序性变动，创新的引进、主增长部门的发展，促进金融主导部门产生，金融发展积累一定的量到达 *B* 点时，产生飞跃，有序性变动中断，从 *B* 一下提升到 *C*，这时金融结构层次明显提升。从 *C* 到 *D* 是新一轮金融结构有序变动和新的金融主导部门的形成与发展，达到规模 *D* 后再次发生飞跃。此后，不断重复。*ABCDE* 所表现出的运动轨迹就是金融结构高度化的演进路径和运动状态，它是金融结构有序性变动与方向性变动的统一，是金融结构渐进变动与飞跃变动的统一，其根本特征表现为金融结构技术含量和层次的不断提升。

3.3.3　金融结构合理化与高度化的关系

金融结构高度化和金融结构合理化是相互联系、相互作用的，一方变动必定影响另一方，它们共同决定金融结构优化程度。从静态来看，金融结构合理化是金融结构高度化的基础，只有先实行合理化，才能达到高度化。从动态上看，金融结构高度化与金融结构合理化是互相渗透、交互作用的。要实现金融结构高度化，必须要使其结构合理化；金融结构发展水平越高，其结构合理化的要求也越高。要实现金融结构合理化，必须在其高度化的动态过程中进行。金融结构合理化是一个不断调整金融产业部门之间比例关系和提高金融产业部门之间关联作用程度的过程。实际上，这一过程也就是金融结构向高级化发展的成长过程。金融结构高度化、金融结构合理化和金融结构优化的关系可通过图 3-4 直观反映出来。图 3-4 中纵轴表示金融结构高度化，横轴表示金融结构合理化，沿两轴中间的 45°

线表示最理想的金融结构优化曲线，也是金融结构优化的目标线，而围绕目标线变动的曲线则表示现实社会经济中实际的金融结构优化曲线。由图 3-4 可知，金融结构优化是一个无限趋近于金融结构最优状态的金融结构高度化和金融结构合理化的调节过程。在金融结构优化的全过程中，要把合理化与高度化问题有机结合起来，以金融结构合理化促进金融结构高度化，以金融结构高度化带动金融结构合理化。在金融结构合理化过程中实现金融结构高度化的发展，在金融结构高度化过程中实现金融结构合理化的调整。只有这样才能实现金融结构优化。

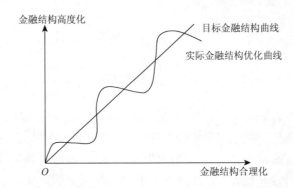

图 3-4　金融结构合理化、金融结构高度化与金融结构优化关系

3.4　金融结构评价

3.4.1　金融结构评价标准

金融结构高度化和金融结构合理化是金融结构优化的两个根本标志。金融结构变迁的历史表明，在世界金融数百年的发展中，各国金融结构变迁呈现出一些共同的特点和规律，这些共同的特点和规律反映出不同时期金融结构高度化与合理化的统一。因此，研究金融结构评价标准可从金融结构高度化和金融结构合理化两个方面展开。

1. 金融结构高度化的评价标准

金融结构高度化是指随着经济发展水平的提高和市场深化程度的加深，金融结构从低度水准向高度水准的发展过程，表现为金融结构纵向层次的提升。金融结构高度化总是以金融创新为动因，以新技术的发明和应用为基础，具有明确的有序性和方向性特征。评价一国金融结构是否达到应有的高度可以参考以下标准。

第一，金融要素的完整性。金融要素完整与否是衡量金融结构高度化的最基本标准。金融结构的变迁主要表现在金融机构、金融工具、金融市场等多种金融要素与构成的变化上，从金融机构来看，种类丰富的金融机构所提供的更多种类、更大数量的金融商品和服务能更大程度地满足不同经济主体对金融服务的不同需求，促进金融机构运作效率的提升。从金融市场和金融工具来看，多样化、多层次的金融市场能满足不同经济主体投融资和规避风险的不同需求。种类丰富的金融工具既是多元化金融机构体系和金融市场体系的具体体现，也是二者功能和作用发挥的现实载体。由此可见，金融要素由少到多、由简到繁，反映出金融结构的层次提升和金融发展，以金融要素的完整性来衡量金融结构高度化水平是合理可行的。

第二，金融地位的重要性。在整个国民经济中，金融业处于什么样的地位，也是评价金融结构高度化的重要标准。世界金融发展历史表明，在国民经济发展中，金融业的地位不断提高，金融深化程度不断加深，经济货币化不断向经济信用化和经济金融化方向演进，经济金融化程度越来越高。金融地位的重要性直接表现为金融规模的扩张、金融功能的增强、经济金融化比率的提高。用戈德史密斯的标准就是金融相关比率由低到高不断提升。当然，金融业的产值占 GDP 的比重、金融从业人员占就业总人数的比重等也能反映出一国金融业的地位。

第三，金融产业的创新性。创新不仅是金融结构高度化发展的主要动因，更是金融结构高度化的评价标准。这是因为金融结构高度化一方面表现为金融总量的扩张和金融机构、金融工具的增多；另一方面则表现为金融机构、金融工具、金融市场中采用新技术的比例和集约化程度，即金融业的机构创新、工具创新和市场创新程度的提高。从世界各国的金融发展历史来看，在整个金融产业中，金融创新不断推进，金融新工具、新机构、新市场不断增加，金融业技术含量和集约化程度不断提高；整个金融结构的演变中，货币化不断向信用化、证券化和虚拟化、电子化、数字化方向发展。

2. 金融结构合理化的评价标准

金融结构合理化是指各金融产业之间及各金融要素之间的良好协调关系，具体表现为各金融产业部门之间和各金融要素之间比例的协调及有机联系的聚合质量的提高，反映的是金融结构横向关系的协调。判断一国金融结构合理与否可参考以下标准。

第一，金融供给结构与金融需求结构的适应性。金融供给结构是现实经济社会中客观存在的金融结构，表现为各主要金融要素的有机组合与金融产品的供给构成。而金融需求结构是现实社会经济发展对金融资源产生客观需要所形成的金融结构，表现为金融要素需求的集合与金融产品的需求构成。由于金融总是为实际经济发展服务的，所以现实的金融供给结构应该尽可能地与金融需求结构相适应，以满足社会经济发展对金融的需要。因此，金融结构是否合理可以用金融供给结构和金融需求结构是否协调适应来判断，若二者协调适应，则是合理的；若二者偏差较大，则表明是不合理的。

第二，各金融产业之间和各金融要素之间比例的协调性。金融产业从大的方面来看，有银行业、证券业、保险业和信托业等，它们相互之间应保持一个大致的比例关系。如果这四大金融产业中只有一两个产业发展而其他产业不发展，这种金融产业结构就是不合理的。同样，金融业的发展应该在金融机构、金融工具、金融市场、金融制度等多方面金融要素上体现出来，这些金融要素之间也应有一个比例关系，如果其中有的金融要素所占比重极大，而有的所占比重极小甚至是零，金融结构也会失衡。此外，金融产业的融资结构、市场结构、所有制结构和地区结构也有一个比例关系，它们的失衡也能反映出金融结构的不合理。因此，各金融产业之间和各金融要素之间比例的协调性是判断金融结构合理化的又一个重要标准。

第三，金融功能完善和发挥的充分性。对于金融功能，不同学者对其有不同的理解，美国学者博迪和莫顿（2000）将其概括为资源转移、风险管理、提供支付清算、资源储备和股份分割、提供信息、解决激励问题六个功能。王广谦（2002）把金融中介机构的功能分为便利支付结算、促进资金融通、降低交易成本、改善信息不对称、转移与管理金融风险等。如果从各金融要素及其组合提供的功能来看，金融功能应包括投融资功能、金融服务功能和金融管理功能三个方面。金融发展的最终目的是要充分发挥其特有的功能，因此，评价一个金融结构是否合理，更科学的角度是从功能入手，以金融功能的完善程度和发挥程度作为判断金融结构合理化的一个标准。若一国金融功能较为完善，发挥较为充分，说明该金融结构较合理；相反，则说明该金融结构不合理。

第四，金融结构整体效应的扩张性。金融结构是金融产业之间、金融要素之间内在有机联系的形式，在这种联系之中，产业及要素之间相互作用会产生一种不同于各产业能力和整体能力，这就是金融产业结构的聚合质量，或称整体效应。金融产业之间、金融要素之间的相互作用关系越是协调，金融结构的聚合质量就越高，整体效应就越大，金融结构就是合理的；反之，金融产业、要素关系不协调，聚合质量就低，整体效应差，金融结构就是不合理的。换言之，金融产业之间、金融要素之间比例关系协调，能够增加、放大和扩张金融的整体功能，提高金融效率；反之，金融产业之间、金融要素之间比例关系不协调，就会减少、缩小和抵消金融整体功能，降低金融效率。所以，把能反映金融结构聚合质量或整体效应的金融结构整体效应的扩张性作为判断金融结构是否合理的标准是科学的，能有效反映金融结构的基本素质、功能和效率。

3.4.2　金融结构评价指标

为了能充分体现金融结构调整中的高度化和合理化两个主要方向，这里把金融结构评价指标体系分为一级指标、二级指标、三级指标和四级指标四个层次。其中，一级指标为金融结构高度化和金融结构合理化；二级指标有经济金融化比率、金融机构结构优化指标、金融市场结构优化指标、金融工具（资产）结构优化指标和金融效率结构优化指标；三级、四级指标则可根据研究需要设定，可多可少。具体构成如下。

1. 经济金融化指标

主要用经济金融化比率（economic and financial ratio，EFR）来表示，等于某一时点上技术加权金融资产之和与 GDP 之比，即经济金融化比率＝技术加权金融资产总额 / GDP。其中，技术加权金融资产总额是指将金融资产分为若干类，每一类赋予不同技术权重，然后进行加权计算得到的总值，GDP 是一国某一时点的名义国内生产总值。这一指标是反映一国金融结构高度化总体水平的综合性指标，可以综合反映金融上层结构与国民经济发展之间的比例关系，体现一国金融结构高度化程度。这里提出技术加权金融资产概念，对不同类型金融资产根据其对金融发展的技术贡献赋予不同权重。为了便于分析，这里将金融资产分为货币类金融资产、证券类金融资产、保险类金融资产、金融衍生工具四大类，其中，技术含量越高的金融资产（工具）类型对金融发展的贡献越大，反映金融结构的层次也越高。按照这一原则，对不同类型的金融资产赋予相应技术权重。此外，还应根据这一原则，对各类金融资产内部进行多层次细化与不同权重设定。如货币类金融资产可细分为现金、存款货币等；证券类金融资产可细分为股票、债券等；金融衍生工具可细分为期货、期权、互换等。它们对金融结构层次的提升的贡献度都有差异，也应赋予不同权重。由此可见，经济金融化指标不仅可以体现出金融发展规模与经济发展之间的关系，还能反映金融结构的层次和金融创新、金融技术发展水平，能更准确地反映金融结构高度化的程度。

2. 金融机构结构指标

为了能有效反映金融机构结构的发展层次性、金融机构的多样性、与经济发展的适应性，这里将金融机构结构指标分为金融机构结构高度化指标和金融机构结构合理化指标两种类型。其中，金融机构结构高度化指标用非银行金融结构机构比率来体现，等于非银行金融资产总额/金融机构资产总额。金融机构结构合理化指标主要由行业结构指标、行业集中度指标、所有制结构指标、区域结构指标、业务结构指标等构成，每个指标又包含多个下一级指标，具体如表 3-2 所示。

表 3-2　金融机构结构合理化指标体系构成表

一级指标	二级指标
行业结构指标	各类金融机构金融资产/全部金融机构资产总量 各类金融机构数量/全部金融机构总数 各类金融机构人员数/全部金融机构人员总数
行业集中度指标	各类金融机构前 N 家金融资产总额/各类金融机构资产总额 各类金融机构前 N 家利润额/各类金融机构利润总额
所有制结构指标	金融机构对公有制、非公有制企业信贷/信贷总额 国有、股份制、民营、外资金融机构数/全部金融机构总数 国有、股份制、民营、外资银行资产/银行总资产 国有、股份制、民营、外资保险机构保费收入/保险机构保费总收入
区域结构指标	各类金融机构在东、中、西部地区机构数/全部金融机构总数 各类金融机构在城镇、农村地区机构数/全部金融机构总数 各类金融机构在境内、境外机构数/全部金融机构总数
业务结构指标	银行存款额/银行负债总额 银行贷款额/银行资产总额 银行业各项业务收入/营业总收入 证券业各项业务收入/营业总收入 保险业各项业务收入/营业总收入 信托业各项业务收入/营业总收入

3. 金融市场结构指标

金融市场结构复杂，种类繁多。结合我国金融市场多样化、多层次的发展取向，以及我国金融市场的主体为货币市场和资本市场的发展现状，对我国金融市场结构的考察，应主要从交易工具期限和交易对象这两种金融结构划分种类来设置分析指标。就金融市场结构高度化来说，可设置证券化比率和直接融资比率两个指标来反映。其中，证券化比率＝（股票市值+债券市值）/ GDP，直接融资比率＝直接融资总额 / 融资总额，这两个指标可反映出一个国家通过金融市场融资的状况。一般来说，这两个比率越高，说明在金融市场中通过证券化融资和直接融资的程度越高，金融市场也就越发达，金融市场结构的层次也就越高。就金融市场结构合理化来说，可重点分析种类结构、规模结构、货币市场结构和资本市场结构指标。具体如表 3-3 所示。

表 3-3 金融市场结构合理化指标体系构成表

一级指标	二级指标
种类结构指标	各类市场规模/GDP
规模结构指标	货币市场交易额/资本市场市价总额
货币市场结构指标	各类货币子市场交易额/货币市场总交易额 网络银行交易额/金融资产总量
资本市场结构指标	原生、衍生、组合工具发行额或市值/总发行额或总市值 市场交易额/市场筹资总额 网络证券、保险业务交易量/金融资产总量 资本各市场之间的规模比；股票、债券市场机构投资者渗透率 大型上市公司市值占比；民营企业上市公司数量及市值占比

4. 金融资产（工具）结构指标

金融资产（工具）结构指标最能反映金融结构优化程度。金融资产分为货币性金融资产、证券类金融资产、保险类金融资产和金融衍生工具四类。分析金融资产（工具）结构主要是分析金融资产的构成结构和内部结构，即各类金融资产在金融资产总值中的比重、各类金融资产内部不同部分之间的比率，具体也包括金融资产结构高度化和金融资产结构合理化指标两个方面。前者可以用直接金融工具及衍生金融工具总额/全部金融资产总额来反映，体现的是金融工具结构高度化和金融市场发育程度。后者用构成结构指标、总量结构指标、货币结构指标和非货币资产结构指标来反映。具体如表 3-4 所示。

表 3-4 金融资产（工具）结构合理化指标体系构成表

一级指标	二级指标
构成结构指标	货币性金融资产/金融资产总量 证券类金融资产/金融资产总量 保险类金融资产/金融资产总量
总量结构指标	金融资产总量/GDP；货币性金融资产总量/GDP 证券类资产总量/GDP；股票总市值/GDP；债券总量/GDP
货币结构指标	M_0/M_2；M_1/M_2；M_0/M_1
非货币资产结构指标	债券总量/非货币性金融资产总量 股票市值/非货币性金融资产总量 保险资产/非货币性金融资产总量 信托资产/非货币性金融资产总量

5. 金融效率结构指标

金融效率高低是金融结构合理与否的最根本体现。金融机构与金融市场的微观运作效率不仅关系自身的经营与发展，对整个国民经济的发展效率也有重要影响，金融效率是微观金融运作效率和宏观金融调控效率的统一体。基于此，可从金融机构经营发展效率、投融资效率及货币运作效率三个方面来考察金融效率，分析金融结构合理化程度。具体如表 3-5 所示。

表 3-5　金融效率结构合理化指标体系构成表

一级指标	二级指标
金融机构经营发展效率指标	各类金融机构资本收益率、资产收益率、人均利润率、成本收入比、资产费用率、不良贷款率、人均费用率、资本充足率、资本增长率、业务增长率、利润增长率、金融各业从业人员素质和经营管理水平
投融资效率指标	企业贷款、股票、债券、票据融资额/企业融资总额 短期、长期企业贷款额/企业贷款总额 国有、非国有企业贷款额/金融机构贷款总额 国债筹资额/财政借款总额 各类国债发行余额/国债发行总余额 各类居民金融资产持有额/居民金融资产总额 居民消费信贷额/金融机构贷款总额 各类居民消费信贷额/消费信贷总额
货币作用效率指标	货币总量与经济总量的比率

3.5　本章小结

从不同视角出发，金融结构有不同含义。本章从剖析金融结构的基本内涵入手，对金融结构基本特征、金融结构的构成、金融结构的影响因素、金融结构的优化、金融结构的评价等问题进行了深入研究，获得以下主要结论。

第一，金融结构是构成金融系统的各主要金融要素的相对规模、联系方式和组合状态，是金融工具结构、金融机构结构、金融市场结构的总和，具有整体性、复杂性、层次性和转换性特征。其中，整体性是指金融系统各组成要素之间密切联系、相互依存、相互作用，共同构成金融体系内部基本组织架构，使金融系统成为一个有机整体发挥功能作用；复杂性是指构成金融整体的金融要素多种多样，金融活动过程中的金融关系错综复杂，金融内部结构多层重叠，影响金融结构变化的因素复杂多样；层次性是指金融结构由多层次的组织系统组成；转换性是指金融结构具有从低级到高级、从简单到复杂、从一种形态到另一种形态演变与转化的特征。

第二，金融结构主要由金融资产（工具）结构、金融机构结构、金融市场结构等构成，同时会受到经济发展、市场深化、所有制形式、金融技术、对外开放、法律系统等多种因素的影响。其中，金融工具结构是指各种金融工具的构成及其规模，是构成金融结构总体的基础结构；金融机构结构是指各种金融机构持有和发行的金融工具所占比重、从事金融活动的相对规模及它们在地区上的分布等，是金融机构规模结构、所有制结构和地区结构之和；金融市场结构是指金融机构在金融市场上相互关联、联动互通的结构关系。

第三，金融结构优化是金融结构调整的中心问题，具体包括金融结构合理化和金融结构高度化两个方面。金融结构合理化是指金融产业部门之间、金融要素之间相互作用所产生的一种不同于各产业部门、各要素能力之和的整体能力，表现为各金融产业部门之间聚合质量的提高。金融结构高度化是指随着经济发展水平的提高和市场深化程度的加深，金融结构从低度水准向高度水准的发展过程，表现为金融结构纵向层次的提升，是金融结构变动有序性和方向性的统一。金融结构高度化和金融结构合理化之间相互联系、相互作用，二者共同决定了金融结构的优化程度。

第四，金融结构合理化和金融结构高度化是金融结构优化的两个根本标志。为此，金融结构评价标准可从金融结构高度化和金融结构合理化两个方面展开。其中，一国金融结构高度化的评价标准主要有金融要素的完整性、金融地位的重要性、金融产业的创新性等；一国金融结构合理化的评价标准主要有金融供给结构与金融需求结构的适应性、各金融产业之间和各金融要素之间比例的协调性、金融功能完善和发挥的充分性、金融结构整体效应的扩张性等。金融结构优化程度的评价指标主要有经济金融化指标、金融机构结构指标、金融市场结构指标、金融资产（工具）结构指标和金融效率结构指标。

第4章 产业结构

产业结构是指国民经济中各产业之间和产业内部各部门之间的比例关系，以及产业和部门之间技术变动与扩散的相互联系，是经济结构的关键组成部分。本章从质和量两个方面对产业结构的基本内涵进行清晰界定，并在此基础上对产业结构的基本特征、具体构成和影响因素进行深入分析，提出产业结构的优化路径、产业结构评价标准及评价指标体系。

4.1 产业结构及其特征

4.1.1 产业结构的含义

从不同视角出发，对产业结构的含义有不同理解。从价值角度来看，产业结构是指一定时期内某产业部门的价值占全部产业部门价值的比重；从就业角度来看，产业结构是指一定时期内某产业部门就业人数占全社会就业人数的比重；从产业联系角度来看，产业结构是指一定时期内产业间的技术经济联系形态和比例关系；从产业软化程度来看，产业结构是指一定时期内某产业部门中的知识资产占所有资产的比重；从技术含量角度来看，产业结构是指一定时期内高新技术产业部门在全部产业部门中所占比重，或产业部门中高新技术在全部产业部门技术中所占比重；从区域分布角度来看，产业结构是指国民经济各产业的区域分布状态。

总体上来看，现代意义上的产业结构是指国民经济中各产业之间和产业内部各部门之间的比例关系，以及产业和部门之间的技术变动与扩散的相互联系，这种联系可以从质和量两个角度来加以理解。从质上来看，产业结构是指国民经济中各产业的素质分布状态，即技术水平和经济效益的分布状态，它揭示了各产业部门中起主导作用的产业部门不断替代的规律及其相应的结构效益，从而形成狭义的产业结构理论。具体可以从两个方面来考察：一是从加工深浅度、附加价值高低、资本集约度、高新技术产品产值占该产业总产值的比重等方面来考察；二是从规模效益和国际竞争角度来考察。从量上来看，产业结构是指国民经济中各产业之间和各产业内部的比例关系，即产业间投入与产出的量的比例关系，从而形成产业关联理论，属于广义的产业结构理论。这种量的关系至少可从三个层次来考察：一是国民经济中第一、第二、第三产业的构成；二是三次产业各自的内部构成，如第二产业的内部结构主要指制造业的内部结构等；三是三次产业内部的行业构成，即产品结构。本书所探讨的产业结构既包括狭义的产业结构，也包括广义的产业结构。

4.1.2　产业结构的特征

从总体上看，产业结构具有系统性、层次性、有序性的特征。

1. 产业结构的系统性

一国的经济活动构成一个社会经济系统，而产业结构则是这个社会经济系统的一个重要的子系统。作为一个系统，其组成要素之间必定存在着某种相互依赖、相互作用的关系。在产业结构这一系统中，这种相互依赖、相互作用的关系体现在结构内产业间的技术经济联系上。依据这种联系，各产业就组成了一个整体功能大于各产业功能简单之和的结构系统。

2. 产业结构的层次性

层次性是系统的又一个主要特征。在一个系统内，层次较低的子系统应当始终围绕母系统目标进行运行。子系统超越轨道的"越轨"行为，将有碍于母系统目标的达成，甚至导致母系统的解体。在产业结构这一系统中，层次性的特征要求各产业的发展应当在一国经济发展的总目标下，不断追求整个产业结构的合理化和高级化。

3. 产业结构的有序性

所谓有序性，是指系统内各要素的关联能够束缚子系统的运行，使系统在总体上呈现出一定的规律性。在产业结构这一系统中，有序性表现为结构内各产业的发展及整个结构的演进应遵循一定的经济发展规律。如各产业的发展过程，要经历诞生、起步、高速增长、成熟及衰退等阶段，有着一定的产业发展周期。而整个产业结构的演进，就是在经济发展的不同阶段，依次有相应的产业作为主导产业，影响和带动着其他产业的发展，从而使整个产业结构的演进反映出一定的发展规律。

4.2　产业结构构成及影响因素

4.2.1　产业结构构成

根据产业发展历史和研究视角不同，产业结构有两大部类划分法、三次产业划分法、农轻重产业划分法、标准产业划分法、要素集约程度划分法、霍夫曼产业划分法、钱纳里-泰勒划分法、四次产业划分法等。划分方法不同，产业结构的构成就存在差异。下面将重点介绍前面五种划分法下产业结构的构成状况。

1. 两大部类划分法

这种划分方法就是按生产活动的性质及其产品属性对产业进行分类。按生产活动性质，把产业部门分为物质资料生产部门和非物质资料生产部门两大领域，前者指从事物质资料生产并创造物质产品的部门，包括农业、工业、建筑业、运输邮电业、商业等；后者指不从事物质资料生产而只提供非物质性服务的部门，包括科学、文化、教育、卫生、金融、保险、咨询等。此种划分方法是马克思在《资本论》中所采用的一种产业分类方法，根据产品在再生产过程中的不同作用，马克思将社会总产品分为两大部类，即将生产生产资料的部门划归为第 I 部类，将生产消费资料的部门划归为第 II 部类；在价值形式上将社会总产品分为不变资本、可变资本和剩余价值三大部分。在这样的划分法下，产业结构由 I、II 两大部类构成。

2. 三次产业划分法

三次产业划分法是西方产业结构研究中最重要的分类方法。Fisher（1935）在《安全与进步的冲突》一书中较为系统地把人类经济活动分为三次产业。Clark（1940）在继承 Fisher 的研究成果的基础上，运用三次产业分类法研究了经济发展与产业结构变化之间的规律，从而开拓了产业结构理论的应用领域，使三次产业分类法得到广泛应用和普及。三次产业划分法下，产业结构由第一产业、第二产业和第三产业构成。其中，第一产业是指产品直接取之于自然的物质生产部门，即广义的农业；包括种植业、畜牧业、狩猎业、渔业和林业。第二产业是指将取自自然的产品进行加工、制造而形成新产品的物质生产部门，包括广义的制造业（或工业）和建筑业。第三产业是指繁衍于第一、第二产业这种有形物质财富生产活动之外的，从事无形财富活动的生产部门，包括商业、金融、饮食、旅游、交通运输，以及科学、教育、卫生、政府等公共行政事业和其他公益事业等广义的服务业。

3. 农轻重产业划分法

农轻重产业划分法是将社会经济活动中的产业结构划分为农、轻、重三个组成部分，其中"农"是指大农业，主要由种植业、畜牧业和渔业构成；"轻"是指轻工业，主要由纺织业、食品业、印刷业等构成，是生产消费资料的工业；"重"是指重工业，主要由钢铁工业、石油工业、煤炭工业、电力工业、化工工业等构成，是生产生产资料的工业。农轻重产业划分法具有直观和简便易行的特点，能大致反映出社会再生产过程中三大部类之间的关系，对宏观上进行国民经济计划和控制具有较强的实用价值。因此，这种分类方法不仅在社会主义国家被应用，而且在西方资本主义国家和许多国际组织中被广泛采用。但与此同时，这种分类方法也存在一定的缺陷。如这种分类方法主要针对的是物质生产领域，并未涉及非物质生产领域，存在着涵盖不全的缺点。此外，随着经济和科技的不断发展与进步，产业间的融合趋势不断加强，传统农轻重产业间的界限将变得越来越模糊，这无疑会给这种划分方法的应用带来一定困难。

4. 标准产业划分法

标准产业划分法是联合国为了统一世界各国产业分类而制定的一种分类方法。该种分类方法把全部经济活动分为大、中、小、细四项，每项都规定有统计编码。首先分为十大项，每个大项下面分成若干中项，每个中项下面分成若干小项，每个小项又分成若干细项。其中，十大项是农业、狩猎业、林业和渔业；矿业和采石业；制造业；电力、煤气、供水业；建筑业；批发与零售业、餐馆与旅店业；运输业、仓储业和邮电业；金融业、不动产业、保险业及商业性服务业；社会团体、社会及个人的服务；不能分类的其他活动。标准产业分类法与三次产业分类法在实质上是一致的。但与三次产业分类法相比，三次产业分类法更加规范和精确，更适于进行实际应用分析。

5. 要素集约程度划分法

根据不同产业在生产过程中对要素的需求种类和依赖程度不同，要素集约程度产业划分法将国民经济各产业划分为劳动集约型产业、资本集约型产业和技术集约型产业。其中，劳动集约型产业是指在生产过程中对劳动力的需求依赖度较大的产业，这里的劳动通常是指体力劳动。在劳动集约型产业中，资本的有机构成较低，生产过程中主要消耗的是活劳动。一般认为，食品工业、纺织工业、服装工业和各类服务业都是比较典型的劳动集约型产业。资本集约型产业是指在其生产过程中对资本的需求依赖度较大的产业，在其生产过程中，该类产业需要消耗大量物化劳动。因此，其资本的有机构成较高。如钢铁工业、石油化学工业等就是资本集约型产业。而技术集约型产业也称为知识集约型产业，是指在生产过程中对技术的需求依赖度较大的产业。一般地，在该类产业产品的生产过程中，有产品物耗小而附加价值高的特点。一些新兴的产业，如计算机工业、航天工业、新材料新能源工业等，就是典型的技术集约型产业。

4.2.2　产业结构影响因素

总体上看，影响产业结构的因素主要有供给因素、需求因素、制度因素。其中，供给因素是产业结构的物质基础，需求因素是产业结构的市场导向，制度因素是产业结构的体制保障。

1. 供给因素

从供给因素来看，影响产业结构的因素主要有自然资源供给因素、人力资源供给因素、资本供给因素和技术供给因素。

第一，自然资源供给因素。一国自然资源供给状况对经济发展有重要影响，在很大程度上决定着该国的产业结构状况。如那些自然资源丰富的国家，往往比较容易形成资源开发型产业结构；那些国土辽阔、资源丰富的国家，往往可能形成资源开发和加工利用全面发展的产业结构；而那些资源匮乏的国家，往往可能形成的是资源加工型产业结构。由此可见，自然资源供给是经济发展的基础因素，是人力因素所无法改变的，因而它对产业结构具有显著的决定作用。

第二，人力资源供给因素。人力资源即劳动力资源，它是人口总量的重要组成部分。人力资源供给因素对劳动力供给和人均资源拥有量具有重要影响。从人口与资源平衡的角度来讲，过度的人口增长会把国内的有限资源转化为衣食供给以满足人们基本的生活需要。其结果是一方面会减少其他资源的供给；另一方面会减慢农业人口向非农产业的转移，阻碍产业结构的高级化进程。因此，人力资源供给的多寡和劳动力素质的高低在很大程度上影响着产业结构高级化进程。

第三，资本供给因素。资本供给主要从总量方面对产业结构产生影响，具体包括两个方面：一是资本充裕程度对产业结构的影响，这主要受一国的经济发展状况、社会发展水平、储蓄率、社会资本累积状况等因素的影响；二是资本在不同产业部门的投向偏好，即投入结构对产业结构的影响，这主要受投资倾斜政策、投资者的投资偏好、利率、资本回报率等方面的影响。在正常情况下，资本投入规模与产业结构高度化的发展进程成正方向变动，资本投入结构又将通过决定固定资产存量结构，进而对产业结构的演变方向和速度起到决定作用。

第四，技术供给因素。技术供给因素对产业结构的影响不仅表现在它能够调整产业结构，使之趋于合理，更重要的是它对产业结构升级具有杠杆效应。具体表现在：科技成果使生产技术和工艺设备得以更新，生产手段更加现代化，生产过程更加合理化，新兴产业得以形成；新技术、新设备、新工艺、新产品取代老技术、老设备、老工艺、老产品，可使传统产业逐步转移到新的技术基础上，推动传统产业技术改造；因科学技术突破而产生的新兴产业，往往具有较高的生产效率，迅速发展壮大，那些技术没有重大突破的传统产业则逐渐衰落，甚至被取代，进而使产业结构发生结构性变化，实现产业结构更新换代。

2. 需求因素

从需求因素来看，影响产业结构的需求因素主要有消费需求因素、投资需求因素及国际需求因素。

第一，消费需求因素。消费需求变化包括消费需求总量变化和消费需求结构变化两个方面。消费需求总量变化与人口数量、人均收入水平、经济发展周期、经济发展水平、社会发展水平和技术水平等因素密切相关。当人口数量增加、人均收入水平提高时，消费需求总量会相应增大；经济发展水平、社会发展水平不同时，消费需求总量常常不同；当经济发展时期变动时，消费需求总量也常常发生变动。同时，消费需求结构常常会随着消费需求总量的变化而发生相应变化。当消费需求总量和消费需求结构发生变化时，常常会引起相应产业部门的扩张或收缩，促使生产结构和供给结构发生相应变化，进而引起产业结构调整的出现。

第二，投资需求因素。投资是企业扩大再生产和产业扩张的重要条件之一，不同类型的投资需求是改变已有产业结构的直接原因。具体表现在：新的投资需求将促使新产业的形成，进而改变原来的产业结构；对部分产业进行投资，将推动该部分产业比未投资产业以更快速度扩张，从而影响原有产业结构；对全部产业投资，但投资比例不同，则会引起各产业发展程度的差异，导致产业结构发生相应变化。由此可见，投资需求因素是影响产业结构的重要因素，政府往往根据不同情况采用差异化的投资策略，通过调整投资结构来达到调整产业结构的目标。

第三，国际需求因素。国际需求因素主要包括国际贸易和国际投资需求两个方面。国际贸易对产业结构的影响主要表现在：资源、商品、劳务的出口对国内相关产业发展起推动作用；国内紧缺资源、劳务的进口可以弥补本国生产该类商品的产业不足；进口某些新产品、新技术对开拓本国市场和发展本国同类产业创造有利条件，促进本国产业结构的高度化；有些商品进口对本国部分产业的发展具有抑制作用。国际投资包括本国资本的流出，即本国企业在外国的投资；以及外国资本的流入，即外国企业在本国的投资。对外投资会导致本国产业的对外转移，外国投资则促使国外产业的对内转移，这两方面都会引起国内产业结构的变化，其中外国直接投资对国内产业结构的影响更为直接和深远。

3. 制度因素

除以上因素外，产业结构还受到政策和政治等制度因素的影响。其中，产业结构受政府产业政策的影响最直接，政府常常通过财政货币政策，或通过立法协调等手段来调整供给结构、需求结构、国际贸易结构和国际投资结构，进而实现对产业结构的影响。此外，一国的国际政治环境对该国产业结构变动也有重要影响。例如，美国在建国初期受到英国的经济封锁，不允许从英国进口重要工业产品，并在 1812 年受到英国入侵。这一系列事件促使美国工业快速发展，并较早地摆脱了农业国的落后地位。俄国在十月革命胜利后，国内政治形势发生了根本变化，建立了苏维埃国家，其产业结构也随着政治形势的变化而变化。苏联领导人决定立即退出第一次世界大战，并把国家的资源转到工业化建设方面，特别是重工业方面，这促使苏联的重工业得到快速发展。

4.3　产业结构优化

产业结构调整实质上是一个产业结构不断优化的过程。产业结构优化是指通过政府的有关产业政策调整影响产业结构变化的供给结构和需求结构，实现资源优化配置与再配置，推动产业结构高度化和合理化发展的过程。从产业结构优化的定义可以看出，产业结构优化的目标是要实现产业结构的高度化和合理化，最终实现经济的持续快速增长。产业结构优化的过程包括产业结构合理化和产业结构高度化两个部分。

4.3.1　产业结构合理化

产业结构合理化是以产业关联技术经济的客观比例为依据，调整资源在各产业部门之间的合理配置，促进国民经济各产业间协调发展的过程。从静态来看，产业结构合理化就是产业结构的有序协调状态；从动态来看，产业结构合理化是指产业与产业之间协调能力的加强和关联水平的提高，即在一定经济社会发展战略目标要求下，对失衡产业结构进行调整以促使其恢复到协调和谐状态，实现供求均衡，并取得良好效益的产业结构优化过程。具体来看，产业结构合理化的路径主要体现在幼稚产业保护、基础产业协调和衰退产业调整三个方面。

1. 幼稚产业保护

幼稚产业是指工业后发国家新建起来的，相对于工业先行国家成熟的同行产业而言处于幼小稚嫩阶段的产业。从长期来看，幼稚产业具有收入弹性大、技术进步快、劳动生产率提升快、发展潜力大等特点，幼稚产业往往可能会成为未来的主导或支柱产业。但从当前来看，幼稚产业却比较弱小、发展不成熟、没有比较优势。产业结构合理化需要政府给予幼稚产业以扶植和保护，具体包括国际贸易保护和国内生产扶植两个方面。

1）国际贸易保护

采取国际贸易保护的目的是减轻国外相关产业的竞争压力、限制进口、削弱进口产品在国内市场上的竞争力，为幼稚产业的生存和发展提供一个良好的发展环境。其主要保护政策包括关税和非关税两个方面。其中，关税保护是工业后发国家主要的贸易保护政策工具，即利用较高的保护性关税来保护本国幼稚产业发展。保护性关税的征税对象一般是与本国幼稚产业同类的国外已成熟产业，税率上往往根据本国产品厂商的生产成本而定，要使进口产品的价格高于本国同类产品，具有很强的目标性。非关税壁垒是指除关税以外的各种直接和间接的，以限制国外产品进口为目的的政策法律措施。最常见的直接性非关税壁垒包括进口配额制度、进口许可证制度等；间接性非关税壁垒包括国内在流通或消费等环节的征税、外汇管制、各种技术和卫生标准等。

2）国内生产扶持

这种政策主要包括财政扶持政策、金融扶持政策和技术保护扶持政策三种类型。其中，财政扶持政策比较多，常见的有税率设立、财政补贴、政府直接投资三个方面。通过这些财政扶持政策的实施，可为幼稚产业长期发展创造良好的自我发展环境。对于金融扶持政策来说，常见的有组建专门的开发银行、优惠贷款利率、提供信誉担保等。通过金融扶持政策，可为幼稚产业的发展提供融资渠道，为幼稚产业的发展壮大提供充足的资金支持。对于技术扶持保护政策来说，政府往往是采取直接投资于技术开发领域，并将开发成果在同行企业中推广的方式来促进幼稚产业的技术进步。

2. 基础产业协调

基础产业是指经济社会活动的基础工业和基础设施。其中，基础工业包括能源工业和基本原材料工业，基础设施包括交通运输、邮电通信、港口、机场、桥梁等公共设施。从广义上来看，基础产业还应当包括一些提供无形产品或服务的部门，如科学、文化、教育、卫生、法律等部门。从产业结构角度来看，基础产业的产出应主要作为生产过程中的中间需求用于其他产业，感应度系数较高。基础产业是制约经济发展的瓶颈，是促进资源合理配置、提高宏观经济效益、促进产业结构合理化的客观需要。具体来看，可从以下四个方面来协调基础产业。

第一，对基础产业进行内部分解并实施不同投资与管理方式。这一分解即是在充分发挥市场机制作用的基础上，把基础产业分为营利性基础工业和非营利但具明显外部经济效应的基础设施两大类。能源和原材料工业基本上可以看成是营利性的基础工业，交通、通信和城市公用设施基本上可以看成是非营利性的基础设施。对于营利性的基础工业基本上可看成是私人产品，可由市场提供，同时政府可根据需要提供必要支持。因此，基础工业改革的基本原则是实行政企分开，最大限度引进市场机制，把企业逐步推向市场，使之实行企业化经营。营利性基础工业的投资主体不应当是国家，而应当是大型企业或企业集团。对于非营利性基础设施，应当确立其投资主体是国家，并由政府管理机构管理。在适当提高财政收入占整个国民收入比重的基础上，努力提高国家对基础设施投资的比重。国家财政应逐步减少对一般性生产项目的投资，增加对基础项目建设，如公共水利设施、一般性公路、机场、港口、水运航道整治和城市基础设施等的投资。

第二，重新划分和确立中央与地方的财政收入分配关系，明确各级政府在发展基础产业方面的事权与责任。其基本原则是：下级政府能够解决的由下级政府解决，而不要移交上级政府解决。中央政府与地方政府的分工是：中央政府主要负责制定基础产业的总体规划与布局、制定重大方针、审批限额以上重点建设项目及策划全国性和跨地区的重大基础产业项目，如全国性交通、邮电、水利设施、能源、重要原材料工业建设任务；地方政府负责本地区项目，并参加某些跨地区项目建设，如地方性交通建设和城镇基础设施建设等。在基础产业建设和布局方面，为避免产生重复和不合理的情况，中央政府应制定明确的产业政策和统一的规划部署，地方政府必须严格遵照执行。

第三，更多运用间接生产方式来干预基础产业发展。在传统计划经济体制下，政府对基础产业的干预基本上是以政府直接生产的方式进行的。随着国民收入分配与使用格局的变化，政府仅仅运用直接生产方式干预基础产业发展已不能适应经济发展所需。运用间接生产方式促进基础产业发展，不仅是建立社会主义市场经济体制的根本要求，也是加快基础产业发展、消除基础产业瓶颈的迫切要求。因为同等数额的财政资金，与用于直接投资和生产相比，政府以财政贴息、政策性贷款等间接生产的方式投资会带动更多社会资金投资于基础产业发展，成效更大。

第四，建立和完善有利于基础产业发展的政策性投融资制度。为稳定增加基础产业等重点项目建设的资金来源，国家已建立了国家开发银行。为加快基础产业发展并防止重复建设，国家开发银行要根据国家产业政策确定的贷款优先顺序目录提供贷款，并建立信贷收支计划和实际执行结果报告制度，定期向产业政策主管部门报告。同时，还应健全资金使用责任制度，加强经济核算和奖励制度。要改变以往不讲经济效益和经济核算的大锅饭做法。由于基础设施的经营目标主要不是利润，而是为社会服务，一般不宜采取提高收费的办法来增强自身筹资能力，而应主要靠国家财政投资和财政融资来兴建。

此外，国家对基础产业的投资和建设在空间上应当同地区产业布局相结合，促进地区经济发展；在时间上应当同经济增长周期相配合，合理地确定基础产业建设时间和投资规模，这样既可以平缓经济波动，又可以在经济不景气时刺激经济发展，帮助和促进充分就业。同时，还应依靠技术进步，改变能源不足和能源消耗系数过大的现状，缓解基础产业的瓶颈矛盾。

3. 衰退产业调整

衰退产业是指经历了萌芽期、成长期、成熟期之后进入衰退期的产业。其一般特征是，产品需求量和销售量大幅下降，技术进步率降低，由另一新兴产业提供的替代品出现需求且销售额处于上升趋势。衰退产业不利于产业结构优化，影响国民经济持续健康发展。因此，产业结构合理化不仅要正确保护幼稚产业、协调基础产业，而且要调整衰退产业。根据国内外产业合理化理论与实践可知，衰退产业调整大致可分为产业升级与转换、资产重组和区位调整三种方式。

1) 产业升级与转换

对于仍具有一定再造潜力，通过技术改造能进入新生命周期的衰退产业来说，产业合理化路径是积极实现产业升级与转换，具体路径包括生产定制化、流程再造和产品升级。生产定制化就是厂商按客户要求设计产品，根据订单生产产品，包括从有效参与需求市场竞争到为每位客户提供独一无二定制产品的整个范围。产业流程是指同一产业具有的大致同质的生产过程，也就是常称的生产工艺。每一产业都具有显著区别于其他产业的生产流程。流程再造即缩短流程周期，适应技术发展要求，促进产业内分工合理化。产品升级即指衰退产业产品的高新技术改造，一是由高能耗、高物耗向低能耗、低物耗发展，二是由"重厚大"型产品向"轻薄小"型产品发展，通过改造，使本已处于衰退期的产业重新进入新的生命周期。

2) 资产重组

一是要加速资本折旧，用法律手段制定和实施衰退产业设备报废量、报废时间表，采取促进折旧的特别税制，对因设备报废而产生的损失提供部分补偿等政策措施，以加速其设备折旧。二是要采取政府适当干预的手段。如通过政府购买、价格补贴等手段来缓和衰退部门的价格变化，干预价格形成机制；实行适当的市场保护政策，对因进口而妨碍国内生产、引起市场混乱的产品，采取控制进口、优先购买国内产品的政策；对促进技术进步、提高产业效率的创新性生产行为予以补助等。三是技术与经营支持。政府要通过协调专利与技术推广工作，对衰退产业转产的目标领域提供及时的技术和经营指导、咨询与援助；采取各种优惠政策，鼓励采用先进技术改造衰退产业。

　　3）空间区位调整

　　对于还存在一定市场空间的衰退产业，则应通过生产单元、销售单元、决策单元等产业基本功能单元的主动空间迁移而对产业的生产区位、市场区位和决策区位进行全部或部分空间重构的行为与过程。对于衰退产业来说，空间区位调整具有重要意义：一是有助于延缓衰退产业衰退。作为产业演进的重要环境因素，空间区位对衰退产业的效率和效益有着重要影响。衰退产业的空间迁移能够改善产业生存环境，拓展生存空间、扩大市场份额、延续产业生命力、增强产业竞争力，从而延缓产业衰退。二是有助于实现衰退产业优势再生。由于存在着区位地租级差性、区位要素成本级差性、区位产业收益级差性、产业区位集聚外部经济性和区域资源重新配置收益，衰退产业空间区位调整能获得转移所带来的收益即转移经济性，这有助于衰退产业实现从劣势向优势的转化，实现优势再生。

4.3.2　产业结构高度化

　　产业结构的变动取决于经济发展水平。在正常状态下，经济总是不断向前发展，表现为经济总量不断扩大、经济质量持续提高。因此，反映经济发展的产业结构也总是表现为不断从低层次向高层次进行转化，产业结构这种有规律的转化过程就是所谓的产业结构高级化。具体包括三个方面的内容：一是指产业的高附加值化和高技术化，即在产业中普遍应用高新技术，增加产品的附加值；二是产业高集约化，即产业组织合理化，有较高的规模经济效益；三是产业高加工度化，即加工深度高，包括产值结构高级化、资产结构高级化、技术结构高级化和劳动力结构高级化。这一过程主要通过以下四种模式得以实现。

1. 平衡增长模式

　　针对发展中国家的经济增长和产业结构高度化问题，Mill（1844）在对萨依定律进行阐释时指出，生产增加会引致需求增加。要让增加的生产能力结构与增加的需求结构协调一致，必须以相同比例对各经济部门进行投资，使各部门同步得到发展，以实现供给与需求一致。进入20世纪后，平衡增长理论获得较大发展，形成了较为系统的理论体系。其中，最具代表性的是罗森斯坦·罗单的大推进理论和纳克斯的贫困恶性循环理论。根据罗森斯坦·罗单的大推进理论可知，对于发展中国家来说，阻碍其工业化和产业高度化的一个重要障碍就是资本匮乏。由于资本攻击、资本储蓄和资本市场需求相互联系、彼此融合，小规模和个别部门的投资无法从根本上解决这一障碍，因而需要采用大推进发展战略。这里所说的大推进发展战略主要是指以制造业及其相关部门技术性质为基础，以增大规模经济和外部经济累积效应为重点，平衡地在各部门进行投资。大推进理论观点认为，如果只建立一个产业、只生产一种产品，这个产业市场会因缺乏规模经济而阻碍其发展，延滞产业高度化进程。如果同时建立整个工业体系，规模经济和外部经济累积效应的存在而促使一个广阔市场形成，进而创造出各产业相互促进、共同发展的良好环境，加快产业结构高度化进程。根据纳克斯的贫困恶性循环理论可知，发展中国家之所以贫困，其产业高度化之所以受阻，主要原因在于这些国家陷入了供给和需求的恶性双循环。从供给来看，发展中国家的低收入水平往往伴随的是低储蓄率，整个社会的低储蓄率将导致产业发展资本短缺，资本短缺必将引起产业生产率低下，低下的生产率又会带来更低的收入，最终形成供给的恶性循环。从需求来看，发展中国家的低收入水平往往伴随的是人们低下的购买力，整个社会的低购买力水平会因投资引致效应导致投资不足，投资不足必将导致更低的产业生产率，低下的生产率又会带来更低的收入，最终形成需求恶性循环。具体如图4-1所示。要打破这样的恶性循环，纳克斯认为，如果只对个别行业或产业进行投资，这些行业和产业的发展将受到市场需求限制，如果将资本同时投资于不同行业和产业，其结果必将是市场的全面扩大。因此，必须同时对国民经济各部门进行投资才能有效促进产业结构高度化。

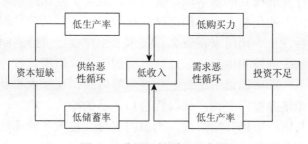

图4-1　贫困恶性循环示意图

2. 非平衡增长模式

针对发展中国家的经济发展和产业结构高度化问题，亚当·斯密在《国富论》中提出了非平衡增长思想。在该著作中，亚当·斯密认为对于投资有限的发展中国家来说，首先应把社会资本投入到农业，随后是工业，最后是国际贸易。之后，学者们从多个视角对亚当·斯密的这一思想进行了深化和拓展，建立了系统的非平衡增长理论体系。其中，最具代表性的是 Hirschman（1958）、Rostow（1960）的非平衡增长理论。Hirschman（1958）认为，在选择投资顺序时，应以各产业部门"诱发投资"效应大小作为依据。对于投资资金缺乏的发展中国家，应集中资源，首先对直接生产活动进行投资，以"短缺的发展"来引导投资的增加，从而带动更多其他产业部门的发展。那么，在众多产业中，哪些才是需要加强投资的直接生产活动产业呢？Hirschman（1958）认为可通过产业的关联性大小来进行判断，在进行投资产业选择时，应首先选择那些前后向关联效应最大的产业进行投资。Rostow（1960）进一步明确指出，经济发展就是充当"领头羊"的主导产业部门首先获得增长，再通过回顾影响、旁侧影响和前瞻影响对其他产业部门施以诱发作用，最终带动整个经济增长的过程，所以发展中国家应首先对主导产业部门进行投资。由此可见，非平衡增长理论的主要思想是：由于资金短缺等诸多问题，发展中国家不应在所有产业部门同时进行投资，而应选择合适的重点产业进行投资，然后通过关联效应和诱发性投资等作用带动其他产业发展，最后实现经济发展和产业结构高度化目标。

3. 雁行发展模式

针对后发工业化国家的工业化问题，日本经济学家 Akamatsu（1935）通过对日本羊毛工业品贸易发展轨迹进行考察后首先提出了雁行发展模式，小岛清等则以日本纺织工业、钢铁工业和汽车工业为样本对该理论进行了实证检验。总体来看，雁行发展模式的基本理论观点是，后发工业化国家可通过以下四个阶段来实现本国工业化和产业结构高度化进程：第一，从研发新产品到国内市场形成阶段。后发工业化国家在资金、技术等生产要素供给的制约下，企业不能首先依靠自身去开发和生产那些虽然具有国内需求但需具备较高资金、技术门槛的先进产品，而应通过引进资金和技术等方式，使技术和资金等供给条件日趋成熟，逐步培养以国产化产品取代进口产品的能力。第二，从国内市场饱和到产品出口与国际市场开拓阶段。当国内资金、技术条件成熟，企业开始积极采用国产化产品取代进口产品，国内市场需求和生产规模不断增大。当国内市场逐渐走向饱和，国内企业开始把多余的产品向国际市场出口，积极开拓国际市场。第三，从国内市场形成到输出技术设备和就地生产销售阶段。随着国内外市场需求和生产规模不断增大，规模经济和廉价生产要素优势不断累积，产业竞争力不断上升，企业开始从产品输出转向技术设备出口和国外就地生产，最终不但赢得本国市场，而且逐步实现了生产全球化。第四，国外生产能力形成并将产品以更低价格返销国内，促使国内企业减少该产品生产并积极开发新产品阶段。由此可见，"进口—国内生产—出口"是后发工业化国家经济发展和产业结构高度化遵循的基本轨迹，犹如三只展翅飞翔的大雁，故称为雁行发展模式。

4. 进口替代与出口导向发展模式

进口替代发展模式是以本国经济和产业结构发展为主轴，认为发展中国家产业间的联系一般都很弱，只有制造业，尤其是加工工业间的联系相对较强。因此，发展中国家应集中投资并优先发展工业，尤其是加工工业。但由于发展中国家工业资本不足，投资稀缺，进口替代工业应是其发展的重点。通过发展进口替代工业并达到一定程度后，发展中国家应逐步由生产工业消费品为主转向生产资本品为主，进而完全取代工业的进口，建立起民族工业体系，最终实现工业化和产业高度化。出口导向发展模式一般指工业后发国家为了实现本国经济增长，支持和鼓励国内产业以国际市场需求为导向进行发展的模式。其主要特点表现在两个方面：一是出口导向产业的发展是基于国际市场分工而选择，这些产业往往在国内具有相对优势和较强竞争力，具有"小国结构"特点的发展中国家采用该发展模式更易获得成功；二是政府所选择的出口导向发展产业一般是以制造业产品代替传统初级产品，因此能使这些国家的经济获得较快发展，加速其产业结构高度化进程。

4.3.3　产业结构合理化与高度化的关系

产业结构合理化和高度化是产业结构优化过程中的两个基点。作为产业结构优化的两个重要方面，产业结构合理化与产业结构高度化的联系非常密切，二者既相互依存又相互影响，正是这种相互作用共同构成了产业结构优化过程。

一方面，产业结构合理化为产业结构高度化提供了基础，没有产业结构合理化，产业结构高度化就失去了基本条件，进而影响到产业结构由低级向高级演进的过程，甚至有可能发生结构逆转。而产业结构的高度化则推动了产业结构在更高层次上的合理化。产业结构合理化的着眼点主要是经济发展的近期利益，而产业结构高度化更多关注的是结构成长的未来，着眼于经济发展的长远利益。因此，如果产业结构高度化脱离了合理化这个基础，就会引起产业结构"空洞化"，导致产业结构演进中的大倒退；产业结构合理化后，不能及时实现产业结构高度化，就会导致产业结构"时滞化"，阻碍产业结构向前发展。

　　另一方面,产业结构合理化并不等于产业结构高度化。产业结构合理化反映的是产业结构量上的客观要求,体现为产业结构的发展要与某一国或地区社会经济发展水平相适应。产业结构高度化反映的是产业结构质上的客观需要,体现为产业结构的发展要遵循产业结构发展的一般规律并符合世界产业发展潮流,二者并不能等同。这一点可从我国产业结构的演进历程得到验证。如改革开放前,我国的产业盲目采取"追赶"政策,在农业基础不稳定的情况下打算超越轻工业的发展阶段而直接进行重工业化,且在重工业化过程中,又不顾基础工业还未得到很好发展的实际,提前进入以加工工业为主的阶段,结果导致产业结构逆转,受到了经济规律的严重惩罚。

　　由此可见,合理化和高度化是产业结构优化中缺一不可的两个方面。产业结构合理化的实质就是协调化基础上的高度化,只有做到合理化与高度化有机统一的产业结构才能适应和促进经济与社会持续健康向前发展。

4.4　产业结构评价

4.4.1　产业结构合理化评价

1. 产业结构合理化评价标准

　　一个国家的国民经济能否协调发展,从而形成经济的良性循环,取决于这个国家能否建立合理的产业结构。综合经济学家们的理论研究和实证分析,合理的产业结构应符合以下五个重要判别基准。

　　第一,能够有效利用国内外资源和市场。一个国家在一定时期和一定条件下,其资源总量是有限的,为了实现资源的优化配置,必须建立有利于充分发挥本国资源优势的产业结构。同时,各国的生产力发展水平和空间布局从来是不均衡的,因此,国际间的取长补短,充分利用国内外两种市场和两种资源,就成为各国生产力发展的客观要求,通过对外经济交往,克服各国国内需求与其资源不足的矛盾。因此,合理的产业结构应当是开放型结构。

　　第二,能够不断适应市场需求的变化。随着经济的发展和人民生活水平的提高,需求结构会不断提升和变化,而供给结构很难及时完全适应需求结构的变化。为了满足不断变化的需求结构的要求,要通过调整供给结构的办法来促使二者均衡。也就是说,当投资与消费的比例及由此派生的需求一旦确立,产业结构就必须与之相适应。二者的适应程度越高,产业结构就越合理。

　　第三,能够充分利用科技进步的成果。产业结构的合理化是一个不断调整产业间比例关系和提高产业间关联程度的过程,这一过程也就是产业结构的成长过程。在经济发展的不同阶段,由于受到生产力发展水平、科技推动、需求拉动和竞争开发等因素的作用,产业结构的变化总是向着更高一级的结构演进。当今国际竞争的实质是以经济科技为基础的综合国力的较量,为了取得长远的宏观经济效益,必须使产业结构逐步从低层技术向高层技术发展,用现代科学技术装备国民经济各部门,以适应产业结构的优化。

第四,能够促进国民经济协调发展。社会总产出的构成除了要与依据社会经济发展目标确定的投资与消费的比例相适应外,还要求这一结构的各个组成部分,即投资品生产、消费品生产、中间产品生产及为生产和生活服务的部分,依据它们之间的关联性,形成一个相互适应、相互服务、相互促进和相互补充的体系,这样才能保证全部产品的价值得以充分实现。因此,使国民经济各部门协调发展就成为产业结构合理化的首要基准。

第五,能够实现人口、资源、环境的良性循环。前述各部门的协调发展只反映了生产过程的要求,并不反映生产的目的和效益。人类生产的目的是满足人民日益增长的物质文化需要。因此,合理的产业结构就是要建立资源节约和综合利用型的产业结构,充分考虑生态系统、社会系统和经济系统的内在联系与协调发展,以使经济系统耗用尽量少的自然生态资源和社会经济资源,生产出尽量多的对人类有用的经济产品,产生尽量少的废物,以对生态环境产生最小的损害,实现产业结构的可持续发展。

2. 产业结构合理化评价指标

在对产业结构合理化程度进行评价时,除了可用评价标准对产业结构进行定性分析外,还可用一系列量化评价指标对其进行定量分析。这些量化指标主要包括反映资源利用水平的指标、反映各产业部门协调发展的指标、反映满足最终需求的指标、反映产业技术进步的指标等。

1)资源利用水平评价指标

该类指标主要由单位产值自然资源消耗、产业消耗产出率、产业能源消耗产出率、产业交通运输消耗产出率、劳动生产率和失业率构成。其中,单位产值自然资源消耗是指某种自然资源的消耗量与国民生产总值的比值。产业消耗产出率是指每消耗一单位物质资料能带来多少总产值的收益,该指标数值越大,表明该产业的效益越好。通过该指标,可以在各产业之间进行比较,评价各产业的经济效益,也可以在同一产业的不同时间上进行比较,以说明效益的变动趋势和大小。产业能源消耗产出率是指某一产业每消耗一单位能源能生产多少总产值,该指标是正指标,数值越大越好,表示产业每消耗一单位能源能生产多少总产值。产业交通运输消耗产出率是指每消耗一单位交通运输业的产品能生产出多少产值。该指标同样为正指标，数值越大越好。劳动生产率是指某产业总产值与该产业职工总人数之比。失业率是指失业人口与人力资源总量之比各指标构成具体如表 4-1 所示。

表 4-1　资源利用水平评价指标

评价指标	指标构成
单位产值自然资源消耗	某种自然资源的消耗量/国民生产总值
产业消耗产出率	某产业的总产值/该产业的总消耗
产业能源消耗产出率	某产业的总产值/该产业消耗电力、石油、煤炭总量
产业交通运输消耗产出率	某产业的总产值/该产业对交通运输业产品消耗量
劳动生产率	某产业总产值/该产业职工总人数
失业率	失业人口/人力资源总量

2）产业部门协调发展评价指标

该类指标主要有比较劳动生产率、基础结构完善系数、感应度系数、影响力系数、结构变动标志度等指标。其中，比较劳动生产率是指某产业产值占总产值的份额与该产业劳动力占社会总劳动力份额的比值。基础结构完善系数是指基础结构产业固定资产净值与固定资产净值的比值。感应度系数是指某产业的感应度在全部产业中所处的水平，如果感应度系数大于 1，表明该产业的感应度在全部产业中处于平均水平之上；如果等于 1，表明该产业的感应度在全部产业中处于平均水平；如果小于 1，则表明该产业的感应度在全部产业中处于平均水平之下。影响力系数是指某个产业的影响力在全部产业中所处的位置，如果影响力系数大于 1，表明该产业的影响力在全部产业中处于平均水平之上；如果等于 1，表明该产业的影响力在全部产业中处于平均水平；如果小于 1，则表明该产业的影响力在全部产业中处于平均水平之下。结构变动标志度是指经济增长速度偏离平均增长速度的程度。各指标的构成及含义具体如表 4-2 所示。

表 4-2　产业部门协调发展评价指标

评价指标	指标构成	指标含义
比较劳动生产率	$C_i = \dfrac{Y_i / Y}{L_i / L}$	C_i 为第 i 产业的比较劳动生产率；Y_i / Y 为第 i 产业产值占总产值的份额；L_i / L 为第 i 产业劳动力占社会总劳动力的份额
基础结构完善系数	$S_{ij} = I_f / K$	S_{ij} 为基础结构完善系数；I_f 为基础结构产业固定资产净值；K 为固定资产净值

续表

评价指标	指标构成	指标含义
感应度系数	$e_i = \dfrac{\sum\limits_{j=1}^{n} C_{ij}}{\dfrac{1}{n}\sum\limits_{i=1}^{n}\sum\limits_{j=1}^{n} C_{ij}}(i,j=1,2,3,\cdots,n)$	e_i 为第 i 产业的感应系数；n 为产业数目；C_{ij} 为里昂惕夫逆矩阵 $(I-A)^{-1}$ 中的元素
影响力系数	$e_j = \dfrac{\sum\limits_{i=1}^{n} C_{ij}}{\dfrac{1}{n}\sum\limits_{i=1}^{n}\sum\limits_{j=1}^{n} C_{ij}}(i,j=1,2,3,\cdots,n)$	e_j 为第 j 产业的影响力系数；n 为产业数目；C_{ij} 为里昂惕夫逆矩阵 $(I-A)^{-1}$ 中的元素
结构变动标志度	$\sigma = \left\{ \dfrac{\sum(X-X_0)^2}{n} - \left[\dfrac{\sum(X-X_0)}{n}\right]^2 \right\}^{1/2}$ $V_\sigma = \sigma / \bar{X} \times 100\%, \bar{X} = X_0 + \dfrac{\sum(X-X_0)}{n}$	σ 为标准差；X 为分析期内各年经济增长速度；X_0 为分析期内预定的经济平均增长速度；n 为项数；V_σ 为标准差函数；$\bar{X}$ 为平均数

3）满足最终需求水平评价指标

该类指标主要有需求收入弹性和生产收入弹性、产业资金出口率等指标。

第一，需求收入弹性和生产收入弹性。假如用 $\Delta q_i / q_i$ 表示 i 商品的需求增加率，用 $\Delta \mathrm{RN/RN}$ 表示人均国民收入增加率，则该商品需求收入弹性为

$$S_i = \frac{\Delta q_i}{q_i} \div \frac{\Delta \mathrm{RN}}{\mathrm{RN}}$$

如用 $\Delta q_i / q_i$ 表示 i 商品生产量的增加率，则 i 商品的生产收入弹性为

$$S_i' = \frac{\Delta q_i}{q_i} \div \frac{\Delta \mathrm{RN}}{\mathrm{RN}}$$

对于一个原来供求平衡的产业部门来说，若 $S_i > S_i'$，说明该产业产品供不应求，这种状况持续下去将使该产业成为"瓶颈"；若 $S_i > S_i'$，说明该产业产品供大于求，将会出现产品过剩或生产能力过剩；若 $S_i' > 0$，说明该产业正进入衰退期，不应再向该产业投资。

第二，产业资金出口率，指每一单位的投资能带来的出口价值，该指标数值越大越好。其计算公式为

$$\mathrm{IE}_i = E_i / I_i$$

其中，IE_i 为第 i 产业的资金出口率；E_i 为第 i 产业的出口额；I_i 为第 i 产业的投资额。

4）产业技术进步评价指标

这类指标用来反映各产业技术进步的速度及各产业技术进步对总产值的影响。主要包括产业技术进步速度和产业技术进步贡献率两个指标。

第一，产业技术进步速度。该指标是根据科布-道格拉斯生产函数导出的，其计算公式为

$$a = y - ck - \beta$$

其中，a 为技术进步率；y 为总产品增长率；k 为资金投入量增长率；c 为资金产出弹性；β 为劳动产出弹性。就某一个产业来说，其技术进步速度为

$$a_i = y_i - ck_i - \beta_i$$

第二，产业技术进步贡献率，是指在总产值的增长量中有多大份额是由技术进步引致的。其计算公式为

$$TD_i = a_i / y_i$$

其中，TD_i 为第 i 产业技术进步贡献率。

4.4.2　产业结构高度化评价

根据产业结构高度化的含义可知，产业结构高度化是整个产业结构中由第一产业占优势比重向第二、第三产业占优势比重演进；由劳动密集型产业占优势比重逐渐向资本密集型、技术知识密集型产业占优势比重演进；由制造初级产品占优势比重逐渐向制造中间产品、最终产品的产业占优势比重演进的过程。国际上衡量产业结构高度化的方法较多，主要有标准结构判别法、相对比较判别法、经济发展阶段判断法等，此处重点介绍标准结构判别法和相对比较判别法。

1. 标准结构判别法

标准结构判别法是衡量一国产业结构高度化程度的描述，是大多数国家产业结构高度化演进的综合描述。通过统计归纳分析方法，对样本国产业结构高度化所表现出的特征进行统计归纳，由此得出能刻画某一高度化阶段的若干指标作为产业结构演进到此阶段的标准。

产业结构高度化的内容主要包括产值结构高度化、资产结构高度化、技术结构高度化、劳动力结构高度化四个方面，国内外对产业结构高度化进行研究的文献里绝大多数是选用产值比例和劳动力比例两个指标来评价产业结构高度化。以Chenery 等（1975）的"发展型式"理论为代表，他们设计了一个国民生产总值的市场占有率模型：

$$X_i = \log \beta_0 + \beta_1 \log Y + \beta_2 (\log Y)^2 + \beta_3 \log N$$

其中，X_i 为第 i 产业的精附加价值的市场占有率；Y 为人均国民生产总值；N 为样本国人口数量。依据此模型，Chenery 等（1975）以人均国民生产总值和人口数量作为外生变量，用回归模型对样本国数据进行计算，得到一个"标准结构"。为了

便于分析，此处将该标准结构转变为曲线图（图 4-2）。图 4-2 中横轴为按 1964 年美元价格折算的人均国民生产总值，纵轴为各产业的市场占有率。由图 4-2 可知，随着人均国民生产总值的增长，农业市场占有率一直处于持续下降趋势，从最初的 52.2% 下降到 12.7%；制造业市场占有率、公共服务业市场占有率、一般服务业市场占有率则均处于稳定上升趋势，分别从 12.5% 上升到 37.9%、5.3% 上升到 10.9%、30% 上升到 38.6%。其中，人均国民生产总值为 300 美元是一个重要转折点，因为在该点，制造业的市场占有率开始超过农业的市场占有率。为了提高标准产业结构模型分析的准确性，Chenery 和 Syrquin（1986）对该模型做了一些改进，对产业结构变动过程中大量相互关联的情形做了进一步揭示，并阐释了不同类型国家产业结构变动过程的特征及差异性，大大深化了对产业结构变动及其一般趋势的认识。

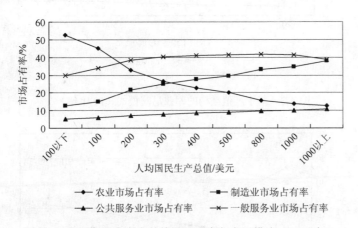

图 4-2　基于市场占有率的钱纳里和赛尔奎因模式（1975 年）

　　自 Kuznets（1971）起，学者们开始从产值结构视角来评价产业结构高度化，Syrquin 和 Chenery（1989）依据产值结构建立了评价产业结构的标准结构。同样，这里把这些标准结构转化为更直观的曲线图（图 4-3、图 4-4）加以说明，其中横轴分别为按 1958 年和 1989 年美元价格计算的人均国民生产总值，纵轴为各产业产值所占百分比。

　　由图 4-3 可知，随着人均国民生产总值的提升，农业产值占比处于持续下降趋势，从人均国民生产总值 70 美元处的 48.8% 的占比一直下降到人均国民生产总值 1000 美元处的 11.7% 的占比。而工业和建筑业、制造业、建筑业、商业服务业均处于持续稳定上升趋势，分别从 20.6% 上升到 48.4%、9.3% 上升到 29.6%、4.1% 上升到 6.6%、31.0% 上升到 39.9%。与钱纳里和赛尔奎因 1975 年构建的标准模式相同，其关键节点为人均国民生产总值 300 美元，越过这一节点，工业和建筑业产值的占比就超过农业产值的占比。由赛尔奎因和钱纳里 1989 年构建的标准模式，即图 4-4 可知，从产值结构来看，三次产业产值占比变动趋势与 1975 年库兹尼茨构建的标准模式基本一致，只是第二产业产值占比超过第一产业产值占比的关键节点为人均国民生产总值 2000 美元。

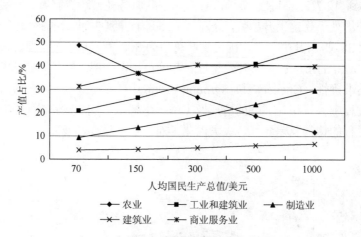

图 4-3　基于产值结构的库兹尼茨模式（1971 年）

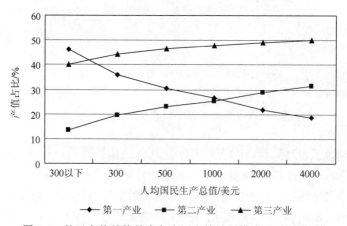

图 4-4　基于产值结构的赛尔奎因和钱纳里模式（1989 年）

　　劳动力在不同产业间的分布结构就是劳动力结构。在劳动力能够自由流动的市场经济中，人们为了获得更多收入，一般会倾向于到平均收入较高的产业就业。这种规律性现象在 17 世纪由英国经济学家威廉·配第发现并形成了著名的"配第定律"，即制造业比农业，进而商业比制造业能得到更多的收入。相比产值结构而言，劳动力结构指标有更为直观和简便的优点。因此，在学术研究和政策实践中，学者们也常常将劳动力结构作为考察产业结构高度化的评价指标，图 4-5 和图 4-6 就是库兹尼茨、赛尔奎因和钱纳里依据劳动力结构建立的产业结构高度化标准模式，其中横轴分别为按 1958 年和 1980 年美元价格计算的人均国民生产总值，纵轴为各产业中劳动力所占比重。

由图 4-5 可知，随着人均国民生产总值从 70 美元增长到 1000 美元，农业劳动力所占比重呈持续下降趋势，从 80.3%下降到 17.7%。从事工业和建筑业、商业、服务业的劳动力占比呈稳定上升趋势，分别从 9.2%上升到 45.3%、4.7%上升到 15.2%、5.8%上升到 21.8%。其关键节点是人均国民生产总值 500 美元，超过这一节点，从事工业和建筑业的劳动力所占比重就会超过农业劳动力所占比重。而由图 4-6 可知，随着人均国民生产总值从 300 美元以下上升到 4000 美元，从事第一产业的劳动力所占比重同样呈持续下降趋势，从最初的 81.0%下降到 24.2%。从事第二、第三产业的劳动力所占比重呈稳定上升态势，分别从 7.0%上升到 32.6%、12.0%上升到 43.2%，当人均国民生产总值达到 4000 美元时，从事第二产业的劳动力所占比重超过从事第一产业的劳动力所占比重。

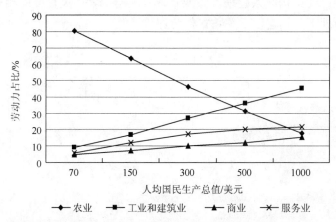

图 4-5　基于劳动力结构的库兹涅茨模式（1971 年）

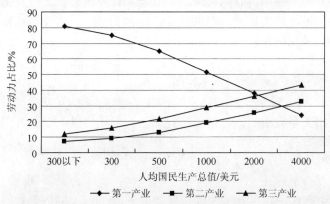

图 4-6　基于劳动力结构的赛尔奎因和钱纳里模式（1989 年）

2. 相对比较判别法

相对比较判别法是指在评价产业结构高度化时，以其他某个产业结构系统作为评价的参照。与标准结构方法相比，这种评价方法有时更加直观清晰。假设 A 为需评价的产业结构系统，B 为参照产业结构系统，u_i 为产业 i 在整个产业结构系统中所占比重，u_{Ai} 为产业 i 在 A 中的比例，u_{Bi} 为产业 i 在 B 中的比例，$\sum_i^n u_i = 1$，则 $\sum_i^n u_{Ai} = 1$ 和 $\sum_i^n u_{Bi} = 1$ 显然成立。以此为基础，可分别利用相关系数法和距离判别法对产业结构进行评价。

在采用相关系数法对产业结构进行评价时，关键是要构造一个能将被评价产业结构与参照产业结构联系起来，并能有效反映出二者相关程度的相关系数。遵循相关数学原理，可构建以下关系式作为评价系数：

$$r_{AB} = \frac{\sum_i^n |u_{Ai} - v_{Ai}||u_{Bi} - v_{Bi}|}{\left[\sum_i^n (u_{Ai} - v_{Ai})^2 \sum_i^n (u_{Bi} - v_{Bi})^2\right]^{1/2}}$$

其中，v_{Ai} 和 v_{Bi} 为 u_{Ai} 和 u_{Bi} 的均值，即

$$v_{Ai} = \frac{\sum_i^n u_{Ai}}{n}, \quad v_{Bi} = \frac{\sum_i^n u_{Bi}}{n}$$

在采用距离判别法对产业结构进行评价时，其关键是构造一个不仅能将被评价产业结构与参照产业结构联系起来，而且能够计算出被评价产业结构与参照产业结构之间差离程度的关系式。根据相关数学知识可知，欧氏距离法就能很好地实现这一目标，其具体计算公式为

$$r_{AB} = \left[\sum_i^n (u_{Ai} - u_{Bi})^2\right]^{1/2}$$

为了能与相关系数法的计算结果进行比较，可采用以下方法对其进行修正：

$$r_{AB} = 1 - C\left[\sum_i^n (u_{Ai} - u_{Bi})^2\right]^{1/2}$$

其中，C 为一个能保证距离判别法的值域映射到[0, 1]区间的适当数值。

4.5 本章小结

从产业结构的基本概念入手，本章从质和量两个方面对产业结构的内涵进行了清晰界定，对产业结构的基本特征、产业结构的具体构成、产业结构的影响因素、产业结构的优化、产业结构的评价标准和评价指标进行了深入剖析，获得以下主要结论。

第一，产业结构是指国民经济中各产业之间和产业内部各部门之间的比例关系，以及产业和部门之间技术变动和扩散的相互联系，是经济结构的关键组成部分。从质上来看，产业结构是一个国家或地区的劳动力、资金、各种自然资源与物质资料在国民经济各部门的配置状况及其相互制约方式。从量上来看，产业结构是一定时期内产业间联系与联系方式的技术经济数量比例关系，即产业间投入与产出的量的比例关系。产业结构具有系统性、层次性、有序性等特征。

第二，学术界常用的产业结构划分方法主要有农轻重产业结构划分法、霍夫曼产业结构划分法、钱纳里-泰勒产业结构划分法、要素集约程度产业结构划分法，不同划分法下产业结构的构成不同。农轻重产业结构分类法将产业结构划分为农、轻、重三个组成部分；霍夫曼产业结构分类法把工业部门分成消费资料工业、资本资料工业和其他工业三类；钱纳里-泰勒产业结构分类法将制造业部门划分为初期产业、中期产业和后期产业三种类型；要素集约程度产业结构分类法将国民经济各产业划分为劳动集约型产业、资本集约型产业和技术集约型产业。总体上看，影响和决定产业结构的因素主要包括供给和需求两个方面，具体包括社会需求、科技进步、制度安排和资源供给等因素。

第三，产业结构调整实质上是一个产业结构不断优化的过程，即通过政府相关产业政策调整影响产业供给和需求结构，实现资源优化配置与再配置，推动产业结构高度化和合理化发展的过程。产业结构高度化主要是根据经济发展的历史和逻辑序列顺向演进规律，通过创新，加速产业结构从低层次向高层次演进的过程，主要有平衡增长、非平衡增长、雁行发展、进口替代与出口导向等发展模式。产业结构合理化是依据产业关联技术经济的客观比例关系调整资源在各产业部门之间的合理配置，促进国民经济各产业间协调发展的过程，主要通过幼稚产业保护、基础产业协调和衰退产业调整三条路径来实现。产业结构合理化和产业结构高度化是产业结构优化过程中的两个基点，二者相互依存、相互影响，共同构成产业结构优化过程。

第四，产业结构合理化是经济增长的客观要求和现实基础。目前理论界判断产业结构合理化的标准主要有国际标准、需求结构标准、产业间比例平衡标准，其评价指标主要包括反映资源利用水平的指标、反映各产业部门协调发展的指标、反映满足最终需求的指标、反映产业技术进步的指标、体现生态环境质量的指标五大类。产业结构高度化是产业结构不断从低级向高级结构发展的过程，是经济发展历史和逻辑序列顺向演变的过程。目前学术界衡量产业结构高度化的方法主要有标准结构判别法、相对比较判别法、经济发展阶段判断法。

第5章 基于跨期动态模型的金融结构与产业结构协调度理论研究

金融结构与产业结构之间是否具有协调互动关系？从既有研究文献来看，大多数既有研究成果是从实证角度，以一国或地区数据为样本，采用协调度模型、协整检验模型对二者关系进行实证分析，而从理论视角对二者协调互动关系进行探讨的成果相对较少。本章以 Chakraborty 和 Ray（2007）的动态均衡模型为基础，通过以扰动项 λ_t 的方式把金融结构和产业结构因素引入模型，从跨期动态视角对金融结构与产业结构之间的协调互动关系展开理论论证，为后面的实证研究提供坚实的理论依据。

5.1 基本设定

5.1.1 经济主体

假设一小型开放经济体，人口是连续的，且可测量，时间是连续的，代际之间以遗产方式发生关联。一个经济主体出生时拥有以遗产方式从其父母那里获得的初始财富 a，以及一个单位的劳动力资源禀赋。这个单位的劳动力资源禀赋可提供给没有弹性的劳动力市场，也可用来监督生产资本的投资项目，继承权是新生经济主体间的唯一差别。新生经济体若是企业家，出于竞争需要，必须从事最新行业或采用最新生产技术，即出现产业结构升级。经济体中只存在两种金融资产：一是只能以间接融资方式获得的货币资产；二是只能以直接融资方式获得的非货币资产。

假设在时刻 t，经济主体的财富累积分布为 $G_t(a)$，其初始财富分布 G_0 是连续可微的。那么其偏好效用函数为

$$u_t = c_t^\beta b_t^{1-\beta}, \quad \beta \in (0,1)$$

其中，c 为消费；b 为留给后代的遗产。

给定一个收益水平 z，最优消费和遗产均是收入 z 的线性函数，即

$$c_t = \beta z_t, \quad b_t = (1-\beta)z_t \tag{5-1}$$

间接效用函数仍是 z 的线性函数，即

$$U_t = \varphi z_t$$

其中，

$$\varphi \equiv \beta^\beta (1-\beta)^{1-\beta}$$

这表明经济主体属于风险中性。

　　与 Banerjee 和 Newman（1993）的研究类似，这里假设新生经济主体只有在成年后才能从事经济活动，同一群体中的经济主体成年时间 T 呈指数分布，其密度函数为

$$h(T) = \eta e^{-\eta T}, \quad \eta > 0$$

　　每个经济主体在成人的一瞬间开始从事所有经济活动：选择职业、获得相应收入、拥有一个孩子、消费、留下遗产、死亡。没有人口增长，同一群体的成员也不会在同一时间死亡。为不失一般性，设 $\eta = 1$，这样，经济主体的寿命长度相同，均为平均寿命时间。

5.1.2　生产和职业

　　经济主体究竟是工人还是企业家主要取决于他是否能获得外部融资。生产资本需要一个不可分割的投资规模 q。只有能从内部和外部资源中筹集到这些资金的经济主体才能成为企业家，否则就只能成为工人。

　　工人向劳动力市场提供他所拥有的一个单位劳动力资源，获得工资 w_t。而企业家的收入不确定。若项目成功，其资本收益为 $\theta q(\theta > 1)$；若项目失败，其资本收益为 0。最终商品市场和劳动力市场均是完全竞争的。假定最终商品生产部门存在 Arrow-Romer 类型的技术溢出效应，对于一个成功的企业家 j 来说，用于生产的私人技术规模报酬不变，即

$$Y_t^j = \left(K_t^j\right)^\alpha \left(A_t N_t^j\right)^{1-\alpha}, \quad \alpha \in (0,1) \tag{5-2}$$

其中，A_t 为随时间变化的劳动效率，对所有企业家来说，A_t 是相同的，由人均资本 k_t 决定，即

$$A_t = \hat{A} k_t \tag{5-3}$$

　　任何企业的技术改进均会在瞬间发生溢出效应，变为公共知识。因此，社会生产函数是 Ak 形式，$y_t = A k_t$，其中 $A \equiv \hat{A}^{1-\alpha}$。

　　一个拥有资金量为 a_t，但 $a_t < q$ 的经济主体，只有能借到 $q - a_t$ 的资金量时，他才能成为一个企业家。为了与现实更接近，这里参照 Holmstrom（1996）、Holmstrom 和 Tirole（1997）的做法，把委托代理问题引入模型。

　　假如投资成功与否是由企业家的不可观察行为，即企业家如何投资 q 的行为来决定。他可以把数量为 q 的资金投入到一个成功概率为 πG，产出数量为 θq 的高效项目上，也可把这些资金投入到以下两个低效项目中的一个：一个是低道德

风险项目，投资额为 $q-vq$，剩余资金量为 vq。这个项目若成功，会给资本家带来 θq 个单位的收益，但成功概率低，其概率 $\pi B < \pi G$。另一个是高道德风险项目，投资额为 $q-Vq$，剩余资金量为 Vq，其成功的概率也为 πB。假设 $0 < v < V < 1$，则企业家将更愿意投资高道德风险项目。但只有那个高效项目才是可行的。每种投资选择下的具体情况如表 5-1 所示。

表 5-1　企业家的三种不同投资选择

项目	高效项目	低道德风险项目	高道德风险项目
剩余资金	0	vq	Vq
成功概率	πG	πB	πB

5.1.3　金融市场类型

资本可跨越国界完全自由流动。因此，这个小型开放经济体可自由进入国际资本市场。假定国际资本市场投资回报率固定，为 r^*。国内贷款资金来源于两个方面：一是来源于金融中介或银行；二是直接来源于工人和国际投资者。只要期望回报率均为 r^*，工人在银行存款、直接借款给企业家、投资于国际资本市场之间是没有差别的。

在需求一方，那些满足信贷条件的经济主体把自己所有的财富都用于投资，并向国内金融部门借入不足资金。信贷受限的经济主体就为企业家工作，他们把自己的资金存到银行，或直接借贷给国内企业家，或直接投资于国际资本市场。由于企业家可自由进入国际资本市场，他们面对的是一条具有完全弹性的可贷资金供给曲线。因此，这里并不需要去关心国内投资资金是否足够的问题，而是需要重点关注企业家采用何种方式去融资的问题。如果直接从国内工人和国内外国投资者那里借款，称为直接融资或市场融资；如果是从银行中介借款，则称为间接融资，或称银行融资。

银行拥有监督技术，可监督贷款企业家的活动，以确信他们的行为与合约中的条款保持一致。而直接出借资金的工人和国际投资者却没有这种技术（Diamond，1984，1991）。银行监督部分解决了道德风险问题，减少了企业家努力工作的机会成本。通过对贷款人的监督，银行就能排除那些高道德风险项目。例如，在贷款人和银行签订长期借款合约时，银行可通过规定约束条件来阻止企业去从事高风险项目。但与此同时，监督需要成本，设企业家每进行一个单位资本的投资，银行需花费数量为 γ 的监督成本。为此，只有所获得收益与监督成本 γ 相当时，银行监督才会成为一种最优契约安排。

5.2 最优契约安排

5.2.1 直接融资最优契约安排

直接融资的最优契约安排是，企业家 i 把自己所有的资金 a_t^i 投资到项目中，而工人或国际直接投资者把自己的剩余资金 $q-a_t^i$ 提供给这个投资项目。如果投资失败，双方都将一无所获。如果项目成功，企业家获得的报酬数量为 $x_t^C>0$，直接贷款人获得的报酬数量为 $x_t^U>0$。用 ρ_t 来表示成功企业家获得的单位资本回报率，一个成功项目总共生产了 θq 单位资本，于是可得知 $x_t^C+x_t^U=\rho_t\theta q$。

为了投资于好项目，企业家 i 必须获得一个与期望收益相一致的激励水平，即

$$\pi G x_t^C \geqslant \pi B x_t^C + Vq$$

此外，契约还应满足每个直接贷款人的参与约束，即直接贷款人应保证能获得与从国际资本市场上所能获得的收益相同，即

$$\pi G x_t^U \geqslant r^* \left(q-a_t^i \right)$$

由这两个约束条件可知

$$x_t^C \geqslant \frac{Vq}{\pi G - \pi B}$$

$$x_t^U = \rho_t\theta q - x_t^C \leqslant \rho_t\theta q - \frac{Vq}{\pi G - \pi B}$$

则进入直接融资领域的财富门槛为

$$r^* \left(q-a_t^i \right) \leqslant \pi G x_t^U \leqslant \pi G \left[\rho_t\theta q - \frac{Vq}{\pi G - \pi B} \right]$$

$$a_t^i \geqslant \overline{a}_t \equiv \frac{q}{r^*} \left[\frac{\pi G}{\pi G - \pi B} V - \left\{ \pi G \rho_t\theta - r^* \right\} \right]$$

只有那些财富水平超过 $\overline{a}_t$ 的企业家才能获得直接融资，其中，

$$\overline{a}_t \equiv \frac{q}{r^*} \left[\frac{\pi G}{\pi G - \pi B} V - \left\{ \pi G \rho_t\theta - r^* \right\} \right] \tag{5-4}$$

5.2.2 间接融资最优契约安排

间接融资契约包含三方当事人，即银行或金融中介、信息不灵通的投资者，以及企业家。与直接融资一样，这里的最优契约安排仍为：若项目失败，三方当事人没有任何收益。若项目成功，则总收益为 $\rho_t\theta q$，具体由三个部分组成，即

$x_t^C + x_t^U + x_t^B = \rho_t \theta q$，其中 x_t^B 为银行或金融中介的收益。这里的最优契约应满足以下三个约束条件：

一是对企业家投资于好项目的激励约束，即 $\pi G x_t^C \geqslant \pi B x_t^C + vq$。

二是对银行提供监督的激励约束，即 $\pi G x_t^B - r^* \gamma q \geqslant \pi B x_t^B$，假定以他们的机会成本 r^* 作为监督成本的贴水。

三是对信息不灵敏投资者的参与约束，即 $\pi G x_t^U \geqslant r^* \left(q - l_t^i - a_t^i \right)$，这里的 l_t^i 是银行或金融中介借给第 i 个企业家的资金量，

$$l_t^i = \lambda \left(\frac{\pi B}{\pi G - \pi B} \right) q \tag{5-5}$$

银行或金融中介借出 l_t^i 资金给第 i 个企业家的回报是

$$x_t^B = r_t^L l_t^i \tag{5-6}$$

其中，r_t^L 为项目成功后，银行或金融中介向贷款人收取的贷款利率。由于存在监督成本，间接融资比直接融资成本更高，其回报率 r_t^L 应大于直接融资市场上直接借出款项人的投资回报率 $r^*/\pi G$，即

$$r_t^L = \frac{r^*}{\pi B} > \frac{r^*}{\pi G} \tag{5-7}$$

由银行的激励约束条件可知

$$\pi G x_t^B \geqslant \left(\frac{\pi G}{\pi G - \pi B} \right) r^* \gamma q \tag{5-8}$$

在存在监督成本，间接融资比直接融资成本更高的情况，贷款人仅接受最少数量的借贷，即

$$r_t^L l_t^i = x_t^B = \left(\frac{\pi G}{\pi G - \pi B} \right) r^* \gamma q$$

$$l_t^i \left(r_t^L \right) = \frac{r^* \gamma q}{(\pi G - \pi B) r_t^L} \tag{5-9}$$

由企业家的激励约束条件可知 $x_t^C \geqslant vq / (\pi G - \pi B)$，因此

$$x_t^C + x_t^B \geqslant \frac{v + r^* \gamma}{\pi G - \pi B} q$$

$$x_t^U = \rho_t \theta q - \left(x_t^C + x_t^B \right) \leqslant \rho_t \theta q - \left(\frac{v + r^* \gamma}{\pi G - \pi B} \right) q$$

根据这一模型进行推导可得非信息灵敏投资者的参与约束为

$$r^* \left(q - l_t^i - a_t^i \right) \leqslant \pi G x_t^U \leqslant \pi G \left(\rho_t \theta \frac{v + r^* \gamma}{\pi G - \pi B} \right) q$$

其中，只有财富量大于等于 $\underline{a}_t$ 的企业家才能说服信息不灵敏者提供足够的资金给

投资项目，那些财富量在 $\underline{a}_t$ 以下的经济主体不能获得任何外部融资，具体如式（5-10）所示。

$$a_t^i \geqslant \underline{a}_t \equiv q - l_t^i\left(r_t^L\right) - \frac{\pi G}{r^*}\left(\rho_t\theta - \frac{v+\gamma r^*}{\pi G - \pi B}\right)q \qquad (5-10)$$

5.2.3　银行中介最优契约安排

在利润最大化假设条件下，银行贷款的总需求是

$$L_t = \int_{i\in I_t} l_t^i\left(r_t^L\right)\mathrm{d}G_t = \left[\frac{\gamma r^* q}{(\pi G - \pi B)r_t^L}\right]\int_{i\in I_t}\mathrm{d}G_t$$

其中，I_t 为经济主体使用银行中介融资的子集，则银行中介的总监督成本为

$$\gamma q\int_{i\in I_t}\mathrm{d}G_t = \frac{(\pi G - \pi B)r_t^L L_t}{r^*}$$

D_t 表示流入银行中介的存款，则银行中介的期望利润为

$$\Pi_t^B = \pi G r_t^L L_t - r^* D_t \qquad (5-11)$$

银行中介面对的资源约束条件是总贷款不能超过总存款与总监督成本的差

$$L_t \leqslant D_t - \gamma q\int_{i\in I_t}\mathrm{d}G_t \qquad (5-12)$$

为此，银行中介的最优契约安排问题就是在时间 t，根据企业家的激励约束和银行的资源约束，即式（5-8）、式（5-11），选择最优的贷款额 L_t 以使银行中介利润 Π_t^B 最大化，即

$$L_t \leqslant D_t - \gamma q\int_{i\in I_t}\mathrm{d}G_t = D_t - \frac{(\pi G - \pi B)r_t^L}{r^*}L_t \qquad (5-13)$$

当市场均衡时，银行中介获得的期望利润为 0。由式（5-11）可知

$$\pi G r_t^L L_t = r^* D_t \qquad (5-14)$$

结合式（5-13）、式（5-14）可得

$$L_t = \left(\frac{\pi B}{\pi G}\right)D_t, \quad r_t^L = \frac{r^*}{\pi B} \qquad (5-15)$$

最优贷款规模为

$$l_t^i = \gamma\left(\frac{\pi B}{\pi B - \pi G}\right)q \qquad (5-16)$$

这说明，对所有 $i\in I_t$，在借款人的投资中，银行中介融资均占有一个固定比例，与 a_t^i 无关。此时，最优贷款规模下的融资最低财富门槛[式（5-10）]变为

$$\underline{a}_t = \frac{q}{r^*}\left\{\frac{\pi Gv}{\pi G - \pi B} - \left[\pi G\rho_t\theta - (1+\gamma)r^*\right]\right\} \qquad (5-17)$$

5.2.4 最优契约下的职业收入

用 z_t^i 表示第 i 个经济主体的收入。当 i 所拥有的财富量为 $a_t^i \leqslant \underline{a}_t$，低于财富下限门槛值，此时他无法从外部获得任何融资。他的收入就由劳动收入、在国内和国际资本市场的投资回报两部分构成，即

$$z_t^i = w_t + r^* a_t^i$$

对于那些从银行和金融市场都进行融资的企业家，即混合型融资人。他们拥有的财富量为 $a_t^i \in \left[\underline{a}_t, \overline{a}_t \right)$，结合式（5-5）、式（5-7）可知，若项目成功，其收益为

$$z_t^i = \rho_t \theta q - r_t^L l_t^i - \hat{r}^* \left(q - l_t^i - a_t^i \right) = \left[\rho_t \theta - (1+\gamma) \hat{r}^* \right] q + \hat{r}^* a_t^i$$

其中，

$$\hat{r}^* \equiv r^* / \pi G$$

若项目失败，他们的收益将为 0。

那些拥有足够财富量，即 $a_t^i \geqslant \overline{a}_t$ 的资本家，他们仅采用市场融资模式，项目成功后的收益为

$$z_t^i = \rho_t \theta q - \hat{r}^* \left(q - a_t^i \right) = \left[\rho_t \theta - \hat{r}^* \right] q + \hat{r}^* a_t^i \tag{5-18}$$

当然，这里假定项目的投资回报率 $(\rho_t \theta)$ 足够高，可以达到企业家参与投资的约束条件，即企业家的期望收益 $\pi G z_t^i$ 比 $r^* a_t^i$ 大，从而愿意把自己的全部财富投资于国内和国际资本市场。

综上所述，在 $q > a_t^i$，财富分布为 G_t 的条件下，拥有财富量为 $a_t^i < \underline{a}_t$ 的经济主体不能获得任何外部融资，只能成为工人；拥有财富量为 $a_t^i \in \left[\underline{a}_t, \overline{a}_t \right)$ 的经济主体可从银行中介获得外部融资，他们以式（5-5）、式（5-7）的贷款利率 r_t^L 从银行中介获得数量为 l_t^i 的贷款，同时接受银行中介监督，其他差额部分 $\left(q - l_t^i - a_t^i \right)$ 则直接以 $\hat{r}^*$ 的利率从投资者那里借得，最优契约的激励约束机制保证了企业家会努力工作。拥有财富量为 $a_t^i \geqslant \overline{a}_t$ 的经济主体仅从投资者那里借款，同时支付投资者的报酬为 $\hat{r}^*$。同样，激励约束机制保证了企业家投资于好的项目。以上每种情况的具体收益 $z_t^i(a_t^i)$ 如表 5-2 所示。

表 5-2 不同财富拥有量下的收益 $z_t^i(a_t^i)$ 及概率表

财富拥有量 a_t^i	收益 $z_t^i(a_t^i)$	概率	其他概率下收益
$a_t^i \in [0, \underline{a}_t)$	$w_t + r^* a_t^i$	1	0
$a_t^i \in [\underline{a}_t, \overline{a}_t)$	$\left[\rho_t \theta - (1-\gamma) \hat{r}^* \right] q + \hat{r}^* a_t^i$	πG	0
$a_t^i \in [\underline{a}_t, \infty)$	$\left(\rho_t \theta - \hat{r}^* \right) q + r^* a_t^i$	πG	0

5.3 一般静态均衡分析

出生时财富量为 a 的经济主体一旦开始从事经济活动，他将依据财富门槛下限 $\underline{a}$ 和上限 $\bar{a}$ 来决定自己的职业和融资决策。这些经济主体可分为三种类型：只能为别人工作的人（没有融资资格）、同时使用银行中介和市场融资（混合融资）的企业家、仅仅从市场融资的企业家。一旦投资结果实现，职业收入就由表 5-2 得以确定。随后，他们如式（5-1）那样向后代（或连续企业）以遗产方式进行财富转移。具体如图 5-1 所示。

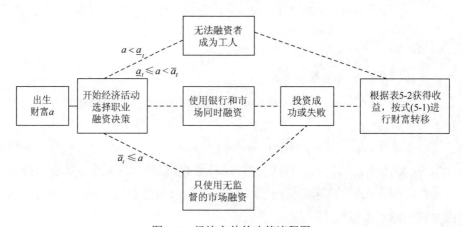

图 5-1 经济主体的决策流程图

为了确保工人收入低于任何一类企业家的收入，需要对参数作一定的假设。此外，根据表 5-2 可知，市场融资型企业家获得的期望收益高于混合融资型企业家。经济主体究竟从事哪种职业只取决于他拥有的财富量。如果没有财富约束，所有经济主体都愿意成为市场融资型企业家。

假定在时刻 t，三种类型经济主体的占比分别为 f_{1t}, f_{2t}, f_{3t}，其中

$$f_{1t} = G_t(\underline{a}_t), \quad f_{2t} = G_t(\bar{a}_t) - G_t(\underline{a}_t), \quad f_{3t} = 1 - G_t(\bar{a}_t)$$

在任何时刻 t，工人的占比为 f_{1t}，企业家的占比为 $1 - f_{1t}$。有占比为 πG 的企业家在投资中获得成功，每个企业家的资本量为 $K_t^j = \theta q$，j 代表第 j 个获得成功的企业家。资本总量为 $K_t = \pi \theta q (1 - f_{1t})$，劳动力为 $N_t - f_{1t}$。工人人均资本量为

$$K_t = \pi G \theta q \left[\frac{1 - f_{1t}}{f_{1t}} \right] \qquad (5-19)$$

由于所有成功企业家生产的资本数量相同，给定一个 w_t，他们雇佣同样数量的工人，即 $N_t^j = \dfrac{f_{1t}}{\pi G(1 - f_{1t})}$，根据式（5-2）、式（5-3）和式（5-19）可知一个成功企业家的产出为 $Y_t^j = A\theta q$。在竞争市场条件下，均衡工资率由资本的私人边际产出决定，即

$$w_t = (1-\alpha)Ak_t = (1-\alpha)\pi GA\theta q \left(\frac{1-f_{1t}}{f_{1t}} \right) \tag{5-20}$$

那么一个成功企业家通过他的资本 θq，在支付工人工资 $w_t N_t^j$ 之后，可获得的收益为 $\hat{Y}_t^j = \alpha A\theta q$。资本回报率（之前用 ρ_t 来表示）为 αA，即

$$\rho_t = \alpha A \tag{5-21}$$

由于资本规模报酬不变，所有成功企业家获得的资本回报率相同。假设企业家仅使用自有资本生产最终商品。结合式（5-21）可知，此时财富门槛上下限不再与时间相关，即

$$\underline{a} = \delta_1 q, \quad \overline{a} = \delta_2 q \tag{5-22}$$

其中，

$$\delta_1 \equiv \left[v\pi G / (\pi G - \pi B) - \left\{ \alpha \pi G\theta A - (1-\gamma)r^* \right\} \right] / r^* \tag{5-23}$$

$$\delta_2 \equiv \left[V\pi G / (\pi G - \pi B) - \left\{ \alpha \pi G\theta A - r^* \right\} \right] / r^* \tag{5-24}$$

此时已无法保证工人收入一定低于企业家。例如，当工人太少时，劳动的边际产出可能非常高，以致那些能从外部获得融资的企业家也选择当工人。事实证明，当信贷受限的经济主体所占比例下降到 $\tilde{f}_1$ 以下时这种情况就会发生，其中 $\tilde{f}_1$ 满足

$$(1-\alpha)\pi GA\theta \left[\frac{1-\tilde{f}_1}{\tilde{f}_1} \right] = \alpha \pi G\theta A - (1+\gamma)r^*$$

由此可见，一般静态均衡模型无法保证工人收入一定低于资本家这个前提假设，故不能在此基础上探讨金融资产结构调整与产业结构升级之间的互动关系。下面将从跨期动态均衡视角来对二者关系进行考察。

5.4　跨期动态均衡分析

5.4.1　跨期动态均衡分析的可行性

给定一个初始财富分布 G_0，财富门槛 $\underline{a}$ 和 $\overline{a}$ 决定了能从外部融资的比例，以及融资中以间接融资方式获得的货币资产和以直接融资方式获得非货币资产的构

成状况。在这里，金融资产类型和融资方式的选择决定经济主体的收入水平，而收入水平又决定遗产分布状况。因此，从跨期动态视角来看，金融资产结构会随着财富分布的变化而变化。结合表 5-2 和式（5-1）可得代际间的遗产 b_t 分布，具体如表 5-3 所示。

表 5-3 不同财富分布下的遗产 b_t 分布及概率表

财富分布 a_t	遗产数量 b_t	概率	其他概率下收益
$a_t \in [0, \underline{a})$	$(1-\beta)\left[r^* a_t + (1+\alpha)\pi GA\theta q\left(\dfrac{1-f_{1t}}{f_{1t}}\right)\right]$	1	0
$a_t \in [\underline{a}, \overline{a})$	$(1-\beta)\left[r^* a_t + \{\alpha A\theta - (1+\gamma)\hat{r}^*\}q\right]$	πG	0
$a_t \in [\overline{a}, \infty)$	$(1-\beta)\left[r^* a_t + (\alpha A\theta - \hat{r}^*)q\right]$	πG	0

图 5-2 描述了财富动态变化的各种可能性。表 5-3 中财富分布的三个区间都是分段直线。为了使图形收敛，需要对那种只需简单再投资就能获得任意财富的特殊情况进行排除。为此，规定 $(1-\beta)\hat{r}^* < 1$。此外，还需要排除那种能通过自我融资来满足自己全部投资资金的情况。当投资成功时，$a_t \in [\overline{a}, \infty)$ 的曲线是

$$a^U = (1-\beta)(\alpha A\theta - \hat{r}^*)q \big/ \left[1 - (1-\beta)\hat{r}^*\right]$$

这会比 q 小，假定 $(1-\beta)\alpha A\theta < 1$，只有从 $\alpha A\theta$ 中获得的回报大于支付给贷款人的回报 $\hat{r}^*$ 时，才可能进行投资，这就确保了 $(1-\beta)\hat{r}^* < 1$。

这里需要注意的是动态分布的非线性特征。现行的财富分布和门槛值下限 $\underline{a}$ 决定了工人数量的占比 f_{1t}，而工人数量的占比又通过式（5-20）决定了均衡工资。由于未来的财富分布是通过最优遗产依赖于工资，工资率的内生性会引起非线性变动，这个系统的动态变化可能非常复杂。但这里并不需要去全面掌握财富动态变化的过程，而只需简单把握 f_{1t}, f_{2t}, f_{3t} 的变化就能达到预期目的。模型的两个特征满足了这一要求：第一，$\underline{a}$ 到 $\overline{a}$ 之间的财富分布是独立于时间分布的；第二，资本固定回报率 $(\rho_t = \alpha A)$ 保证了超过 $\underline{a}$ 水平的变化也是独立于时间的。尤其是，这两种财富变化都不受工资率的内生性影响，工资率的内生性仅影响工人数量的变动。再结合一旦投资失败，其产出为 0 的特征，便可准确考察这一动态变化过程，进而得到金融结构与产业结构之间的互动作用情况。为此，从跨期动态均衡视角来研究金融结构与产业结构之间的互动关系是可行的，下面将从外部结构和内部结构两个维度来对这一问题展开探讨。

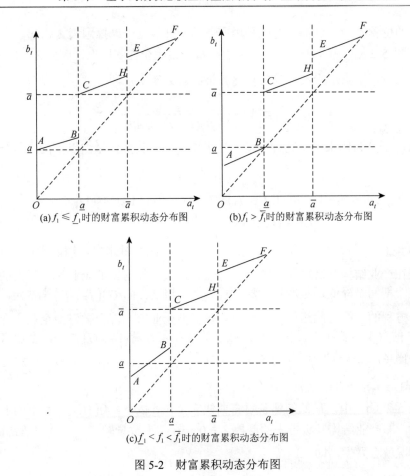

(a) $f_1 \leqslant \underline{f}_1$ 时的财富累积动态分布图　　(b) $f_1 > \overline{f}_1$ 时的财富累积动态分布图

(c) $\underline{f}_1 < f_1 < \overline{f}_1$ 时的财富累积动态分布图

图 5-2　财富累积动态分布图

5.4.2　外部结构视角的跨期动态均衡分析

金融外部结构是指金融资产总量与经济总量之间的比例关系，衡量的是经济货币化程度和经济金融化程度，更多反映的是金融资产总量的概念。根据前面的分析，最简单测量金融外部结构的方法可通过观察 f_1 的变动情况来确定。作为一个参照点，最理想的金融外部结构是金融系统中借贷款项没有限制的状态。

由于经济主体是事前相同的，工人和企业家的期望收益相同。这意味着需要在工人和企业家之间进行人员配置。设 $\overline{f}_1$ 小于 $\tilde{f}_1$。从最初的 $f_{10} > \tilde{f}_1$ 开始，经济瞬间变到 $\overline{f}_1$。但是，在存在外部摩擦的情况下，假设这种摩擦就是产业结构升级，则均衡金融外部结构水平 $\left(1 - f_1^*\right)$ 总是低于理想水平。如图 5-2 所示，假定 f_{1t} 的工人在工作期间有一个 λ_t 的摩擦使遗产超过了 $\underline{a}$。这就意味着有数量为 $\lambda_t f_{1t}$ 的工人的后代可通过融资成为企业家。图 5-2 中（a）、（b）、（c）的差别仅在于最低点相

对于 $\underline{a}$ 的位置不同,这都可看成是由产业结构升级这一摩擦因素 λ_t 引起。

在图 5-2(a)中,区间 $[0,\underline{a})$ 上的财富曲线完全在 $\underline{a}$ 以上,因此 $\lambda_t=1$。当工人数量较少,工资水平足够高时,这种情况就会发生,即

$$f_1 \leqslant \underline{f_1} \equiv \left[1 + \frac{a}{(1-\beta)(1-\alpha)\pi GA\theta q} \right]^{-1}$$

以 (f_1,f_3) 为例来说明这种变动。当 $f_1 \leqslant \underline{f_1}$ 时,其变化量由以下两个差分方程给出:

$$\dot{f_1} = (1-\pi G)(f_2+f_3) - f_1 = (1-\pi G) - (2-\pi G)f_1$$

$$\dot{f_3} = \pi Gf_2 - (1-\pi G)f_3 = \pi G(1-f_1)f_3$$

第一个方程表明,存量工人的流出量为 f_1,流入量来自摩擦因素 $(1-\pi G)$,是那些在产业结构升级过程中因投资失败而损失全部财富的企业家。工人的规模 f_1 在整个期间是降低还是增长,要根据 f_1 是否超过 $(1-\pi G)(f_2+f_3)$ 来决定。第二个差分方程的获得与此相似:只要市场融资型企业家、混合融资型企业家变动,即 πGf_2 的存量增长比因投资失败而减少的企业家数量 $(1-\pi G)f_3$ 多,企业家的规模就会增长。具体见图 5-3(a)所示。如 $f_1 \leqslant \underline{f_1}$,$\dot{f_1}=0$,$f_1=(1-\pi G)/(2-\pi G)$,$\dot{f_3}=0$ 时,$f_3 = \pi G(1-f_1)$。

图 5-2(b)中,最低的那条财富曲线完全在 $\underline{a}$ 以下。所有工人留下的遗产均低于 $\underline{a}$,即产业结构升级带来的摩擦 $\lambda_t=0$。在工人数量较多,工资率非常低时,这种情况就会发生,即

$$f_1 \leqslant \overline{f_1} \equiv \left\{ 1 + \frac{a\left[1-(1-\beta)r^* \right]}{(1-\beta)(1-\alpha)\pi GA\theta q} \right\}^{-1}$$

相应地,其变化量为

$$\dot{f_1} = (1-\pi G)(f_2+f_3) = (1-\pi G)(1-f_1), \quad \dot{f_3} = \pi Gf_2 - (1-\pi G)f_3 = \pi G(1-f_1) - f_3$$

具体如图 5-3(a)和图 5-3(b)所示,如 $f_1 > \overline{f_1}$,$\dot{f_1}=0$,$f_1=1$;$\dot{f_3}=0$,$f_3=\pi Gf_2(1-f_1)$。

图 5-2(c)中,当区间 $[0,\underline{a})$ 的财富曲线既不是全部在 $\underline{a}$ 以上,也不是全部在 $\underline{a}$ 以下时,就会出现第三种可能,即 $\underline{f_1} < f_1 < \overline{f_1}$。区间 $[\tilde{a}_t,\underline{a})$ 的遗产超过 $\underline{a}$ 水平,区间 $[0,\tilde{a}_t)$ 则没有遗产留下。对于这种情况,产业结构升级摩擦 λ_t 总体上取决于 $[0,\underline{a})$ 区间上的具体分布情况。但实际上并不需要去考察这个区间的具体分布,只要有 f_{1t} 的信息就足够来确定其变动情况。

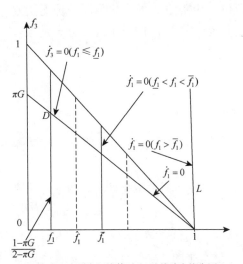

(a) 存在一个财富门槛值时 f_1、f_3 的动态均衡图

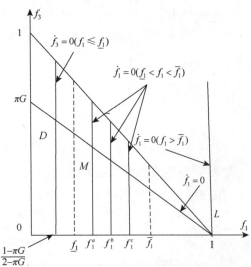

(b) 存在两个财富门槛值时 f_1、f_3 的动态均衡图

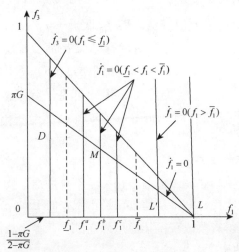

(c) 存在扰动 λ_t 时 f_1、f_3 的动态均衡图

图 5-3　动态均衡图

　　由于 λ_t 是 f_{1t} 的单调递减函数，f_{1t} 的增加将通过增加劳动力供给而降低工资率，在其他条件不变的情况下，$\tilde{a}_t$ 增加，λ_t 减少。显然，f_{1t} 的增加情况反映了区间 $[0,\underline{a})$ 中的财富分布情况，为此这里还需要 G_t 的相关信息。企业家投资失败时其收入为 0，这意味着所有新的工人在最开始时财富为 0，当大量投资失败的企业家涌入工人队伍，其进入人数超过因财富积累超过 $\underline{a}$ 而流出工人队伍的人数时，工人数量将增大。这意味着 f_{1t} 的增长会导致在 0 点的凸性分布，这会使产业结构升级带来的摩擦 λ_t 减小。

连续的人口结构和初始分配意味着 G_t 和 f_{1t}（包括 $\tilde{a}_t$）的变化是以一种连续方式进行。因此，λ_t〔通过 $1 - G_t(\tilde{a}_t)/f_{1t}$ 定义〕也是关于 f_{1t} 的一个连续分布函数。用差分方程表示为

$$\dot{f}_1 = (1 - \pi G)(1 - f_1) - \lambda(f_1)f_1$$

$$\dot{f}_3 = \pi G(1 - f_1) - f_3$$

对于一个连续的 $\lambda(f_1)$，$\dot{f}_1 = 0$ 曲线是存在的，因为产业结构升级带来的摩擦 λ_t 是关于 f_{1t} 的连续单调递减函数。

图 5-3（a）和 5-3（b）描述了存在 1 个和 3 个交点时的变化情况。在这两种情况下，点 D 为 $f_{10} \leqslant \overline{f}_1$ 时的一个局部均衡，代表的是一个高水平的金融外部结构，其表达式为 $\left(f_1^*, f_2^*, f_3^*\right) = \left((1 - \pi G)/(2 - \pi G), (1 - \pi G)/(2 - \pi G), \pi G/(2 - \pi G)\right)$。点 L 为 $f_{10} > \overline{f}_1$ 时的一个局部均衡，代表的是一个低水平的金融外部结构，其表达式为 $\left(f_1^{**}, f_2^{**}, f_3^{**}\right) = (1, 0, 0)$，这意味着金融外部结构彻底崩溃。

在图 5-3（a）中，$\hat{f}_1$ 为门槛值。若 f_{10} 低于 $\hat{f}_1$，经济将收敛于高水平的金融外部结构；若 f_{10} 高于 $\hat{f}_1$，其长期运行结果是演变成低水平的金融外部结构。当存在三个交点 f_1^a，f_1^b，f_1^c 时，如图 5-3（b）所示，则中间点 f_1^b 就是另外两个点 $f_{10} \in \left(f_1^a, f_1^c\right)$ 的演变趋势。由此可见，除了高水平、低水平金融外部结构外，还有第三种类型，即中等水平金融外部结构，即图 5-3（b）中的 M 点。

点 L 表示金融系统完全崩溃，在这种极端情况下，即当 $f_1 > \overline{f}_1$ 时，工人就没有办法转变为企业家。为此，在模型中加入一个扰动项，这个扰动项就是因产业结构升级而获得高额收益，财富量超过门槛下限 $\underline{a}$ 的工人。如彩票这个新兴行业出现时，个别工人赢得彩票或获得其他意外高额收获等，从而能使一个非常小概率（ζ）的工人转变为中产阶层。

如图 5-3（c）所示，加入这一扰动因素后，当 $f_1 \leqslant \underline{f}_1$ 时，因为 $\lambda_t = 1$，扰动没有改变财富状态。但当 $f_1 > \overline{f}_1$ 时，这种扰动将改变财富分布状况。

$$\dot{f}_1 = (1 - \pi G)(f_2 + f_3) - \lambda f_1 = (1 - \pi G) - (1 + \lambda - \pi G)f_1$$

$$\dot{f}_3 = \pi G(1 - f_1) - f_3$$

此时，曲线 $\dot{f}_1 = 0$ 移动到 L 的左端，曲线 $\dot{f}_3 = 0$ 的位置没有改变。现在的平稳分布就通过 D 和 L' 代表，这二者都是局部均衡的。L' 仍代表一个高水平的金融外部结构，此时 f_2^{**} 和 f_3^{**} 均大于 0。

这样，高水平、低水平、中等水平的金融外部结构是否出现就依赖于个人信用约束这个初始条件，即 f_{10}。f_{10} 的值越大，越不利于金融外部结构提升。低到中值的 f_{10} 从长期来看能促进金融外部结构水平的提升，而产业结构升级是 f_{10} 变化的动力之一。

综上所述，产业结构对金融外部结构进行作用的基本逻辑是：当把产业结构升级作为一种经济发展中的摩擦因素 λ_t 加入模型时，产业结构升级会从两个方向来影响金融外部结构：首先，一少部分工人，概率为 ξ，会因产业结构升级获得巨大收益，从而使自己的财富水平超过成为企业家的财富门槛下限 $\underline{a}$，进而使自己的下一代从工人阶层流出，成为企业家。一旦这部分工人成为企业家，他们除了把自己从上一代继承的遗产投资于生产项目外，还要向金融系统借贷自己的不足部分，即借贷 $q-a_t$ 部分，这将增大金融资产的总需求，提升金融外部结构水平。其次，在企业家群体中，随着产业结构升级进程的展开，一部分企业家因产业淘汰，或跟不上产业结构升级步伐而投资失败，财富量变为 0，其下一代只能在起点财富为 0 的基础上加入工人群体，成为工人，这就会减少金融资产的总需求，进而降低金融外部结构水平。金融外部结构总体水平究竟是上升还是下降，就由产业结构升级带来的这两种力量的大小来决定。

反过来，当金融外部结构出现调整时，也会从两个方向来影响产业结构：首先，当金融外部结构水平提升时，社会金融资产总量增长，成为企业家的财富门槛 $\underline{a}$ 下降，少部分原来有较多财富，但无法达到下限门槛的工人此时成功达到要求，其下一代可成功进入企业家群体。根据前面的假设可知，出于竞争的需要，新进入这部分企业家会采用最新技术或从事最新产业，这必然会促进产业结构升级。其次，当金融外部结构水平下降时，社会金融资产总量减少，成为企业家的财富门槛 $\underline{a}$ 提高，原来财富量较少的企业家因不能达到这一门槛值，其下一代就会转变为工人，他所从事的产业类型占比就可能在下一代随之变动，进而引起整个社会产业结构的调整。

由此可见，金融外部结构与产业结构之间具有相互作用的关系，而这种相互作用力的大小和作用程度的深浅，主要取决于其中介变量 f_{10} 的大小和变动情况。

5.4.3　内部结构视角的跨期动态均衡分析

金融内部结构是指各项金融资产在金融资产总量中的比例关系，主要衡量的是金融资产多元化的程度。根据前面的假设，全社会只有两种金融资产，即以银行融资模式出现的货币资产和以市场融资模式出现的非货币资产，二者的比值为 $\psi_t \equiv f_{3t}/f_{2t}$。由前面的论证可知，产业结构升级会通过影响 f_{10} 来促进金融外部结构调整。那么，这一作用过程在金融内部结构与产业结构之间是否同样存在呢？在前面的论证中，假设存在高投资回报，以保证那些成功的混合型企业家可上升到下一种企业家类型。如果现实并不能这样变动，那又会出现什么情况呢？图 5-4 描述了 $f_1 \leqslant \underline{f_1}$ 时财富的变化过程 [另外两种情况与图 5-2 (b)、图 5-2 (c) 相同]。下面将对平稳分布虽有变化，但企业家类型没有变化的情形进行分析。

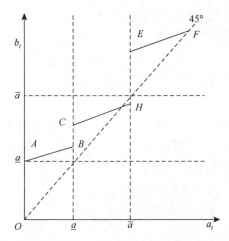

图 5-4 低投资回报下的财富动态变化图（$f_1 \leqslant \underline{f_1}$）

根据图 5-4 可知，不同情况下的动态变量分别为：①当 $f_1 \leqslant \underline{f_1}$ 时，

$$\dot{f}_1 = (1 - \pi G) - (2 - \pi G) f_1, \quad \dot{f}_3 = -(1 - \pi G) f_3$$

②当 $f_1 > \overline{f_1}$ 时，

$$\dot{f}_1 = (1 - \pi G)(1 - f_1), \quad \dot{f}_3 = -(1 - \pi G) f_3$$

③当 $\underline{f_1} < f_1 < \overline{f_1}$ 时，

$$\dot{f}_1 = (1 - \pi G)(1 - f_1) - \lambda(f_1) f_1, \quad \dot{f}_3 = -(1 - \pi G) f_3$$

如图 5-5 (a) 所示，当 $f_{10} \leqslant \underline{f_1}$ 时，D 代表高水平金融系统的一个局部均衡，在这里

$$\left(f_1^*, f_2^*, f_3^*\right) = \left((1 - \pi G)/(2 - \pi G), 1/(2 - \pi G), 0\right)$$

当 $f_{10} > \overline{f_1}$ 时，点 L 代表低水平金融系统 $\left(f_1^{**}, f_2^{**}, f_3^{**}\right) = (1, 0, 0)$ 的一个局部均衡分布。当 $f_1^a < f_{10} < f_1^c$ 时，M 代表一个中等水平的金融系统。

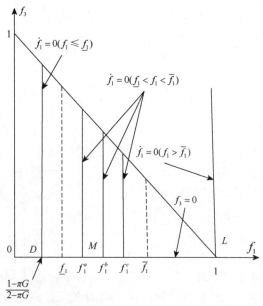

(a) 低投资回报下的财富动态变化图 $(\underline{f}_1 < f_1 < \overline{f})$

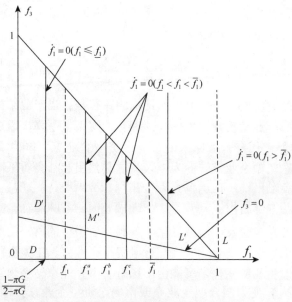

(b) 低投资回报下的财富动态变化图 (存在 λ 扰动下)

图 5-5　低投资回报下的财富动态变化图

从长期来看，没有企业家纯粹依赖于市场融资，因为中等阶层企业家不能向上层转变。为此，与前面的研究一样，把产业结构升级作为一个扰动项加入模型，让工人以一个小概率 ξ 向中等阶层企业家转变，中等阶层企业家以一个相似概率 ε 向上一阶层企业家转变。在这样的扰动下，如图 5-5（b）所示，当 $f_{10} \leqslant \underline{f_1}$ 时，其平稳分布为 D'，当 $f_{10} > \overline{f_1}$ 时，其平稳分布为 L'，当 $f_1^a < f_{10} < f_1^c$ 时，其平稳分布为 M'。所有三个点均为局部均衡分布。

比较图 5-3 和图 5-5 在不同回报率下的金融内部结构 D（或者 D'），当投资回报率低时，所有（或大部分比例）合格企业家在长期内可通过银行中介融资，即当投资回报率较低时，以银行中介融资形式出现的货币资产相对来说更加重要。若金融内部结构在长期内是以市场融资为基础，则如图 5-2 所示；若在长期内是以银行中介融资为主，则如图 5-4 所示。

当 C 比 $\bar{a}$ 高时，市场融资为基础的金融内部结构就会产生，即

$$(1-\beta)r^*\left[\frac{v}{\pi G - \pi B}\right] \geqslant \frac{\pi GV}{\pi G - \pi B} - \left(\alpha\pi GA\theta - r^*\right) \qquad (5\text{-}25)$$

当 V 相对低而 v 相对高，或者当 θ 相对高而 πG 相对低时（保持 $\pi G\theta$ 不变），市场融资为基础的金融内部结构就可能出现；当 H 低于 $\bar{a}$ 时，银行中介为基础的金融内部结构就更可能出现。如式（5-26）成立时，这种情况就会发生。在 V 和 γ 相对高，或者 $\pi G\theta$ 不变时，θ 相对低，πG 相对高时，式（5-26）更可能成立。

$$(1-\beta)\left[\alpha\pi GA\theta - (1+\gamma) - r^*\right]$$
$$< \left[1-(1-\beta)\frac{r^*}{\pi G}\right]\left(\frac{\pi G}{r^*}\right)\left[\frac{\pi G}{\pi G - \pi B}V - \left\{\alpha\pi GA\theta - r^*\right\}\right] \qquad (5\text{-}26)$$

综上所述，产业结构影响金融内部结构的路径是：当产业结构升级时，一部分企业家因不适应产业结构升级步伐，其拥有的财富量下降，通过遗产继承方式的影响，他们的下一代要么从原来的市场融资型企业家下降为混合融资型企业家，要么从混合融资型企业家转变为工人，这必然引起社会对不同类型金融资产需求的变动，即金融内部结构 $\psi_t \equiv f_{3t}/f_{2t}$ 出现相应调整。

同样，当金融内部结构 $\psi_t \equiv f_{3t}/f_{2t}$ 出现调整时，意味着社会上的货币资产和非货币资产各自的总量会发生增减变化，各种融资类型的财富门槛值出现相应调整，原有的部分市场融资型企业家、混合融资型企业家、工人会因财富拥有量的差异而在身份上发生相应变化，可能由市场融资型企业家转变为混合融资型企业家，也可能由工人转变为混合型企业家或市场融资型企业家，即 f_{10} 发生相应改变，这将对产业结构产生反作用。

5.5　本章小结

本章以 Chakraborty 和 Ray（2007）的动态均衡模型为基础，以扰动项 λ_t 的方

式把金融结构和产业结构因素引入模型，从一般静态均衡和跨期动态均衡视角对金融结构与产业结构之间的协调互动关系展开深入研究，获得以下结论。

第一，产业结构会从两个方向影响金融外部结构调整：一是随着产业结构升级的出现，一少部分工人的财富水平会超过财富门槛下限 a，进而使自己的下一代成为企业家，增大对金融资产的总需求，提升金融外部结构水平；二是随着产业结构升级进程的展开，一部分企业家因跟不上产业结构升级步伐而投资失败，导致其下一代转变为工人，从而减少金融资产的总需求，降低金融外部结构水平。金融外部结构总体水平究竟是上升还是下降，是由这两种力量的大小来决定。

第二，金融外部结构调整也会从两个方向来影响产业结构：一是当金融外部结构水平提升时，财富门槛 a 下降，少部分原来低于财富下限门槛的工人此时成功达到要求，其下一代可成功进入企业家群体。出于竞争的需要，新进入这部分企业家会采用最新技术或从事最新产业，从而促进产业结构升级。二是当金融外部结构水平下降时，社会金融资产总量减少，财富门槛 a 提高，原来财富量较少的企业家因不能达到这一门槛值，其下一代会转变为工人，他所从事的产业类型占比随之发生，进而引起整个社会产业结构出现调整。

第三，产业结构影响金融内部结构的路径是：当产业结构升级时，一部分企业家因不适应产业结构升级步伐，其财富量下降，通过遗产继承方式的影响，他们的下一代要么从原来的市场融资型企业家下降为混合融资型企业家，要么从混合融资型企业家转变为工人，从而引起社会对不同资金资产类型需求的变动，金融内部结构出现调整。当金融内部结构出现调整时，各种融资类型的财富门槛值相应出现变化，部分市场融资型企业家、混合融资型企业家、工人会因财富拥有量的差异而在身份上发生相应变化，即各个群体的占比发生变化，进而引起产业结构相应改变。

第6章 西部地区金融结构和产业结构发展现状研究

为了深入了解西部地区金融结构和产业结构发展现状，本章首先采用比较研究法，从货币资产、证券资产、保险资产、银行信贷资产、金融内部结构、金融外部结构等多个方面，把西部地区的金融结构与我国东部、中部、全国平均水平进行比较，对西部地区内部各省（自治区、直辖市）的金融结构进行比较，揭示其发展规律和特征。其次，本章在分析西部地区三次产业构成现状的基础上，通过构建产业结构系统动力学模型，运用计算机模拟仿真技术对西部地区产业结构演进规律进行了仿真模拟研究。

6.1 西部地区金融结构发展现状

6.1.1 西部地区货币资产发展现状

一国或地区的经济发展水平越高，货币在经济发展中的作用越大，经济的货币化程度越高。因此，一国或地区货币化程度的高低将直接反映其经济发展水平的高低。根据国际货币基金组织的定义，货币包括 M_0、M_1 和 M_2 三个层次。其中，M_0 为流通中的现金，M_1=流通中的货币量+商业银行所有活期存款，$M_2=M_0+M_1+$定期存款和城乡居民各项储蓄存款，又称广义货币。本书在衡量货币资产时，采用的主要是广义货币 M_2 层次的计量方法，主要包括现金、企业存款、机关团体存款、储蓄存款和其他存款，其中现金数量为现金支出的回笼与投放之差。

从货币资产 M_2 的增长情况来看，1993~2010 年，西部地区的广义货币 M_2 从 5495.760 亿元增长到 126 017.900 亿元，增长了 22.930 倍，年均增长率为 1.274 倍。而同期东部地区的 M_2 从 15 499.390 亿元增长到 448 998.300 亿元，增长了 28.969 倍，年均增长 1.609 倍；中部地区的 M_2 从 6174.927 亿元增长到 106 970.600 亿元，增长了 17.323 倍，年均增长 0.9624 倍。具体如图 6-1 所示。由此可见，西部地区 M_2 无论从绝对值还是增长率来看，都与东部地区存在较大差异，与中部地区相当。而从西部地区区域内的 M_2 分布情况来看，1993~2010 年，各省（自治区、直辖市）的 M_2 的均值分别为广西 3624.558 亿元、西藏 401.205 亿元、陕西 5104.543 亿元、贵州 2298.703 亿元、重庆 3880.128 亿元、内蒙古 3044.272 亿元、四川 8882.878 亿元、青海 686.623 亿元、云南 4395.257 亿元、新疆 2964.944 亿元、甘肃 2383.648 亿元、宁夏 804.597 亿元。其中，M_2 最高的四川、陕西是 M_2 最低的西藏的 22.141 倍、12.723 倍。具体如图 6-2 所示。从增长率上来看，1993～2010年各省（自治区、直辖市）的 M_2 的平均增长率分别为广西 0.955、西藏 1.772、陕西 1.705、贵州 1.281、重庆 1.938、内蒙古 1.354、四川 1.152、青海 1.493、云南 1.235、新疆 1.170、甘肃 1.019、宁夏 1.260。其中，西藏、陕西、重庆平均增长率最高，广西、四川、新疆、甘肃等省份平均增长率相对较低。

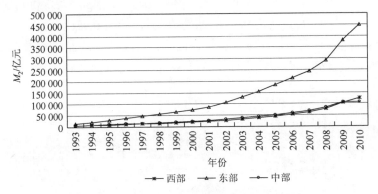

图 6-1　1993～2010 年我国各区域 M_2 对比图

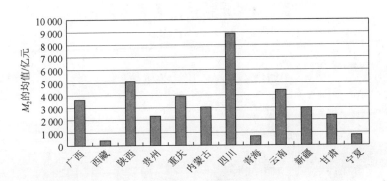

图 6-2　1993～2010 年西部各省（自治区、直辖市）M_2 对比图

衡量货币化程度最常用的指标是马歇尔 K 值系数，即广义货币存量与国民收入的比率。该比率值越高，经济的货币化程度越高，经济发展水平也越高。从 K 值系数来看，1993～2010 年，西部地区的 K 值系数从 0.969 上升到 1.548，上升了 0.579 个点。而在同期，东部的 K 值系数从 0.811 上升到 1.793，上升了 0.982 个点；中部地区的 K 值系数从 0.703 上升到 1.017，上升了 0.314 个点；全国的 K 值系数则从 0.771 上升到 1.691，上升了 0.921 个点。西部地区 K 值系数上升幅度比东部和全国都要低，仅仅高于中部地区。具体如图 6-3 所示。这说明在 1993～

2010 年，西部地区经济的货币化程度增速较慢，经济发展水平较低。从西部地区内部各省（自治区、直辖市）的 K 值系数来看，截至 2010 年，其 K 值系数的均值分别为广西 1.209、西藏 2.646、陕西 1.613、贵州 1.625、重庆 1.687、内蒙古 0.907、四川 1.771、青海 1.813、云南 1.881、新疆 1.681、甘肃 1.734、宁夏 1.523。其中，K 值系数最高的西藏比 K 值系数最低的广西、内蒙古高 1.438 个点和 1.739 个点。具体如图 6-4 所示。从增长幅度来看，西部地区各省（自治区、直辖市）的 K 值系数增长幅度分别为广西 0.437、西藏 1.517、陕西 0.747、贵州 0.846、重庆 0.728、内蒙古 0.092、四川 0.370、青海 0.951、云南 0.958、新疆 0.823、甘肃 0.688、宁夏 0.432。其中，西藏、贵州、青海、云南等省份 K 值系数增长幅度较高，而广西、内蒙古、四川、宁夏等省份 K 值系数增长速度较慢。

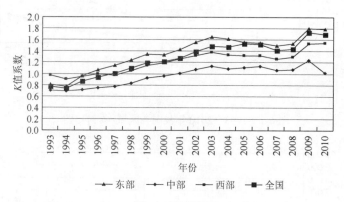

图 6-3　1993～2010 年我国各区域 K 值系数对比图

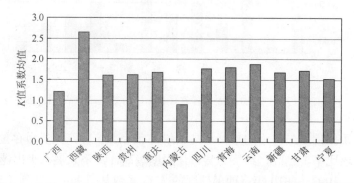

图 6-4　1993～2010 年西部各省（自治区、直辖市）K 值系数均值对比图

6.1.2　西部地区证券资产发展现状

资本市场作为企业最重要的直接融资手段，一方面能够减少现实中存在的信

息不对称问题，使企业融资条件得到改善，融资成本得到有效降低；另一方面，作为间接融资的有效补充，资本市场能够为企业投资规模的扩大创造有利条件，对促进区域经济发展具有重要作用。衡量区域资本市场发展水平高低的指标有多种，证券化率是其中的重要指标之一。这里的证券化率等于区域内各类证券总市值与国民生产总值的比值，在现实中人们常用股票总市值来作为各类证券总市值的替代指标。一个区域内的证券化率越高，表明证券市场对该区域经济发展越具有重要性。

从我国券化率的演变情况来看，1993～2000 年，我国的券化率处于持续上升阶段，证券市场得到稳步发展；2000～2005 年，我国券化率则处于持续下降时期，到 2005 年，我国券化率几乎降低到 1996 年的水平；2005 年以后，由于股权分置等改革的实施，我国券化率又开始迅速提升，到 2007 年达到最高点；但之后，随着美国次贷危机引起全球金融危机的爆发，我国股市受到影响，券化率开始迅速下降，并处于不断波动状态中。从西部地区的券化率来看，其变动情况与全国券化率整体变动趋势基本一致，但其整体水平相对较低。1996 年以前，其券化率低于全国、东部及中部水平，证券市场发展水平最低。1996 年以后，西部地区证券市场虽获得较快发展，但其券化率水平仅略高于中部地区，与东部地区存在较大差距。在 2007 年之前，西部地区在绝大多数年份的券化率均低于 0.5，说明西部地区证券市场发展还处于较低层次。具体如图 6-5 所示。

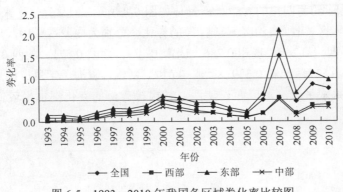

图 6-5　1993～2010 年我国各区域券化率比较图

从上市公司数量及总市值来看，截至 2009 年、2010 年，西部地区上市公司数量分别为 306 个、337 个，总市值分别为 25 056.780 亿元、31 828.620 亿元，是 1993 年的 206.944 倍和 262.873 倍。而同期，中部地区上市公司数分别为 332 个、376 个，总市值分别为 28 600.720 亿元、35 262.340 亿元，相比 1993 年，其市值分别增长了 138.576 倍和 170.853 倍。东部上市公司数则分别为 1067 个、1350 个，总市值分别为 241 149.400 亿元、243 203.800 亿元，是 1993 年总市值的 78.825 倍和 79.496

倍。从上市公司数量来看,西部地区上市公司数量明显低于东部地区,仅为东部地区上市公司数量的三分之一左右,是三大区域中上市公司数量最少的。从所占比例来看,2009 年,西部地区上市公司数仅占全国上市公司数的 18%左右,东部则为63%,中部为 19%。2010 年,西部地区上市公司数占全国上市公司数的比重仅为16%左右,东部则为 66%,西部为 18%。具体如图 6-6 和图 6-7 所示。

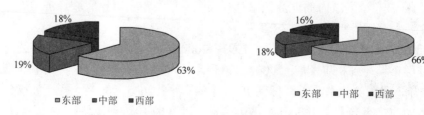

图 6-6　2009 年各区域上市公司占比图　　　图 6-7　2010 年各区域上市公司占比图

　　从西部地区内部各省(自治区、直辖市)的证券资产发展情况来看,1993～2010 年年均股票市值分别为内蒙古 788.303 亿元、广西 445.185 亿元、重庆 691.124亿元、四川 2053.033 亿元、贵州 749.124 亿元、云南 755.141 亿元、西藏 134.943亿元、陕西 612.066 亿元、甘肃 355.818 亿元、青海 356.498 亿元、宁夏 174.315亿元、新疆 902.456 亿元。四川、新疆、内蒙古、重庆、贵州、云南等省(自治区、直辖市)股票年均市值较高,其中四川股票年均市值最高。西藏、宁夏股票年均市值最低,约为四川的 6.573%。具体如图 6-8 所示。但从券化率来看,1993～2010 年西部地区各省(自治区、直辖市)的券化率分别为内蒙古 0.192、广西 0.108、重庆 0.221、四川 0.269、贵州 0.286、云南 0.179、西藏 0.571、陕西 0.155、甘肃0.175、青海 0.537、宁夏 0.339、新疆 0.312。新疆、青海、宁夏、四川、贵州等省份的券化率水平较高,广西、陕西、甘肃等省份的券化率水平较低。具体如图 6-9 所示。

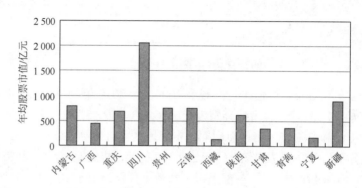

图 6-8　1993～2010 年西部各省(自治区、直辖市)年均股票市值对比图

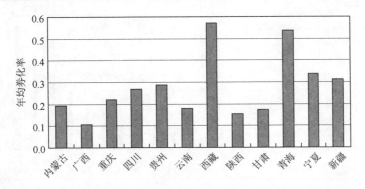

图 6-9　1993～2010 年西部各省（自治区、直辖市）年均券化率对比图

6.1.3　西部地区保险资产发展现状

作为金融市场的重要组成部分，保险市场在促进区域经济发展、分散金融市场风险等方面发挥着重要作用。从总体上看，保险业一方面能为社会经济发展提供有效的风险保障机制；另一方面能以保险基金的形式为金融市场供给大量货币资金。

近年来，西部地区保险业获得快速发展。从保费收入看，1993 年，西部地区的保费收入仅为 62.645 亿元。到 2010 年，其保费收入就达到 2594.324 亿元，增长了 41.413 倍，平均年增长速度达到 230.074%，增长迅速。具体如图 6-10 所示。从西部地区内部各省（自治区、直辖市）来看，1993～2010 年，其保费收入总额分别为广西 1081.962 亿元、西藏 26.546 亿元、内蒙古 1019.784 亿元、贵州 635.037 亿元、陕西 1595.481 亿元、宁夏 245.362 亿元、四川 3315.951 亿元、青海 132.881 亿元、云南 1317.094 亿元、新疆 1087.292 亿元、甘肃 763.155 亿元、重庆 1386.522 亿元。年均保费收入分别为广西 60.109 亿元、西藏 1.475 亿元、内蒙古 56.655 亿元、贵州 35.280 亿元、陕西 88.638 亿元、宁夏 13.631 亿元、四川 184.220 亿元、青海 7.382 亿元、云南 73.172 亿元、新疆 60.405 亿元、甘肃 42.398 亿元、重庆 77.029 亿元。年均保费收入最高的四川、陕西、重庆分别是年均保费收入最低的西藏、青海的 124.912 倍、60.102 倍、52.231 倍和 24.954 倍、12.006 倍、10.434 倍，相差较大。具体如图 6-11 所示。而从增长率来看，与 1993 相比，2010 年西部地区各省（自治区、直辖市）保费收入的增长情况分别为广西 19.499 倍、西藏 35.548 倍、内蒙古 23.656 倍、贵州 33.133 倍、陕西 32.128 倍、宁夏 39.229 倍、四川 97.802 倍、青海 32.556 倍、云南 29.643 倍、新疆 49.941 倍、甘肃 34.538 倍、重庆 77.505 倍。增长率最高的是四川、重庆、新疆，增长率最低的是广西、内蒙古、云南等。

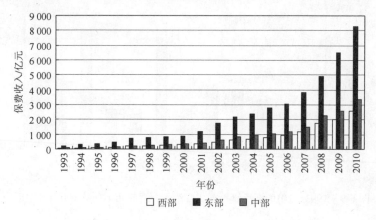

图 6-10　1993～2010 年我国三大区域保费收入对比图

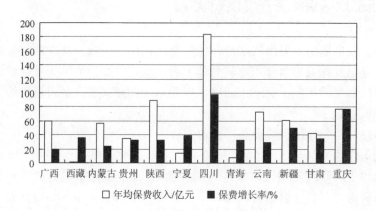

图 6-11　1993～2010 年西部各省（自治区、直辖市）保费收入增长率及年均保费收入图

　　除保费收入和保费收入增长率可以反映一个区域保险资产发展水平外，衡量一个区域保险资产发展水平高低的重要指标还有保险密度和保险深度。其中，保险深度=保费收入/国民生产总值，是保险业在区域国民经济中地位高低的体现；保险密度等于人均保费收入，是区域保险业发展平均水平的体现。从保险深度来看，西部地区从 1993 年的 0.011 逐渐增长到 2010 年的 0.032，增长了 2.884 倍。而在同期，全国的保险深度从 0.011 增长到 0.033，增长了 2.954 倍；东部地区的保险深度从 0.012 增长到 0.033，增长了 2.761 倍；中部地区的保险深度从 0.009 增长到 0.032，增长了 3.567 倍。西部地区的增长速度略高于东部地区，比中部和全国的增长速度都要低。具体如图 6-12 所示。从西部地区内部各省（自治区、直辖市）保险深度来看，1993～2010 年各省（自治区、直辖市）的保险深度平均值分别为广西 0.016、西藏 0.006、内蒙古 0.015、贵州 0.018、陕西 0.022、宁夏 0.020、四川 0.021、青海 0.015、云南 0.022、新疆 0.023、甘肃 0.022、重庆 0.021，其中保险深度最高的新疆是保险

深度最低的西藏的 3.700 倍。具体如图 6-13 所示。

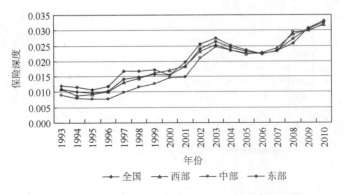

图 6-12　1993～2010 年我国各区域保险深度对比图

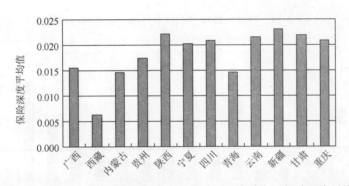

图 6-13　1993～2010 年西部地区各省（自治区、直辖市）保险深度对比图

从保险密度来看，1993～2010 年，西部地区的保险密度从 18.672 元/人上升到 719.886 元/人，上升了 38.554 倍。而同期，东部地区的保险密度从 51.606 元/人上升到 1505.498 元/人，上升了 29.173 倍；中部地区从 19.822 元/人上升到 797.988 元/人，上升了 40.258 倍；全国则从 31.466 元/人上升到 1068.791 元/人，上升了 33.967 倍。由此可见，西部地区的保险密度增长速度虽高于东部和全国平均水平，但从绝对值上来看，截至 2010 年，其保险密度仅相当于东部的 50%左右，比中部和全国平均水平都低，说明西部地区保险业发展水平还较低，发展相对滞后。具体如图 6-14 所示。从西部区域内各省（自治区、直辖市）保险密度来看，1993～2010 年，各省（自治区、直辖市）平均保险密度分别为广西 126.764 元/人、西藏 52.141 元/人、内蒙古 233.628 元/人、贵州 97.224 元/人、陕西 239.836 元/人、宁夏 226.299 元/人、四川 226.391 元/人、青海 136.376 元/人、云南 164.842 元/人、新疆 296.291 元/人、甘肃 166.799 元/人、重庆 270.717 元/人。其中，内蒙古、陕西、宁夏、四川、新疆、重庆的保险密度较高，广西、西藏、贵州、青海、云南、

甘肃的保险密度较低。保险密度最高的新疆是保险密度最低的西藏的 5.683 倍，差距相对较大。具体如图 6-15 所示。

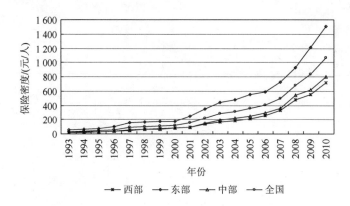

图 6-14　1993～2010 年我国各区域保险密度对比图

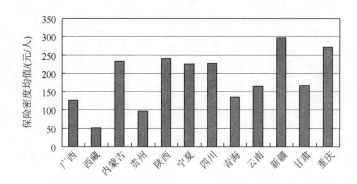

图 6-15　1993～2010 年西部各省（自治区、直辖市）保险密度均值

6.1.4　西部地区银行资产发展现状

在经济相对落后的西部地区，作为间接金融最重要主体的银行资产在促进区域经济发展、区域产业结构升级过程中处于非常关键的地位，起着非常重要的作用。而反映银行对区域经济渗透程度大小的一个重要指标就是银行深度。从计算公式来看，银行深度=（地区金融机构存款+地区金融机构贷款）/国民生产总值。由于国民生产总值的统计难度相对较大，在具体计量中一般用国内生产总值来作为国民生产总值的替代变量。本书在后面的论证中都将采用这一指标来替代国民生产总值指标。

在 1993～2010 年，西部地区的银行深度虽有波动，但总体上呈逐年上升趋势，从最低的 1.787 上升到最高的 2.614，增长了近 1.5 倍。其中，在 2003 年和 2008 年，西部地区的银行深度有两个明显拐点,尤其是在 2008 年,银行深度有一个显著上升,这和 2008 年的次贷危机发生后,我国通过银行渠道增大资金投放力度有较大关系。银行深度指标变动趋势说明,在 1993~2010 年,西部地区银行资产得到了较大发展,银行资产对西部地区经济的渗透程度得到不断增强。但从比较的视角来看,2003 年以前,西部地区的银行深度虽然高于全国平均水平和中部地区,仅低于东部地区,但 2003 年之后,西部地区的银行深度仅仅高于中部,低于全国和东部地区。具体如图 6-16 所示。从各省(自治区、直辖市)银行深度值的分布情况来看,西部地区各省(自治区、直辖市)银行资产发展水平和速度差异较大。银行深度最高的宁夏、陕西分别为 2.654 和 2.561,是最低的内蒙古银行深度的 1.645 倍和1.587 倍。其中,陕西、四川、青海、云南、甘肃、宁夏的银行深度值增长较快,分别为 2.561、2.320、2.412、2.350、2.476、2.654;西藏、贵州、重庆、新疆居中,分别为 2.354、2.180、2.276、2.260;而广西、内蒙古较为滞后,分别为 1.783、1.614,显示出一种不均衡的发展态势。具体如图 6-17 所示。

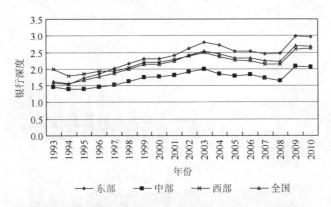

图 6-16　1993~2010 年我国各区域间银行深度比较图

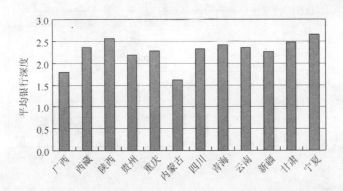

图 6-17　1993~2010 年西部各省(自治区、直辖市)平均银行深度

从西部地区银行存贷款情况来看，1993～2010 年，其银行存贷款总额从 11 379.716 亿元增长到 212 832.044 亿元，增长了近 18 倍。其中，银行存款总额从 1993 年的 5171.347 亿元增长到 2010 年的 125 392.991 亿元，增长了 24 倍，银行贷款总额从 1993 年的 6208.370 亿元增长到 2010 年的 87 439.870 亿元，增长了 14 倍。具体如图 6-18 所示。在西部地区内部各省（自治区、直辖市），其存贷款情况存在非常大的差异。1993～2010 年，存贷款总额最高的四川为 15 383.720 亿元，最低的是西藏，仅为 505.565 亿元，二者总额相差达 30 倍左右。存贷款总额较高的省份主要有广西、陕西、重庆、四川、云南，分别为 6570.519 亿元、8659.368 亿元、7125.995 亿元、15 383.720 亿元、7774.250 亿元；处于中间水平的有贵州、内蒙古、新疆、甘肃，其存贷款总额分别为 4124.480 亿元、5293.048 亿元、4820.280 亿元、4069.493 亿元；存贷款量最少的是西藏、青海、宁夏，其存贷款总额分别为 505.565 亿元、1214.607 亿元、1520.369 亿元。具体如图 6-19 所示。

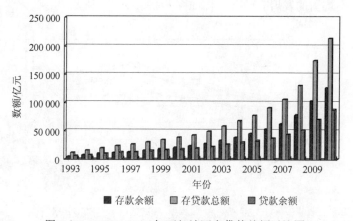

图 6-18　1993～2010 年西部地区存贷款总额对比图

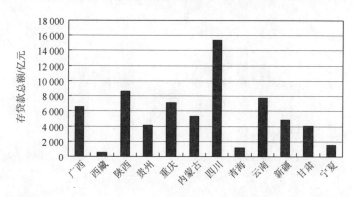

图 6-19　1993～2010 年西部各省（自治区、直辖市）存贷款总额对比图

6.1.5　西部地区金融外部结构发展现状

从金融外部结构来看，1993～2010 年，西部地区的金融外部结构指标金融相关率（financial interrelation ratio，FIR）总体上呈平稳上升趋势，从最低的 1.819 上升到最高 3.037，上升了 1.218 个点。在经济学理论中，经济与金融存在着动态发展关系。在初期，经济发展引起储蓄和投资的分离，产生金融，也可以说在初期由经济引领金融的发展。但当金融发展到一定阶段后，就会反超经济，使经济在金融的带动下增长，这一阶段可看成是金融引领经济的发展，地区经济发展进入较高阶段。从这个意义上说，西部地区处于金融引领经济发展的阶段，金融发展在西部地区经济发展中起着非常重要的作用。但从比较的视角来看，1993～2010 年，东部地区的 FIR 从最低的 1.716 上升到最高的 4.609，增长了 2.893 个点；中部地区的 FIR 从最低的 1.427 上升到最高的 2.434，上升了 1.007 个点；全国则从最低的 0.884 增长到最高的 2.849，上升了 1.966 个点。虽然在绝对值上，西部地区年均 FIR 仅低于东部地区，高于中部和全国水平。但从增长情况来看，西部地区 FIR 的增长幅度仅高于中部地区，比东部和全国的增长幅度都低，说明发展速度较慢。具体如图 6-20 所示。

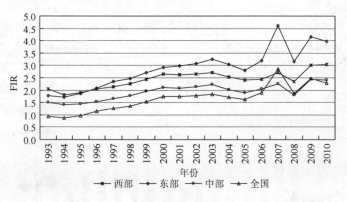

图 6-20　1993～2010 年我国各区域金融资产内部结构对比图

从西部地区各省（自治区、直辖市）的金融外部结构来看，1993～2010 年，各省（自治区、直辖市）FIR 的均值分别为广西 1.090、西藏 2.384、陕西 1.596、贵州 1.492、重庆 1.442、内蒙古 1.087、四川 1.552、青海 1.823、云南 1.529、新疆 1.650、甘肃 1.575、宁夏 1.759，其中最高的西藏是最低的广西、内蒙古的 2.187 倍和 2.194 倍。从增长率来看，广西增长了 1.836 倍、西藏 3.738 倍、陕西 2.188 倍、贵州 2.972 倍、重庆 2.902 倍、内蒙古 1.510 倍、四川 2.232 倍、青海 4.508 倍、云南 2.490 倍、新疆 2.769 倍、甘肃 2.040 倍、宁夏 2.865 倍。其中，增长最快的主要有西藏、青海，增长最慢的是广西、内蒙古等。具体如图 6-21 所示。

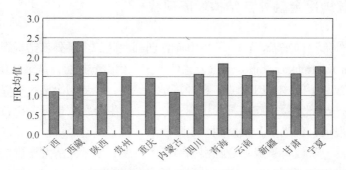

图 6-21　1993～2010 年西部各省（自治区、直辖市）金融资产结构对比图

6.1.6　西部地区金融内部结构发展现状

从金融内部结构来看，长期以来，西部地区金融资产中货币资产的数量占有举足轻重的地位。在 1993～2010 年，西部地区保费收入、M_2、股票市值的年均数量分别为 700.393 亿元、38471.357 亿元、8018.004 亿元，M_2 分别是保费收入和股票市值的 54.928 倍、4.798 倍。1995 年之前，西部地区金融资产中 M_2 占比均接近 98%，保险资产几乎可忽略不计。直到 1995 年以后，随着股票资产的增长，西部地区金融内部结构开始发生结构性改变。2007 年，由于股票市值的增长，M_2 的占比降到最低，但其占比仍达到 76.797%。在 1993～2010 年，M_2 的平均占比达到 90.766%、保费收入的平均占比仅为 0.779%、股票市值的占比仅为 8.455%。具体如图 6-22 所示。这说明西部地区货币资产与非货币资产比例严重失调，凸显出金融内部结构极不协调。

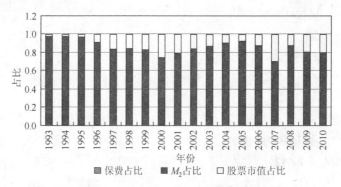

图 6-22　1993～2010 年西部地区金融资产内部结构图

从区域间的比较来看，1993～2010 年，东部地区 M_2 的平均占比为 0.828，其他金融资产平均占比为 0.172，其中保费收入占比为 0.007，股票市值占比为

0.165。中部地区 M_2 平均占比为 0.900，其他金融资产平均占比为 0.100，其中保费收入平均占比为 0.009，股票市值平均占比为 0.091。全国 M_2 的平均占比为 0.777，其他金融资产占比为 0.223，其中保费收入占比为 0.012、股票市值占比为 0.212。相比我国其他区域来说，西部地区 M_2 的占比比东部、中部和全国水平都高。具体如图 6-23～图 6-25 所示。以上数据说明西部地区金融资产较为单一，对货币资产依赖性较高，股票和保险等其他金融资产发展相对滞后。

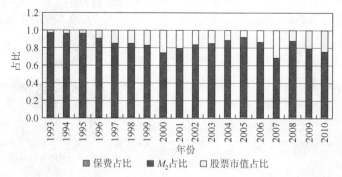

图 6-23　1993～2010 年中部地区金融资产内部结构图

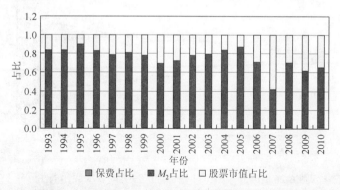

图 6-24　1993～2010 年东部地区金融资产内部结构图

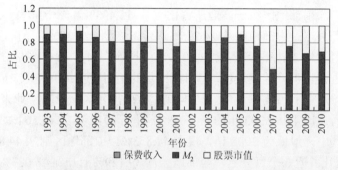

图 6-25　1993～2010 年我国金融资产内部结构图

6.2 西部地区产业结构发展现状

6.2.1 西部地区三次产业构成现状

衡量产业结构的一个直观指标就是三次产业的产值。在1993~2010年，西部地区第一产业所占比重由27.186%逐渐下降到12.983%的水平，下降了近16个百分点，平均占比为20.308%。第二产业占比从1993年的39.129%逐渐上升到2010年的48.083%，增长了近10个百分点，平均占比为41.211%。第三产业从33.835%上升到2010年的38.933%，上升了5个百分点左右，平均占比为38.7754。其中，增长速度最快的是第二产业，其次是第一产业，第三产业的增长速度最慢。其中，第一产业所占比重低于第二产业和第三产业，第二产业所占比重在绝大多数时间都高于第三产业所占比重。从总体上看，西部地区在1993~2010年一直处于"二三一"的产业结构状态，第一产业所占比重持续下降，第二、第三产业所占比重处于逐渐上升趋势。具体如图6-26所示。

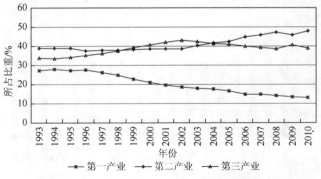

图6-26 1993~2010年西部地区三大产业构成比例图

从三大区域的比较来看，1993~2010年，各区域的第一产业所占比重均呈下降趋势。其中，东部地区第一产业所占比重从15.433%逐渐下降为7.7455%，下降了近8个百分点；中部地区从24.135%逐步下降到12.438%，下降了近12个百分点，西部地区从27.186%下降到12.983%，下降了14个百分点左右。西部地区第一产业所占比重下降速度最快，但所占比重的绝对值仍最高。其次是中部地区，东部地区第一产业所占比重最低。具体如图6-27所示。从第二产业来看，东部地区第二产业所占比重从1993年的48.704%下降到2010年的46.564%，下降了近2个百分点。其中，最低为2002年，仅占44.853%。中部地区则从44.838%上升到52.138%，上升了近6个百分点，西部地区从39.129%上升到48.083%，上升了近10个百分点。由此可见，在1993~2010年，西部地区第二产业所占比重增长幅

度最大，第二产业所占比重在三大区域内相近。具体如图 6-28 所示。从第三产业
所占比重来看，在 1993～2010 年，东部地区第三产业所占比重从 36.065%上升到
45.709%，上升了近 10 个百分点。中部地区从 31.013%上升到 35.413%，上升了
近 4 个百分点。西部地区则从 33.835%上升到 38.933%，上升了近 5 个百分点，
其增长速度明显低于东部地区。具体如图 6-29 所示。

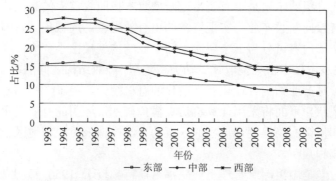

图 6-27 1993～2010 年我国各区域第一产业占比变动趋势图

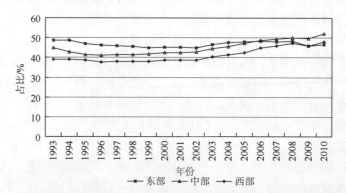

图 6-28 1993～2010 年我国各区域第二产业占比变动趋势图

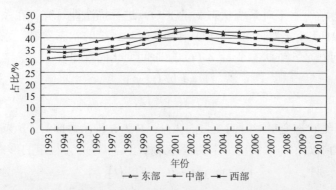

图 6-29 1993～2010 年我国各区域第三产业占比变动趋势图

6.2.2　西部地区产业结构升级的系统动力学模型构建

1. 系统动力学的基本思想

产业结构升级的本质是现有资本或新增资本按照收益率的高低，逐步从传统产业退出，转投向新兴产业，实现资源的更有效配置。周振华（1997）认为产业结构升级的实质内容可分为三个层次，即产业结构规模由小变大；产业结构水平由低变高，逐步由技术密集型取代劳动力密集型；产业结构之间的联系由松变紧。产业结构升级是产业结构合理化和高度化的有机统一。为了考察西部地区产业结构升级演进现状，下面将采用计算机仿真模拟技术，运用能有效揭示系统内各要素因果关系和反馈回路等复杂过程的系统动力学模型来对西部地区产业结构升级状况进行研究和判断。

系统动力学是由美国麻省理工学院福雷斯特教授于 1956 年创立，是一种系统、分析、综合与推理的研究方法，以定性分析为先导、定量分析为支持，研究非线性信息反馈系统并为其建模仿真的一种方法。从创建伊始，系统动力学就因其理论体系的独特性和研究方法的科学性而倍受学者们的青睐。在最开始的时候，系统动力学主要是被用来研究有关企业管理的问题，但随着理论体系的不断完善，以及计算机软件系统的不断发展成熟，系统动力学的应用不断扩展到其他众多领域，尤其是在经济、军事、能源、环境、人口等具有超大系统特征的研究领域中获得广泛应用。系统动力学被称为"社会经济系统实验室"，在具体运用时采用的是先定性后定量的综合集成方法。遵循的基本思路是：在构建系统内各要素间的因果关系和反馈回路基础上，建立系统动态流图和系统动力学模型，采用计算机仿真模拟技术对所研究的系统进行研究，通过对可控参数的修改，对结果进行预测，获取科学的政策方案，从而为政府制定相关政策提供参考。

系统动力学可用于对系统状态变量 $Y(t)$ 进行描述性研究。在系统状态变量中，Y 为 n 维向量，t 为时间。$Y(t)$ 代表 t 时刻系统的状态变量。系统动力学最终要讨论的问题是 n 维状态变量 $Y(t)$ 随时间变化的规律性。

$$\begin{cases} Y = F\big(Y(t), p\big) \\ Y(t) = Y_1 \end{cases}$$

其中，Y 为 n 维状态变量对时间变量的微分；F 为 n 维函数向量；p 为 m 维函数向量；Y_1 是 Y 的初始值。系统动力学的状态方程组是以差分方程组的形式出现，即

$$\begin{cases} Y(t) = y(t - \mathrm{d}t) + F\big(Y(t), p\big) \\ Y(t) = Y_1 \end{cases}$$

该差分方程组形式可用于对非线性、高阶次、多重反馈复杂系统产业结构的未来行为进行预测。

2. 产值结构系统模型构建

根据 Kuznets（1971）、Chenery 等（1975）的研究结论可知，当人均收入增长时，产业之间会发生相互转换。其中，三次产业的产值结构变动方向主要是从农业向工业进行转换，劳动力结构变动方向则主要是由农业向服务业进行转变。因此，遵循系统动力学的基本思路构建三次产业产值结构与人均 GDP 的因果循环模型。具体如图 6-30 所示。

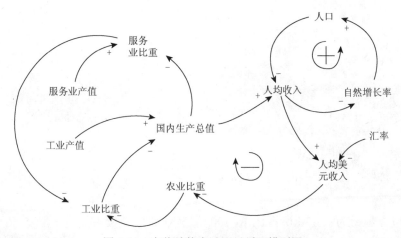

图 6-30　产值结构变动因果循环模型图

在以上因果循环模型中，农业比重等于农业产值与国内生产总值之比，工业比重等于工业产值与国内生产总值之比，服务业比重等于服务业产值与国内生产总值之比。在这一因果循环模型中有两条因果循环链，第一条因果循环链是：当国内生产总值增加时，人均收入会增加；当人均收入增加后，人均美元收入亦会增加；人均美元收入增加后，农业所占比重将下降；农业所占比重下降时，工业所占比重就会上升；工业比重上升后，又将引起经济增长，即国内生产总值增加。第二条因果循环链是：人均收入增加时，人口自然增长率会降低；人口自然增长率下降后，人口增加将变缓；人口增加变缓后，人均收入又将增加。

因果循环模型主要表达的是变量间的关联关系，但要依据这个模型来考察系统中变量间量的关系，还必须对系统中的存量和流量进行界定和区分。其中，存量是指系统中那些具有积累效应且存在量变速度的变量，其现时值为原有值与改变量之和。当物流和信息流停止时，系统中的存量将保持停止前那一时刻的值。而流量则是指系统中那些对存量具有直接影响的变量，具体又包括流入量和流出量。流入量是存量的增加，流出量则是存量的减少，存量的变动值就为流入量与流出量的差，其表达公式为：$FL(t)=FL(t-\Delta t)+\Delta t(FL_1(t-\Delta t)-FL_2(t-\Delta t))$。其中，$FL$ 为系统存量；FL_1 为系统中的流入量；FL_2 为系统中的流出量；t 为时间；Δt 为时间的变化量。其基本思想为"用微分近似计算函数增量"。遵循这一原则，可将系统中的存量和流量区别开来，并用系统流程模型来表达变量间的因果循环关系，具体如图 6-31 所示。

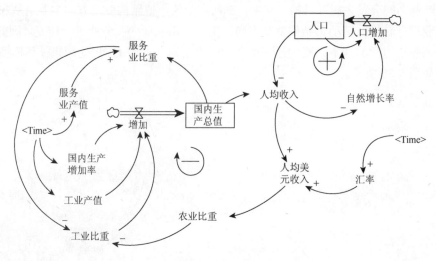

图 6-31　产值结构变动系统动态流模型

模型方程组为：工业所占比重=100–服务业和农业所占比重，服务业所占比重=服务业产值/国内生产总值×100，增加（亿元）=工业产值/工业比重×国内生产增加率；国内生产总值（亿元）=INTEG（增加）；人均收入（元）=国内生产总值/人口；人口（亿人）=INTEG（人口增加）；人口增加（亿人）=人口×自然增长率/1000；人均美元收入（美元）=人均收入/汇率；自然增长率（‰）=人均收入（图表函数，由实际数据代入）；农业比重（%）=人均美元收入（图表函数，由实际数据代入）；服务业产值（亿元）、国内生产增长率（%）、工业产值（亿元）、汇率均由时间决定，为图表函数。变量后括号内为该变量单位。

3. 劳动力结构系统模型构建

同理，根据 Kuznets（1971）、Chenery 等（1975）的研究，当劳动力模型边界确定后，劳动力结构系统因果循环模型就可以建立起来。具体如图 6-32 所示。

其中，农业比重等于农业就业人口与总就业人口之间的比值，工业比重等于工业就业人口与总就业人口之间的比值，服务业比重等于服务业就业人口与总就业人口之间的比值，工业劳力等于工业就业人口，服务业劳力等于服务业就业人口。在劳动力结构系统因果循环模型中，仍然拥有两条因果循环链。其中，第一条因果循环链是：当国内生产总值增加时，人均收入会随之增加；人均收入增加后，人均美元收入会相应增加；人均美元收入增加后，农业所占比重将下降；农业所占比重下降后，服务业比重则将上升；服务业比重上升后，总就业人口又会增加；总就业人口增加后，经济得到相应增长，国内生产总值增加。第二条循环链是：当人均收入增加时，人口自然增长率会下降；人口自然增长率下降后，人口增加速度会降低；人口增加速度降低后，人均收入又会相应增加。同样，当模型中的流量和存量确定后，可得到劳动力结构系统流程模型。具体如图 6-33 所示。

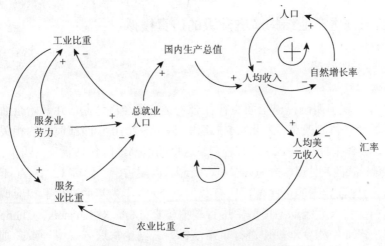

图 6-32　劳动力结构系统因果循环模型

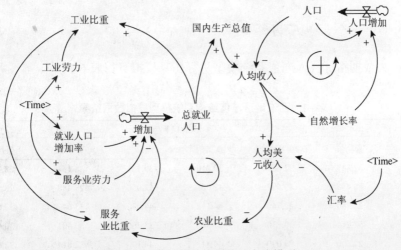

图 6-33　劳动力结构系统动态流模型

模型方程组为：工业比重（%）=工业劳力/总就业人口×100；服务业比重（%）=100-工业比重-农业比重；增加（万人）=服务业劳力/服务业比重×就业人口增加率；总就业人口（万人）=INTEG（增加）；人均收入（元）=国内生产总值/人口；人均美元收入（美元）=人均收入/汇率；人口增加（亿人）=人口×自然增长率/1000；人口（亿人）=INTEG（人口增加）；国内生产总值（亿元）=总就业人口（图表函数，由实际数据代入）；农业比重（%）=人均美元收入（图表函数，由实际数据代入）；自然增长率（‰）=人均收入（图表函数，由实际数据代入）；工业劳力（万人）、服务业劳力（万人）、就业人口增加率（%）、汇率均由时间决定，为图表函数。变量后括号内为该变量单位。

6.2.3　西部地区产业结构演进升级的仿真模拟

1. 数据选取及说明

1992 年，我国明确提出全面实行社会主义市场经济体制，并开始全面实行社会主义市场经济体制改革。为此，本书选取 1992～2010 年西部地区的相关数据指标为样本，具体指标见本书中的方程组。这里的西部地区包括重庆、四川、贵州、云南、西藏、陕西、甘肃、青海、宁夏、新疆、内蒙古、广西等 12 个省（自治区、直辖市）。为保证数据的可比性，所有数据以 1992 年为基期进行了相应调整。把这些数据指标代入系统动态模型中进行模拟仿真分析，对 Kuznets、Chenery 等人揭示的三次产业结构变动规律进行重新演绎，若结论与这一规律一致，则可据此判断西部地区目前所处何种产业结构发展阶段。若不一致，则需具体分析其原因。

2. 西部地区三次产业产值数据模拟

将相关数据指标代入产值系统模型进行仿真模拟可得表 6-1。

表 6-1　西部地区产值结构系统模型模拟数据结果

年份	农业比重/%		工业比重/%		服务业比重/%	
	真实值	模拟值	真实值	模拟值	真实值	模拟值
1992	32.841	32.639	39.010	39.181	28.154	28.180
1993	29.435	29.492	42.068	42.006	28.488	28.503
1994	22.240	22.240	44.112	44.096	33.649	33.664
1995	32.214	30.830	37.387	38.766	30.401	30.404
1996	22.800	23.090	44.411	44.100	32.814	32.810

续表

年份	农业比重/%		工业比重/%		服务业比重/%	
	真实值	模拟值	真实值	模拟值	真实值	模拟值
1997	26.093	26.090	41.390	42.548	32.532	31.362
1998	26.158	26.159	40.616	43.820	33.216	30.021
1999	25.177	25.186	40.271	40.244	34.564	34.570
2000	23.969	24.057	40.710	40.613	35.310	35.330
2001	23.030	23.031	39.680	39.647	37.300	37.322
2002	22.492	22.493	40.039	40.018	37.455	37.489
2003	21.900	21.907	41.524	41.486	36.594	36.607
2004	22.349	22.328	42.756	42.748	34.910	34.924
2005	19.121	19.113	42.051	42.043	38.832	38.844
2006	17.882	17.887	44.320	44.304	37.801	37.810
2007	20.804	20.790	45.083	42.629	34.118	36.581
2008	18.619	18.631	46.350	46.338	35.032	35.031
2009	22.833	22.814	39.538	39.506	37.632	37.680
2010	13.150	13.150	49.991	49.926	36.870	36.924

由模拟仿真的误差率计算公式 $\varepsilon_i^j = \left(Y_i^j - \overline{Y}_i^j\right) / \overline{Y}_i^j$，$i = 1992, 1993, \cdots, 2010$，$j = 1, 2, 3$ 可知平均误差率公式为 $\varepsilon^j = \dfrac{1}{19}\sum\limits_{1992}^{2010} \varepsilon_i^j$，$j = 1, 2, 3$。其中，$i$ 为年份；j 为产业种类；1 为农业，2 为工业，3 为服务业；$\overline{Y}$ 为真实值；Y 为模拟值，若计算出来的平均误差率低于 5%，可认为模拟结果有效。由公式计算可得：$\varepsilon^1 = 0.381\% < 5\%$；$\varepsilon^2 = 1.134\% < 5\%$；$\varepsilon^3 = 1.159\% < 5\%$。由此可见，模拟仿真数据的误差均小于 5%，说明与真实值并无显著差距，可将模拟数据用于分析。为此，用该模型模拟仿真得到的数据制作产值比重变化趋势图，具体如图 6-34～图 6-36 所示。

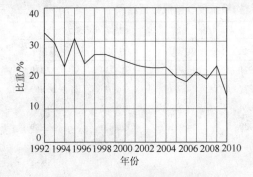

图 6-34 农业产值比重演进图

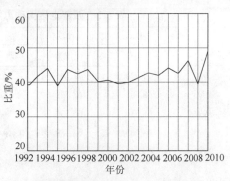

图 6-35 工业产值比重演进图

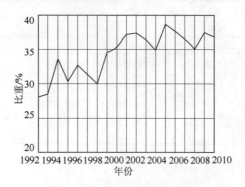

图 6-36　服务业产值比重演进图

由图 6-34～图 6-36 可知，在 1992～2010 年，从农业产值来看，其占比从 32.639% 迅速下降到 13.150%，下降了 19.489 个百分点，平均每年下降约 1 个百分点。其中，1992～1996 年和 2009～2010 年农业产值比重下降较快，前者是因为全面实现市场经济体制带来的产业效应，后者是近年来我国实现城镇化政策效应的体现。从工业产值来看，其占比从 39.181% 逐步上升到 49.926%，19 年间上升了 10.745 个百分点，平均每年仅上升约 0.566 个百分点，其中 2008～2009 年下降较快，这说明 2008 年的全球金融危机对我国西部地区工业的发展速度具有一定影响。通过一系列刺激经济发展措施的出台，2009～2010 年西部地区工业出现了逆势快速上升的势头。而从服务业产值来看，西部地区的服务业产值一直处于波动上升趋势，从最初的 28.180% 上升到最高 2005 年的 38.844%，平均每年上升 0.561 个百分点。

3. 西部地区劳动力数据模拟

同产值数据模拟一样，将相关数据指标代入模型模拟可得表 6-2。

表 6-2　西部地区劳动力结构系统模型模拟数据结果

年份	农业劳动力占比/%		工业劳动力占比/%		服务业劳动力占比/%	
	真实值	模拟值	真实值	模拟值	真实值	模拟值
1992	71.930	71.705	10.971	10.976	17.114	17.319
1993	68.687	68.739	14.377	14.392	16.931	16.869
1994	65.530	65.530	14.924	14.929	19.545	19.541
1995	64.665	64.789	14.909	14.922	20.421	20.289
1996	63.644	63.672	15.024	15.029	21.331	21.300
1997	63.301	63.300	14.557	14.577	22.144	22.123
1998	63.624	63.617	13.275	13.291	23.101	23.092
1999	63.349	63.352	13.054	13.063	23.603	23.585

续表

年份	农业劳动力占比/%		工业劳动力占比/%		服务业劳动力占比/%	
	真实值	模拟值	真实值	模拟值	真实值	模拟值
2000	61.700	61.812	12.930	12.942	25.367	25.246
2001	61.061	61.060	12.880	12.900	26.062	26.040
2002	59.933	59.936	13.287	13.306	26.773	26.758
2003	58.113	58.131	13.892	13.890	28.011	27.979
2004	56.528	56.537	14.275	14.288	29.180	29.176
2005	54.849	54.842	14.989	15.003	30.160	30.155
2006	53.102	53.098	16.445	16.458	30.451	30.444
2007	51.413	51.409	17.860	17.858	30.732	30.733
2008	50.150	50.148	18.354	18.356	31.501	31.496
2009	48.970	48.970	18.941	18.940	32.090	32.090
2010	47.684	48.970	19.722	19.734	32.610	31.296

根据误差率公式和平均误差率公式，可得平均误差率 ε^1=0.184%<5%；ε^2=0.070%<5%；ε^3=0.401%<5%。由此可见，模型模拟数据与现实数据亦无较大差距，可用作分析。用该模型制作劳动力比重变化趋势图，具体如图 6-37～图 6-39 所示。

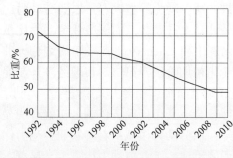

图 6-37　农业劳动力比重演进图

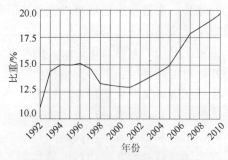

图 6-38　工业劳动力比重演进图

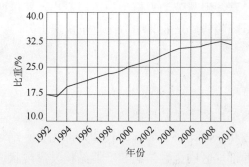

图 6-39　服务业劳动力比重演进图

由图 6-37～图 6-39 可知，在 1992～2010 年，农业劳动力比重呈持续快速下降趋势，其占比从 1992 年的 71.705%下降到 2010 年的 48.970%，下降了 22.735个百分点，平均每年下降约 1.197 个百分点。这除了与西部地区工业和服务业发展吸纳大量农业劳动力有关外，还与我国全面实行社会主义市场经济体制改革后农业劳动力的大规模流动有关。多年来，我国西部地区一直是全国各地农民工的主要输出地，大量农民工外出务工，从而使当地农业劳动力人口比重迅速下降。从工业劳动力比重来看，其占比从 10.976%上升到 19.734%，上升了 8.758 个百分点，平均每年仅上升约 0.461 个百分点，这意味着 1992～2010 年西部地区工业发展整体速度相对较慢。其中，1992～1993 年，即我国全面实行社会市场经济体制改革的初期，以及 2001 年后发展速度持续稳定上升，即西部大开发政策实施滞后两年开始，西部地区工业发展速度相对较快，说明这两个政策对西部地区工业的发展有较明显的促进作用。从服务业劳动力比重来看，其占比从 17.319%增长到31.296%，增长了 13.977 个百分点，高于工业劳动力占比的增长速度。

以上两个模型分别从产值和劳动力两方面模拟了西部地区产业结构的变化趋势。由比重平均误差率说明模拟数据与真实情况较为接近，模型可信。由仿真模拟结果可得知：第一，西部地区产业结构目前已进入工业化初期。1992～2010 年，从产值模型来看，西部地区农业产值比重呈持续下降趋势，工业产值比重呈缓慢上升趋势，服务业产值比重呈波动上升趋势；从劳动力模型来看，农业劳动力比重呈持续快速下降趋势，工业劳动力比重呈波动上升趋势，而服务业劳动力比重呈稳定上升趋势。结合 Kuznets 的产业进化理论和 Chenery 的产业阶段划分标准可知，目前西部地区的产业结构已进入工业化初期阶段。第二，市场经济体制促进了西部地区工业化进程。1992 年，我国开始全面实行社会主义市场经济体制，从产值模型来看，农业产值比重在全面实行社会主义市场经济体制之初就有明显下降，工业和服务业产值比重则有显著上升；从劳动力模型来看，农业劳动力比重在全面实行社会主义市场经济体制之初下降迅速，工业劳动力比重上升显著。第三，西部大开发政策对该地区工业化进程起到一定推动作用。这一点从产值模型上表现不是非常显著，但从劳动力模型中可以看出，实施西部大开发后，农业劳动力比重呈加速下降趋势，工业劳动力比重呈快速上升趋势

6.3　本章小结

为了准确把握西部地区金融结构和产业结构发展现状。本章充分运用比较研究法，通过横向比较和纵向比较、内部比较和外部比较、绝对值比较和相对值比较等多种方法，对西部地区的金融结构和产业结构发展现状进行深入把握。在此

基础上，通过构建产业结构系统动力学模型，运用计算机模拟仿真技术对西部地区产业结构演进规律进行仿真模拟研究，得出以下结论。

第一，与东部、中部及全国平均水平相比，西部地区各项金融资产无论从相对值还是从绝对值上看，其发展水平均较为滞后。其中，货币资产无论从绝对值还是增长率来看，都与东部地区存在较大差距，仅与中部地区相当；券化率水平和上市公司数量在我国三大区域中都是最低的，上市公司数量仅为东部地区的三分之一左右，其发展尚处于较低层次；保险资产增长速度虽较快，但其绝对值仍处于较低水平；FIR 的绝对值虽比中部和全国水平高，但其增幅仅高于中部地区，发展速度较慢。整体上，目前西部地区仍是以货币资产为主，证券和保险等其他金融资产发展相对滞后，金融结构较单一。考虑到西部地区经济对银行中介的依赖程度大，本章还考察了银行深度指标，发现该指标仅高于中部地区，说明金融对经济的渗透度不强。

第二，从区域内部比较来看，西部地区各省（自治区、直辖市）的金融结构呈现出极不均衡的发展态势。其中，货币资产总量较大的主要有四川、陕西、云南、重庆、广西等，总量较小的主要有宁夏、青海、西藏等，四川、陕西的 M_2 分别是西藏的 22.141 倍、12.723 倍。证券资产总量较大的有四川、新疆、内蒙古、重庆等，其中，四川的股票年均市值最高，西藏、宁夏的股票年均市值最低，仅约为四川年均市值的 6.573%。保险资产总额较高的是四川、重庆、陕西等，其保险资产总额分别是保险资产总额最低的西藏的 124.912 倍、52.231 倍和 12.006 倍。银行存贷款总额较高的省份分别为四川、广西、陕西、重庆，其银行存贷款总额本别达到 15 383.720 亿元、6570.519 亿元、8659.368 亿元、7125.995 亿元，而存贷款量最少的西藏只有 505.565 亿元，仅占四川存贷款总额的 3.286%。总体上看，四川、重庆、陕西、云南、广西等省份的金融资产总量较大，而西藏、新疆、青海、宁夏等省份的金融资产总量较小，省份之间发展差异较大。此外，从金融结构的相对指标来看，西部地区各省（自治区、直辖市）同样存在发展不均衡的态势。

第三，从产业结构发展现状来看，1993～2010 年西部地区三次产业的年均占比分别为 20.308%、41.211% 和 38.933%，一直处于"二三一"的产业结构状态，第一产业所占比重持续下降，第二、第三产业所占比重则处于逐渐上升趋势。在我国三大区域中，西部地区第一产业占比下降速度最快，第二产业增幅最高，第三产业增速则相对较慢。西部地区产业结构演进的系统仿真模拟研究结论显示，西部地区已进入工业化初期阶段，1992 年开始全面实施的市场经济体制改革和 1999 年正式提出并实施的西部大开发政策对该地区工业化进程起到了有效的推动作用。

第 7 章　基于外部结构视角的西部地区金融结构与产业结构协调度实证研究

金融外部结构是指金融资产总量与经济总量之间的比例关系，主要包括货币性金融资产/GDP、金融资产总量/GDP 等指标，衡量的是经济货币化程度和经济金融化程度。本章在运用 Levin，Lin and Chu test（LLC 检验）、Fisher-augmented Dickey-Fuller test（Fisher-ADF 检验）和 Fisher-Phillips and Perron test（Fisher-PP 检验）等面板单位根检验方法对数据序列进行平稳性检验的基础上，以 combined Johansen 面板协整检验方法对金融外部结构与产业结构之间的协整关系进行检验。之后通过构建面板向量自回归模型，对金融外部结构与产业结构之间进行脉冲响应和方差分解分析。最后应用面板数据格兰杰因果检验技术对二者的因果关系进行实证探讨。

7.1　指标设置及数据选取

在对西部地区金融外部结构与产业结构协调互动关系进行实证研究时，构造代表金融外部结构和产业结构的指标非常关键。基于数据的可得性和实证的需要，这里主要从金融资产结构视角来定义金融外部结构，即金融外部结构是指金融资产总量与经济总量之间的比例关系，主要包括货币性金融资产/GDP、金融资产总量/GDP 等指标。为了反映西部地区经济金融化程度，本章将选用金融资产总量/GDP 这一指标来代表金融外部结构状况。从产业结构升级指标来看，根据 Chenery 等（1975）的观点，产业结构升级更多地表现为第一产业产值占比下降，第二、第三产业产值所占比重上升。为了进行比较研究，本章将采用两个指标来代表产业结构状况，其一是非农产业，即第二、第三产业产值之和与当年国内生产总值之比；其二是第三产业与国内生产总值之比。

在数据选取上，本章以西部 12 个省（自治区、直辖市）作为研究样本，具体包括广西、西藏、陕西、贵州、重庆、内蒙古、四川、青海、云南、新疆、甘肃、宁夏。由于在 1990 年 12 月和 1991 年 6 月上海证券交易所和深圳证券交易所才相继成立，我国证券市场才正式形成，1992 年以后我国证券市场才有一个完整的会计年度数据，1993 年之前西部地区上市公司数量及股票市值微乎其微。因此，本章将实证样本数据的选取跨度定为 1993～2010 年。为保证数据的可比性，所有数据均以居民消费价格指数（consumer price index，CPI）调整到 1993 年的基期值，处理后的数据序列 FR、FN、TH 分别为金融外部结构指标、非农产业占比、第三产业占比，其特征值见表 7-1。数据的来源为各年度的《中国城市统计年鉴》、相关各省份的统计年鉴和统计公报，样本区间为 1993～2010 年。

表 7-1 1993～2010 年西部地区各省（自治区、直辖市）金融外部结构及产业结构指标特征值

变量	均值	中值	最大值	最小值	残差
FR	1.615	1.604	4.237	0.715	0.544
TH	0.387	0.388	0.560	0.278	0.053
FN	0.801	0.812	0.914	0.511	0.736

由表 7-1 可知，1993～2010 年西部地区金融外部结构指标的均值为 1.615。这说明从整体上看，这一时期西部地区的金融资产总量已超过地区 GDP 值，区域经济处于金融带动经济发展的时期。非农产业占比指标 FN 的均值为 0.801，最高值达到 0.914。第三产业占比指标 TH 的均值为 0.387，最高值为 0.560，说明 1993～2010 年，西部地区经济是以第二产业为主，其次是第三产业，第一产业所占比重最低。非农产业占比指标 FN 的残差值为 0.736，说明这一时期非农产业发展变化较大。

7.2 西部地区金融外部结构与产业结构的 PVAR 模型估计

7.2.1 面板单位根检验

在估计 PVAR 模型之前，需要先对西部地区金融外部结构和产业结构面板数据序列进行单位根检验，若产业结构面板数据序列存在单位根，则可进一步对这些数据的差分序列进行检验。目前常用的面板数据单位根检验方法主要有 LLC 检验、Fisher-ADF 检验和 Fisher-PP 检验，与传统的单位根检验方法相比，这些方法在对面板数据序列进行检验时具有更高的效力。

1. LLC 检验

LLC 检验由 Levin 等（2002）提出，该检验有三个模型假定：

（模型 1）$\Delta Y_{i,t} = \delta Y_{i,t-1} + \zeta_{i,t}$

（模型 2）$\Delta Y_{i,t} = \delta Y_{i,t-1} + \alpha_i + \zeta_{i,t}$

（模型 3）$\Delta Y_{i,t} = \delta Y_{i,t-1} + \alpha_i + \alpha_{1,i} + \zeta_{i,t}$

其中，误差 $\zeta_{i,t}$ 满足

$$\zeta_{i,t} = \sum_{j=1}^{\infty} \theta_{i,j} \zeta_{i,t-1} + \varepsilon_{i,t}$$

对于任意 i, t 有

$$E(\zeta_{i,t}^4) < 0$$

$$0 < B_\varepsilon \leqslant E(\varepsilon_{i,t}^2)$$

$$E(\zeta_{i,t}^2) + \sum_{j=1}^{\infty} E(\zeta_{i,t}\zeta_{i,t-1}) < B_\zeta < \infty$$

在上述假定前提下，面板单位根检验的原假设和备择假设具体如下。

模型 1 的原假设为 H_0: $\delta = 0$，备择假设为 $H_1 < 0, \forall_i$。

模型 2 的原假设为 H_0: $\delta = 0, \alpha_{0i} = 0$，备择假设为 $H_1 < 0, \forall_i$。

模型 3 的原假设为 H_0: $\delta = 0, \alpha_{1i} = 0$，备择假设为 $H_1 < 0, \alpha_{1i} \in \mathbf{R}, \forall_i$。

LLC 检验的目的是通过 ADF 回归来对单位根假设进行检验。具体包括三个步骤，即 ADF 回归、估计长期方差和短期方差之间的比率、计算面板单位根统计量。

第一步，ADF 回归。其中 p_i 是未知的，且为变量。依照 Hall（1990）的方法，首先确定变量的最优滞后期，然后借助辅助回归获得正交残差值 $\hat{e}_{i,t}, \hat{v}_{i,t-1}$。为了防止异方差的产生，需要对其进行标准化处理。

$$\hat{\sigma}_{e,i} = 1/(T - p_i - 1) \sum_{t=p_i+2}^{T} (\hat{e}_{i,t} - \rho_i \hat{V}_{i,t-1})^2,$$ 其中，$\tilde{V}_{i,t-1} = \hat{V}_{i,t-1} / \hat{\sigma}_{ei}, \tilde{e}_{i,t} = \hat{e}_{i,t} / \hat{\sigma}_{e_i}$。

对于每个 i 而言，$\tilde{e}_{i,t}$ 是渐近独立同分布的。

第二步，估计长期方差对短期的比率。其中，模型 1 的长期方差估计量为

$$\hat{\sigma}_{y_i}^2 = \frac{1}{T-1} \sum_{t=2}^{T} \Delta y_{i,t}^2 + 2 \sum_{L=1}^{\bar{K}} w_{\bar{K},L} \left(\frac{1}{T-1} \sum_{t=l+2}^{T} \Delta y_{i,t} \Delta y_{i,t-i} \right) \tag{7-1}$$

对模型 2 来说，其长期方差估计量只需要用 $\Delta y_{i,t} - \Delta \bar{y}_{it}$ 替换掉式（7-1）中的 $\Delta y_{i,t}$ 即可得到，其中 $\Delta \bar{y}_{it}$ 为部门 $\Delta y_{i,t}$ 的平均值。对模型 3 来说，则需要首先去掉趋势因素后才能对长期方差估计量进行估计。其中，$\bar{K}$ 为滞后截断参数，$W_{\bar{K},L}$ 要取决于核估计的选择情况。

第三步，计算面板单位根统计量。

考虑回归方程：$\tilde{e}_{i,t} = \delta \tilde{V}_{i,t-1} + \tilde{\varepsilon}_{i,t}$ 对所有个体 i 和时期 t，t 统计量的结果为

$$t_{\delta=0} = \hat{\delta} / \text{STD}(\hat{\delta}) \tag{7-2}$$

$$\text{STD}(\hat{\delta}) = \hat{\sigma}_\varepsilon \left[\sum_{i=1}^{N} \sum_{t=2+p_i}^{T} \hat{V}_{i,t-1}^2 \right]^{-1/2}$$

$$\hat{\delta} = \left(\sum_{i=1}^{N} \sum_{t=2+p_i}^{T} \tilde{v}_{i,t-1} \tilde{e}_{i,t} \right) \Big/ \left(\sum_{i=1}^{N} \sum_{t=2+p_i}^{T} \tilde{v}_{i,t-1}^2 \right)$$

$$\hat{\sigma}_{\varepsilon}^2 = \frac{1}{N\tilde{T}} \sum_{i=1}^{N} \sum_{t=2+p_i}^{T} \left(\tilde{e}_{i,t} - v_{i,t-1}\hat{\delta} \right)^2$$

$$\tilde{T} = T - p - 1, \quad \bar{p} = \frac{1}{N} \sum_{i=1}^{N} p_i$$

$\tilde{T}$ 和 $\bar{p}$ 是个体 ADF 回归方程中的平均滞后长度。

模型 1 中的 $t_{\delta=0}$ 为正态分布，在模型 2 和模型 3 中的 $t_{\delta=0}$ 则呈发散分布状态，但能够用以下经调整后的 t 统计量来替代：

$$t_{\delta=0}^* = (t_{\delta=0} - N\tilde{T}\hat{S}_N \hat{\sigma}_{\varepsilon}^{-2} \text{STD}(\hat{\delta}) \mu_{\tilde{T}}^*) / \sigma_{m\tilde{T}}^*$$

Levin 等（2002）的研究结论证明，在原假设条件下，当 $T, N \to \infty$ 时，$t_\rho^* \Rightarrow N(0,1)$；在备择假设条件下，$t_\rho^*$ 将以 $\sqrt{NT}$ 的速度趋近于负无穷大。

2. Fisher-ADF 和 Fisher-PP 检验

Fisher-ADF 和 Fisher-PP 检验均是以 Fisher 原理为出发点，在对每个截面个体进行 ADF 检验的基础上，用与 ADF 统计量相对应的概率 p 来构建 ADF-Fisher χ^2 统计量 ADF-Choi 的 Z 统计量，其中原假设 H_0 为存在单位根。

当原假设成立时，ADF-Fisher 统计量：$\chi^2 = -2\sum_{i=1}^{N} \log(p_i)$ 符合 $\chi^2(2N)$ 分布。

ADF-Choi 统计量：$Z = \frac{1}{\sqrt{N}} \sum_{i=1}^{N} \Phi^{-1}(p_i)$，服从 $N(0,1)$ 分布，其中 $\Phi^{-1}(\cdot)$ 表示标准正态分布累计函数的反函数。如果概率 p 是通过 PP 检验计算出来的，还可以得到 PP-Fisher χ^2、PP-Choi Z 两个统计量。这 4 个统计量计算的都是每个截面个体单位根检验尾部概率的和。因此，如果这个值很小，应该落在 Fisher χ^2 和 Choi Z 统计量的拒绝域；而如果这个值很大，则落在 Fisher χ^2 和 Choi Z 统计量的接受域。

3. 面板单位根检验结果

为了保证结果的稳健性，这里使用以上三种方法进行检验。结果见表 7-2。

表 7-2　数据序列的平稳性检验

序列	LLC	ADF	PP
TH	−2.406（0.058）	24.425（0.438）	16.843（0.855）
ΔTH	−7.375（0.000）***	67.410（0.000）***	70.222（0.000）***
FN	−0.527（0.299）	25.229（0.392）	23.184（0.509）

序列	LLC	ADF	PP
ΔFN	−12.071（0.001）***	116.496（0.001）***	85.396（0.001）***
FR	−2.398（0.008）***	24.448（0.436）	24.316（0.443）
ΔFR	−9.290（0.000）***	81.326（0.000）***	121.325（0.000）***

注：Δ 为一阶差分

***表示在 1% 的显著性水平上显著

　　由表 7-2 的平稳性检验结果可知，无法拒绝原面板数据序列"存在单位根"的原假设，于是采用以上三种方法对各面板数据序列的差分序列进行平稳性检验，检验结果显示，三种检验方法下的结果均显著拒绝"存在单位根"的原假设。由此可知，西部地区金融外部结构指标 FR 及产业结构指标 FN、TH 序列均为一阶单整序列，记为 I（1），因此可对这些变量进行协整检验。

7.2.2　面板协整检验

　　协整是指就两个或多个时间序列中的单个序列来说具有非平稳性，但这些序列之间的线性组合却具有平稳性。如变量间存在协整关系，则表明这些经济变量在长期内存在均衡关系，这种长期均衡关系具体表现为系统中某一变量的变化会引起其他变量发生相应变化，每一次冲击只能在短时间内使协整系统偏离均衡位置，从长期来看该协整系统会自动恢复到均衡位置。

　　单纯时间序列的恩格尔–格兰杰（Engle-Granger，EG）、Johansen 协整检验存在一定的缺点，对于 EG 协整检验来说，如果数据样本量低于 100，其协整向量的普通最小二乘估计值将是有偏的。对于 Johansen 协整检验来说，由于该检验方法对变量的滞后长度十分敏感，当滞后长度不同时，其检验结果可能差异较大，当协整向量有多个时，会存在协整向量不易识别的问题。为了克服以上问题，此处将采用面板协整检验方法对样本进行实证分析。目前面板数据协整检验主要有两种方法：一种方法是在不存在协整关系的原假设条件下，依据 Engle 和 Granger（1987）的静态回归方程中的残差来构造相应的检验统计量，并以此来计算相应的临界值，具体分析在 Pedroni（2004）、Kao（1999）的文章中有详细介绍。另一种方法最先是由 McCoskey 和 Kao（1998）提出的，是在存在协整关系的原假设条件下，同样基于回归方程的残差来构造相应的统计量来进行检验，具体分析方法与 Shin（1994）、Kwiatowski等（1992）等所作的检验类似。下面将分别对这两种面板协整检验方法进行阐述。

1. Pedroni 协整方法

Pedroni 协整检验的详细方法可参考 Pedroni 的相关文献，这里仅对该检验方法的最核心部分进行简要介绍。根据前面的论述可知，Pedroni 协整检验方法是依据 Engle 和 Granger（1987）的静态回归方程中的残差来构造相应的检验统计量并计算相应的临界值，其中的残差是由以下协整方程获得

$$y_{i,t} = \alpha_i + \delta_i t + x_{i,t}^{\mathrm{T}} \beta_i + e_{i,t} \quad (t = 1, 2, \cdots, T; i = 1, 2, \cdots, N) \tag{7-3}$$

$$\beta_i = (\beta_{1,i}, \beta_{2,i}, \cdots, \beta_{M,i})^{\mathrm{T}}$$

$$x_{i,t} = (x_{1i,t}, x_{2i,t}, \cdots, x_{Mi,t})^{\mathrm{T}}$$

式（7-3）的数据可以是异质面板数据，因此允许是相异系数、固定效应、个体效应及确定性趋势。在原假设 H_0 下，设

$$Z_{i,t} = (y_{i,t}, x_{i,t}^{\mathrm{T}})^{\mathrm{T}}, \quad \xi_{i,t}^{\mathrm{T}} = \left(\xi_{i,t}^{y}, \xi_{i,t}^{x^{\mathrm{T}}} \right)$$

$$Z_{i,t} = Z_{i,t-1} + \xi_{i,t}$$

其中，当 $T \to \infty$ 时，$\dfrac{1}{\sqrt{T}} \sum_{t=1}^{T_i} \xi_{i,t} \Rightarrow B_i(\Omega_i)$，$B_i(\Omega_i)$ 为布朗运动向量，其渐进协方差由 Ω_i 的具体值来确定。为了消除回归量中的协整关系，设 Ω_i 为正定矩阵，对任意 i，$B_i(\Omega_i)$ 所处概率空间相同，当 $i \neq j$ 时，$E(\xi_{i,t}, \xi_{j,s}^{\mathrm{T}}) = 0$。

在以上假定下，Pedroni 分析了面板协整统计量的五种不同构成，其中有三种是以组内混合统计量为基础，有两种是以组间混合统计量为基础，并且对非参数修正项的使用方法进行了相应说明。如果把残差项的自回归系数记为 γ_i，则基于组内混合统计量检验及基于组间混合统计量检验的原假设和备择假设分别为

$$H_0: \gamma_i = 1, \quad H_1: \gamma_i = \gamma < 1 \tag{7-4}$$

$$H_0: \gamma_i = 1, \quad H_1: \gamma_i < 1 \tag{7-5}$$

与 Levin 和 Lin（1993）、Im（1997）等的分析类似，允许备择假设中存在异质性。在这样的原假设和备择假设下，Pedroni 定义的五种面板协整统计量分别为

$$Z_{\hat{V}NT} \equiv \left(\sum_{i=1}^{N} A_{22i} \right)^{-1}$$

$$Z_{\hat{\rho}N,T-1} \equiv \left(\sum_{i=1}^{N} A_{22i} \right)^{-1} \sum_{i=1}^{N} \left(A_{21i} - T\hat{\lambda}_i \right)$$

$$Z_{\hat{i}NT} \equiv \left(\tilde{\sigma}_{NT}^2 \sum_{i=1}^{N} A_{22i} \right)^{-1/2} \sum_{i=1}^{N} \left(A_{21i} - T\hat{\lambda}_i \right)$$

$$\tilde{Z}_{\hat{\rho}N,T-1} \equiv \sum_{i=1}^{N} A_{22i}^{-1} \left(A_{21i} - T\hat{\lambda}_i \right)$$

$$\tilde{Z}_{\hat{i}NT} \equiv \sum_{i=1}^{N} \left(\hat{\sigma}_i^2 A_{22i} \right)^{-1/2} \left(A_{21i} - T\hat{\lambda}_i \right)$$

下面先看基于组内混合统计量中第二个检验统计量，即面板统计量 ρ 的具体构成和使用情况。要进行非参数检验，首先需要对 Ω_i 和 $\hat{\mu}_{i,t}$ 的长期方差进行估计。

$$\hat{e}_{i,t} = \hat{\gamma}_i \hat{e}_{i,t-1} + \hat{\mu}_{i,t} \tag{7-6}$$

$\hat{e}_{i,t}$ 为面板协整方程式（7-3）的拟合残差，则

$$\hat{e}_{i,t} = \hat{\gamma}_i \hat{e}_{i,t-1} + \sum_{k=1}^{k_i} \hat{\gamma}_{i,k} \Delta \hat{e}_{i,t-k+} \hat{\mu}_{i,t}^* \tag{7-7}$$

在式（7-7）中，ADF 过程可以保证残差 $\hat{\mu}_{i,t}^*$ 为白噪声，因此可使用 $\hat{\mu}_{i,t}^*$ 来对式（7-7）进行估计。

具体可经过以下几个步骤来构建面板统计量 ρ。首先拟合式（7-3），获得回归残差值，然后对差分回归方程进行估计，即

$$\Delta y_{i,t} = \beta_i^{\mathrm{T}} \Delta x_{i,t} + \eta_{i,t} \quad (t = 1,2,\cdots,T; i = 1,2,\cdots,N) \tag{7-8}$$

通过残差项 $\hat{\eta}_{i,t}$，可计算出 Ω_i 的一致估计量。该一致估计量与 Newey-West 估计量类似，这里记为 $\hat{\Omega}_i$，由此可得

$$\hat{L}_{11i}^2 = \hat{\Omega}_{21i} - \hat{\Omega}_{21i} \hat{\Omega}_{22i}^{-1} \hat{\Omega}_{21i}^{\mathrm{T}} \tag{7-9}$$

使用式（7-6）中的 $\hat{\mu}_{i,t}$ 来计算其长期方差 $\hat{\sigma}_i^2$ 和 $\hat{\lambda}_i = \frac{1}{2}(\hat{\sigma}_i^2 - \hat{s}_i^2)$。其中，$\hat{s}_j^2$ 为 $\hat{\mu}_{i,t}$ 的简单方差。面板 ρ 统计量由式（7-10）得到：

$$T\sqrt{N}Z_{\hat{\rho}N,T-1} \equiv T\sqrt{N} \left(\sum_{i=1}^{N} \sum_{i=1}^{N} \hat{L}_{11i}^{-2} \hat{e}_{i,t-1}^2 \right) \sum_{i=1}^{N} \sum_{i=1}^{N} \hat{L}_{11i}^{-2} (\hat{e}_{i,t-1} \Delta \hat{e}_{i,t-1}^2 - \hat{\lambda}_i) \tag{7-10}$$

令 V 和 W 为相互独立维度分别是 1 和 M 的布朗运动，定义

$$\tilde{\beta} \equiv \left(\int WW^{\mathrm{T}} \right)^{-1} \int WV \tag{7-11}$$

$$Q \equiv V - \tilde{\beta}^{\mathrm{T}} W \tag{7-12}$$

得到布朗运动函数向量：

$$\gamma^{\mathrm{T}} \equiv \left(\int Q^2, \int Q\mathrm{d}Q, \hat{\beta}^{\mathrm{T}} \tilde{\beta} \right) \tag{7-13}$$

令 Θ 表示这些函数的均值向量，有

$$\Theta \equiv (\Theta_1, \Theta_2, \Theta_3) \tag{7-14}$$

Ψ 是 γ 的方差-协方差矩阵，$\Psi_j (j=1,2,3)$ 是 Ψ 的 $j \times j$ 阶上子矩阵。

定义 $\Theta_2^T = (-\Theta_1^{-1}, \Theta_2, \Theta_1^{-2})$。Pedroni 证明在原假设 H_0 的条件下，有

$$T\sqrt{N} Z_{\hat{\rho}N,T-1} - \Theta_2\Theta_1^{-1} \Rightarrow N(0, \Phi_2^T \Psi_2 \Phi_2) \qquad (7\text{-}15)$$

在备择假设下，该变量会向无穷大趋近，从而拒绝原假设，说明存在协整关系。将其运用到 Pedroni 所构建的所有五个统计量中，由此可得

$$\frac{Z_{NT} - \mu\sqrt{N}}{\sqrt{v}} \Rightarrow N(0,1) \qquad (7\text{-}16)$$

其中，修正项 μ 和 v 主要由维度 M 及回归方程中是否存在个体效应和趋势项来决定。Pedroni 采用的是 Monte Carlo 模拟方法来对 μ 和 v 的值进行具体估计。

2. McCoskey 和 Kao 协整方法

根据式（7-3），设 $\delta_i = 0$，McCoskey 和 Kao（1998）认为 $e_{i,t}$ 的具体构成两个部分，即

$$e_{i,t} = \theta\sum_{j=1}^{t}\mu_{i,j} + \mu_{i,t} \qquad (7\text{-}17)$$

回归量由式（7-18）得到：

$$x_{i,t} = x_{i,t-1} + w_{i,t} \qquad (7\text{-}18)$$

其中，$x_{i,t}$ 为 M 维。在原假设 H_0: $\theta = 0$ 成立的条件下，式（7-3）是协整回归方程。将截面单元间相互独立作为回归量间不存在协整关系的假定，定义 $w_{i,t} = (\mu_{i,t}, w_{i,t}^T)^T$ 的长期方差-协方差矩阵为

$$\Omega = \begin{pmatrix} \varpi_1^2 & \varpi_{12} \\ \varpi_{21} & \Omega_{22} \end{pmatrix} \qquad (7\text{-}19)$$

得到 LM 统计量：

$$\overline{\text{LM}} = \frac{\dfrac{1}{N}\sum_{i=1}^{N}\dfrac{1}{T^2}\sum_{t=1}^{T}S_{i,t}^{+2}}{\hat{\varpi}_{1,2}^2} \qquad (7\text{-}20)$$

其中，$\hat{\varpi}_{12}^2$ 为 $\hat{\varpi}_{12}^2 = \varpi_1^2 - \varpi_{1,2}\Omega_{2,2}^{-1}\varpi_{2,1}$ 的一致估计量。

$$\hat{\varpi}_{12}^2 = \varpi_1^2 - \varpi_{1,2}\Omega_{2,2}^{-1}\varpi_{2,1}$$

$$y_{i,k}^+ = \sum_{k=1}^{t}\left(y_{i,k}^+ - \alpha_i - \hat{\beta}_i^{+T} x_{i,k}\right)$$

其中，$\hat{\beta}_i^{+T}$ 为 β_i 的完全修正估计量（full-modified estimator，FM）。该统计量的构成过程要实现非参数修正，则需要一个 Ω 的一致估计量。通过修正项，FM 估计

量允许式（7-3）的残差存在序列相关，并允许回归变量具有内生性。McCoskey 和 Kao（1998）构建的调整 LM 统计量为

$$LM^+ = \frac{\sqrt{N}(\overline{LM} - \mu_v)}{\sigma_v} \qquad (7\text{-}21)$$

在原假设 H_0：$\theta = 0$ 成立的条件下，$LM^+ \Rightarrow N(0,1)$；在备择假设成立的条件下，较大的 LM^+ 值将拒绝原假设。式（7-21）中，μ_v 和 σ_v 分别为 Harris（1994）所定义的布朗运动复杂函数的均值和方差，其具体值由维度 M、个体效应、趋势项的情况来决定。

此外，combined Johansen 检验方法同 McCoskey 和 Kao 的方法类似。此处采用 combined Johansen 面板协整检验法。检验结果见表 7-3、表 7-4。

表 7-3　FR 与 FN 的 Johansen 面板协整检验结果表

原假设	Fisher 联合迹统计量（p 值）	Fisher 联合 $\lambda - \max$ 统计量（p 值）
0 个协整向量	75.801（0.000）***	73.034（0.000）***
至少 1 个协整向量	28.552（0.279）	27.545（0.279）

***表示在 1%的显著性水平上显著

表 7-4　FR 与 TH 的 Johansen 面板协整检验结果表

原假设	Fisher 联合迹统计量（p 值）	Fisher 联合 $\lambda - \max$ 统计量（p 值）
0 个协整向量	59.428（0.000）***	59.024（0.001）***
至少 1 个协整向量	20.142（0.689）	20.136（0.689）

***表示在 1%的显著性水平上显著

从表 7-3、表 7-4 可以得知 Fisher 联合迹统计量、Fisher 联合 $\lambda - \max$ 统计量在 1%的显著性水平下都拒绝原假设，所以存在面板协整关系。这说明在考察期内，西部地区金融外部结构与产业结构之间存在长期协整关系。在这一检验结果支持下，可进一步建立面板向量自回归模型。

7.2.3　PVAR 模型估计

1. PVAR 的一般模型

Chamberlain（1984）在 PVAR 模型的研究方面进行了开创性工作，提出了基于面板数据建立 VAR 模型的问题，但 Chamberlain 的模型中设定了一个极强假

设，通过假定第一期的观察相当于第一期个体单位的寿命（life）来避免限制滞后长度，即滞后期 m 长度与时期 t 之间存在 $m(t)=t-1$ 这样的对应关系，而实际上经常很难观察每个经济单位的整个寿命（life、history），这就需要根据已有的观察数据提出一些假设来确定时间序列 x 和 y 之间的关系。

为此，Holtz-Eakin 等（1988）在 Chamberlain（1984）模型的基础上，构建了一类个体固定效应时变（nonstationarities across time）系数的面板数据向量自回归模型，并将该模型用于分析美国男性工人的工作时间与工资收益间的动态关系。其构建的模型如下：

$$y_{it} = a_{0,t} + \sum_{l=1}^{m} a_{l,t} y_{i,t-1} + \sum_{l=1}^{m} \delta_{l,t} x_{i,t-1} + \psi_t f_i + \mu_{i,t} \tag{7-22}$$

其中，N 为横截面观察个体；T 为这些观察个体的时间；i 和 t 分别为个体和时间，$i=1,\cdots,N$，$t=1,\cdots,T$；f_i 为未观察个体效应；$a_{0,t}$、$a_{l,t}$、$\delta_{l,t}$、ψ_t 均为待估系数。同时设定 $\mu_{i,t}$ 满足当 $i<s$ 时，$\mu_{i,t}$ 与 $y_{i,s}$、$x_{i,s}$、f_i 正交，即

$$E[y_{i,s}\mu_{i,t}] = E[x_{i,s}\mu_{i,t}] = E[f_i\mu_{i,t}] = 0 \quad (i<s) \tag{7-23}$$

其中，$T \geq m+3$，m 为滞后期数，y_{it} 属于可观察变量。据此，Holtz-Eakin 等（1988）提出了广义距估计法（generalized method of moments，GMM）来对模型参数进行估计。但他们构建的这些模型只考察了存在一个内生变量的情形，对于存在多个内生变量的情形并没加以考虑。Pesaran 和 Smith（1995）在对 Chamberlain、Holtz-Eakin 等学者的既有成果进行系统回顾的基础上指出，对于面板数据来说，当 N 较小，T 足够大时，可在构建每个变量个体平均时间序列的基础上，通过时间序列 VAR 模型来对模型参数进行估计。但当 N 较大，T 相对较小时，此种估计方法将难以适用。在此基础上，Phillips 和 Moon（1999）提出了 N 和 T 都较大时的非平稳面板数据估计方法。

对于面板数据序列中的个体相关（interdependencies）和时变参数（time variations）估计问题，Canova 和 Ciccarelli（2004）设计了一个可靠的分析框架，并结合 Bayesian 方法和指数模型，成功解决了面板向量自回归模型中存在个体相关及非平稳情形下的参数估计问题。此外，Binder（2003）对面板数据中 N 较大、T 较小，且时间序列存在单位根和协整关系时的随机效应和固定效应 PVAR 模型参数估计问题进行了深入探讨，研究结果证明，当面板数据中个体独立时，采用广义距估计和准极大似然（quasi maximum likelihood，QML）估计对 PVAR 模型的参数进行估计均是无效的，而扩展的广义距估计（extend GMM）和 QML 估计方法则是有效的，而且 QML 估计的有效性更高。具体来看，Binder（2003）构建的模型如下：

$$w_{i,t} = (I_m - \Phi)\mu_i + \Phi w_{i,t-1} + \varepsilon_{i,t} \tag{7-24}$$

其中，$w_{i,t}$ 为 $m \times 1$ 维随机变量，$i=1,2,\cdots,N$，$t=1,2,\cdots,T$；$\varPhi$ 为 $m \times m$ 维横截面系数矩阵；μ_i 为 $m \times 1$ 维向量个体固定效应，是随机干扰项。PVAR 的一般模型可表示为

$$Y_{i,t} = \gamma_0 + \sum_{k=1}^{m} \varPhi_{t,k} Y_{i,t-k} + \sum_{j=1}^{m} \psi_{i,j} X_{i,t-j} + \gamma_i + \mu_{i,t} \quad (i=1,2,\cdots,N; t=1,2,\cdots,T) \quad (7\text{-}25)$$

其中，$Y_{i,t}$ 为截面个体 i 在 t 时点 M 个可观测变量的 $M \times 1$ 维向量；$X_{i,t-j}$ 为可观测的确定性严格外生变量的 $M \times 1$ 维向量；$\varPhi_{t,k}$、$\psi_{i,j}$ 为 $M \times M$ 维的待估系数矩阵；γ_i 为个体 i 的 M 个不可观测的个体固定效应矩阵；$\mu_{i,t}$ 为随机误差项。在实际应用中，往往是滞后内生、外生变量的待估系数矩阵为非时变的情形，即

$$Y_{i,t} = \gamma_0 + \sum_{k=1}^{m} \varPhi_k Y_{i,t-k} + \sum_{j=1}^{m} \psi_j X_{i,t-j} + \gamma_i + \mu_{i,t} \quad (i=1,2,\cdots,N; t=1,2,\cdots,T) \quad (7\text{-}26)$$

式（7-26）的估计方法和假设均可以进行简单的推广便适用于式（7-25），因此本章为了讨论的方便，下面的分析均针对式（7-26）。

2. PVAR 模型的假设及识别

PVAR 模型的假设主要有以下三个方面。

假设 1：对于任意个体数 N 和任意时期长度 T，$Y_{1t}, Y_{2t}, \cdots, Y_{Nt}$ 均为可观察变量。

假设 2：对于任意 $i=1,2,\cdots,N$，$t=1,2,\cdots,T$，$\mu_{i,t}$ 随机误差项为零期望、协方差矩阵为 $\varOmega$ 的独立同分布随机变量，即 $\mu_{i,t} \sim i.i.d(0,\varOmega)$。

假设 3：当 $s<t$ 时，$Y_{i,t}$、$X_{i,t}$ 和 γ_i 与随机误差项正交，即

$$E[Y_{i,s}\mu_{i,t}] = E[X_{i,s}\mu_{i,t}] = E[\gamma_i\mu_{i,t}] = 0 \quad (s<t) \quad (7\text{-}27)$$

模型识别是指对模型中的系数、滞后期等参数进行估计和判断。对式（7-26）进行一阶差分，可得

$$\Delta Y_{i,t} = \Delta \sum_{k=1}^{m} \varPhi_k Y_{i,t-k} + \Delta \sum_{j=1}^{m} \psi_j X_{i,t-j} + \Delta\mu_{i,t} \quad (7\text{-}28)$$

由前面的假设可知，当 $s<t-1$ 时，

$$E[\Delta Y_{i,s}\mu_{i,t}] = E[\Delta X_{i,s}\mu_{i,t}] = 0 \quad (s<t-1) \quad (7\text{-}29)$$

假设 $\Delta y_{i,t}^j$ 是向量 $Y_{i,t}$ 中的第 j 个变量，则 $y_{i,t}^j$ 的一阶差分是向量

$$\Delta y_{i,t}^j = \sum_{k=1}^{m} \phi_k^j Y_{i,t-k} + \sum_{l=1}^{m} \psi_i^j \Delta X_{i,t-j} + v_{i,t}^j \quad (7\text{-}30)$$

其中，$\nu_{i,t}^{j}$ 为内生变量为 $y_{i,t}^{j}$ 的单方程一阶差分模型的随机误差项，即 $\nu_{i,t}^{j}=\Delta\mu_{i,t}^{j}$，$1\times m$ 维向量 $\phi_{k}^{j}=(\phi_{1,l}^{j},\phi_{2,l}^{j},\cdots,\phi_{m,l}^{j})$，$\psi_{l}^{j}=(\psi_{1,l}^{j},\psi_{2,l}^{j},\cdots,\psi_{m,l}^{j})$，其中 $l=1,2,\cdots,p$。

由正交条件可知式（7-30）存在工具变量向量：

$$Z_{i,j}=[1,\Delta Y_{i,t-2}^{\mathrm{T}},\Delta Y_{i,t-3}^{\mathrm{T}},\cdots,\Delta Y_{i,2}^{\mathrm{T}},\Delta X_{i,t-2}^{\mathrm{T}},\Delta X_{i,t-3}^{\mathrm{T}},\cdots,\Delta X_{i,2}^{\mathrm{T}}]^{\mathrm{T}} \tag{7-31}$$

即式（7-30）的工具变量个数为 $2t-3$。

式（7-30）的可识别条件是，工具变量数至少等于模型右侧的变量个数，因此，当 $2t-3\geqslant 2m+3$ 时，即 $t\geqslant m+3$ 时式（7-30）是可识别的。所以式（7-26）可识别的条件是 $t\geqslant m+3$。但是对于式（7-28），由于差分转换，模型中将有 $(T-m-2)2(m+1)$ 个待估参数，加上常数项将有 $(T-m-2)2(m+1)+1$ 个待估参数。因此，考虑常数项时，需要满足 $(T-m-2)2(m+1)+1\geqslant 2(m+3)$，其中 $2(m+3)$ 是式（7-28）中的变量个数，即满足 $T\geqslant 2(m+3)$，则式（7-28）才能充分识别，其中 m 表示滞后期数。

3. PVAR 模型的参数估计

因为 PVAR（1）模型的结论进行简单的推导便可适用于 PVAR（m）模型，下面将主要研究有共同确定性事件趋势的固定效应 PVAR（1）模型的 GMM 参数估计问题。固定效应 PVAR（1）模型如下：

$$(I_{m}-\phi L)(Y_{i,t}-\gamma_{i}-\delta_{t})=\mu_{i,t} \tag{7-32}$$

对于个体 i，式（7-32）的一阶差分形式为

$$\Delta Y_{i,t}-\delta=\phi(\Delta Y_{i,t-1}-\delta)+\Delta\mu_{i,t}\quad(t=2,3,\cdots,T) \tag{7-33}$$

于是得到矩条件

$$E\left\{\left[(\Delta Y_{i,t}-\delta)-\phi(\Delta Y_{i,t-1}-\delta)\right]Q_{i,t}^{\mathrm{T}}\right\}=0\quad(t=2,3,\cdots,T) \tag{7-34}$$

其中，$Q_{i,t}^{\mathrm{T}}=(1,Y_{i,0}^{\mathrm{T}},Y_{i,1}^{\mathrm{T}},\cdots,Y_{i,t-2}^{\mathrm{T}})^{\mathrm{T}}$，令

$$\Delta Y_{i}=(\Delta Y_{i,2},\Delta Y_{i,3},\cdots,\Delta Y_{i,T})^{\mathrm{T}},\quad \Delta\mu_{i}=(\Delta\mu_{i,2},\Delta\mu_{i,3},\cdots,\Delta\mu_{i,T})^{\mathrm{T}}$$

$$\Delta Y_{i-1}=(\Delta Y_{i,1},\Delta Y_{i,2},\cdots,\Delta Y_{i,T-1})^{\mathrm{T}}$$

$$R_{i}=[Y_{i-1},l_{T-1}],\quad \Lambda=[\phi,\psi],\quad \psi=[I_{m}-\phi]\delta$$

将 $r-1$ 个式（7-33）"堆积"得到

$$\Delta Y_{i}=R_{i}\Lambda+\Delta\mu_{i}\quad(i=1,2,\cdots,N) \tag{7-35}$$

同时，式（7-35）左乘工具变量矩阵

$$Q_i = \begin{vmatrix} Q_{i2} & 0 & \cdots & 0 \\ 0 & Q_{i3} & \cdots & 0 \\ \vdots & \vdots & & \vdots \\ 0 & 0 & \cdots & Q_{ir} \end{vmatrix} \tag{7-36}$$

$$Q_i \Delta Y_i = Q_i R_i \Lambda + Q_i \Delta \mu_i \tag{7-37}$$

Binder（2003）通过求解最小化问题的解，即

$$\min_{\lambda} \left\{ \left[\sum_{i=1}^{N} ((Q_i \otimes I_m) \mathrm{Vec}(\Delta Y_i) - (Q_i R_i \otimes I_m) \mathrm{Vec}(\Lambda)) \right]^{\mathrm{T}} \right.$$

$$\times \left[\sum_{i=1}^{N} (Q_i \otimes I_m) \sum (Q_i \otimes I_m)^{\mathrm{T}} \right]^{-1} \tag{7-38}$$

$$\left. \times \left[\sum_{i=1}^{N} (Q_i \otimes I_m) \mathrm{Vec}(\Delta Y_i) - (Q_i R_i \otimes I_m) \mathrm{Vec}(\Lambda)) \right] \right\}$$

得到 Λ 的估计。其中，

$$\Sigma = \begin{vmatrix} 2\Omega & -\Omega & 0 & \cdots & 0 \\ -\Omega & 2\Omega & -\Omega & \cdots & 0 \\ 0 & -\Omega & 2\Omega & \cdots & 0 \\ \vdots & \vdots & \vdots & & \vdots \\ 0 & 0 & 0 & \cdots & 2\Omega \end{vmatrix}$$

$$E\left\{ \left[(\Delta Y_{i,t} - \delta) - \phi(\Delta Y_{i,t-1} - \delta) \right] \left[(\Delta Y_{i,t} - \delta) - \phi(\Delta Y_{i,t-1} - \delta) \right]^{\mathrm{T}} - 2\Omega \right\} = 0 \quad (t=2,3,\cdots,T) \tag{7-39}$$

可以估计 $\mu_{i,t}$ 的协方差矩阵 Ω。

如果式（7-32）的所有根均在单位圆外，即式（7-32）是趋势平稳 PVAR 过程，当 $N \to \infty$ 时，上述 GMM 估计是一致的，并且服从渐近正态分布。

4. 模型估计结果

根据本章的研究目标，构建有关金融外部结构和产业结构为基本变量的 PVAR 模型如下：

$$V_{i,t} = B_0 + \sum_{j=1}^{k} B_j V_{i,t-j} + \eta_i + \varphi_t + \varepsilon_{i,t}$$

其中，$V_{i,t}$ 为一个包含两变量的列向量 $\{\mathrm{FN}, \mathrm{FR}\}^{\mathrm{T}}$，$\mathrm{FN}_{i,t}$ 为 t 时刻第 i 个省（自治区、直辖市）的非农产业占比，$\mathrm{FR}_{i,t}$ 为 t 时刻第 i 个省（自治区、直辖市）的金融外部结构指标。若需要研究的对象是金融外部结构与第三产业占比之间的互动

关系，则 $V_{i,t}$ 是一个包含两变量的列向量 $\{TH,FR\}^T$，其中 $TH_{i,t}$ 为 t 时刻第 i 个省（自治区、直辖市）的第三产业占比，$FR_{i,t}$ 仍为 t 时刻第 i 个省（自治区、直辖市）的金融外部结构指标。PVAR 模型的约束条件是：每个省（自治区、直辖市）的金融外部机构调整影响产业结构的基本结构相同。由于这一约束条件在现实中并不成立，本章通过把固定效应引入模型，即允许变量"区域异质性"的存在，这里用变量 η_i 来表示这种区域异质性特征；用 φ_t 表示时间效应，主要用来解释系统变量里的趋势特征；$\varepsilon_{i,t}$ 为服从正态分布的随机扰动。

在去除地区固定效应和时间效应后，应用 GMM 估计可得到模型参数的估计值，表 7-5 和表 7-6 为 $\{FN,FR\}^T$ 和 $\{TH,FR\}^T$ 的具体参数估计结果。其中，最优滞后期为 1 期，选择时遵循的是赤池信息准则（Akaike information criterion，AIC）。

表 7-5　FN 与 FR 的 PVAR 模型 GMM 估计结果表

变量的滞后	FN	FR
FN（$t-1$）	0.645***	0.140*
	(4.257)	(1.681)
FR（$t-1$）	3.588*	0.313
	(1.794)	(0.913)

***表示在 1%的显著性水平上显著；*表示在 10%的显著性水平上显著

表 7-6　TH 与 FR 的 PVAR 模型 GMM 估计结果表

变量的滞后	TH	FR
TH（$t-1$）	1.381**	−0.051
	(2.108)	(−0.521)
FR（$t-1$）	−2.206**	0.619**
	(−2.172)	(4.677)

**表示在 5%的显著性水平上显著

由表 7-5 可知，西部地区金融外部结构 FR 对非农产业占比 FN 在 10%水平上具有显著的正向影响，影响度为 3.588%；非农产业占比 FN 对金融外部结构 FR 在 10%水平上具有显著正向的影响，影响度为 0.140%，但影响的绝对值较低。由表 7-6 的 PVAR 估计结果可知，金融外部结构对第三产业占比 TH 在 5%水平上具有显著的反向影响，影响度为−2.206%；第三产业占比对金融外部结构也存在反向影响，但这种影响并不显著，影响度为−0.051%。

7.3　金融外部结构与产业结构的脉冲响应分析及方差分解

在实证研究中，要想对 PVAR 模型中的每个参数估计值做出准确解释，其难度相对较大。为了解决这一问题，可以 PVAR 模型为依据建立脉冲响应函数，通过观察模型中系统变量的脉冲响应情况来对参数估计值进行解释。脉冲响应函数考察的是内生变量如何对系统中的误差变化进行响应，即在其他变量不存在冲击时，扰动项的一个标准差大小冲击对内生变量当期值和未来值变动趋势及变动大小的影响，该模型能较直观地描述出变量之间的动态交互关系及时滞关系。由于实际残差的方差-协方差矩阵可能为对角矩阵，VAR 系统的误差项具有相关性，存在一个不能被任何特定变量所识别的共同组成部分，此时要对脉冲响应函数进行准确解释的难度较大。为此，本书采用 Cholesky 残差的方差-协方差矩阵分解来使系统中的误差项正交。为了构建脉冲响应函数分析所需的置信区间，本书利用 GMM 估计出的系数及它们的方差-协方差矩阵随机生成大量系数，并重新计算其冲击响应，这一过程进行了 500 次，具体脉冲响应的结果如图 7-1～图 7-8 所示。其中图 7-1～图 7-4 为西部地区金融外部结构与非农产业占比之间的 PVAR 正交化脉冲响应，图 7-5～图 7-8 为西部地区金融外部结构与第三产业占比之间的 PVAR 正交化脉冲响应。图 7-1～图 7-8 中的横轴为追溯期数，这里为 6，纵轴为因变量对各变量冲击的响应大小，中间实线为响应函数曲线，外侧两条线为两倍标准差的置信区间。

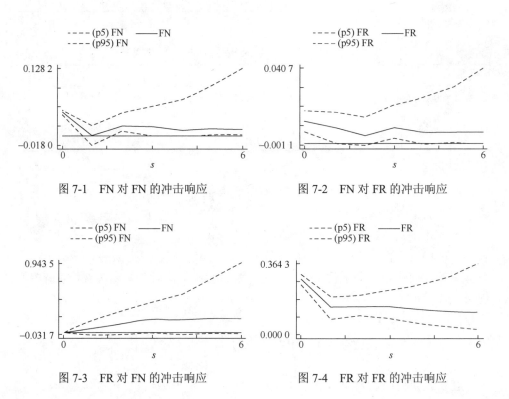

图 7-1　FN 对 FN 的冲击响应　　　　图 7-2　FN 对 FR 的冲击响应

图 7-3　FR 对 FN 的冲击响应　　　　图 7-4　FR 对 FR 的冲击响应

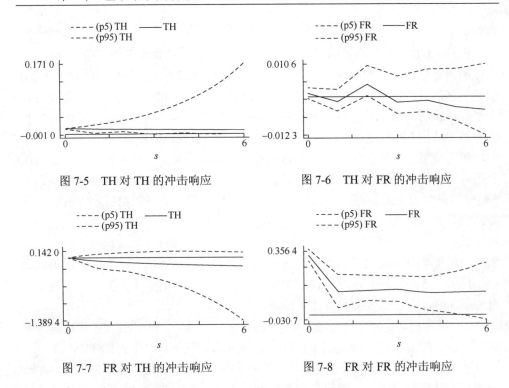

图 7-5　TH 对 TH 的冲击响应　　　　图 7-6　TH 对 FR 的冲击响应

图 7-7　FR 对 TH 的冲击响应　　　　图 7-8　FR 对 FR 的冲击响应

图 7-1 和图 7-2 分别是非农产业占比 FN 对自身冲击的响应及对金融外部结构 FR 冲击的响应。由图 7-1 和图 7-2 可知，当非农产业占比 FN 受到自身的一个标准差信息冲击之后，即期表现出一个最强的正向响应，之后其响应程度呈逐渐下降收敛趋势，但无论从短期还是从长期来看，其响应始终为正向。这说明非农产业占比 FN 的提升对自身的进一步升级具有促进作用，当然这种作用会随着时间的推移而逐渐减弱。当金融外部结构 FR 产生一个标准差信息冲击时，非农产业占比 FN 在即期仍表现为一个最大的正向响应，之后虽有所波动，但其响应始终为正向。说明金融外部结构的调整有利于非农产业所占比例的提升，二者呈正向关系，且短期效应大于长期效应。

图 7-3 和图 7-4 分别是金融外部结构 FR 对来自非农产业占比 FN 和自身冲击的响应情况。从图 7-3 和图 7-4 中可以看到，当非农产业占比 FN 产生一个标准差信息冲击时，金融外部结构 FR 在即期响应为 0，之后则呈现为一种正向响应，且这种响应有逐渐增大的趋势。这说明非农产业占比 FN 在即期虽然对金融外部结构调整没有影响，但从长期看有利于金融外部结构调整。当金融外部结构受到自身的一个标准差信息冲击时，即期响应最大，之后虽逐渐下降收敛。但无论从短期还是长期看，其响应均为正向。这说明金融外部结构调整对自身具有促进作用，且这种作用在即期最显著。随着时间的推移，这种作用会逐渐

减弱。

　　图 7-5 和图 7-6 分别是第三产业占比 TH 对来自自身和金融外部结构 FR 的一个标准差信息冲击时的响应。从图 7-5 和图 7-6 中可以看到，当第三产业占比 TH 受到来自自身的一个标准信息差冲击时，其即期和远期响应均为正向，且始终较为平稳，说明在西部地区第三产业的发展能稳定地促进其自身的进一步增长。当金融外部结构 FR 产生一个标准差信息冲击时，第三产业占比 TH 在即期为正向响应，但之后呈现一种波动状态，总体上看，更多地表现为一种反向响应，这说明金融外部结构对第三产业占比 TH 的调整具有反向作用。说明金融外部结构指标 FR 的提升并没导致第三产业占比的增长，相反，还可能导致第三产业占比的下降。究其原因，这是因为金融外部结构更多地表现为一种金融总量特征。在西部地区第二产业发达而第三产业相对滞后的情况下，金融资产总量虽有增加，但增加的金融资产更多投向了第二产业而非第三产业。因此，第三产业总量虽也有增加，但第二产业的增长速度更快，增长的绝对值和相对值更大，所以当金融资产总量增加时，第三产业的相对比重反而呈现出下降趋势。

　　图 7-7 和图 7-8 分别是金融外部结构 FR 对来自第三产业占比 TH 和自身一个标准差信息冲击时的响应。由图 7-7 和图 7-8 可知，当第三产业占比 TH 产生一个标准差信息冲击时，金融外部结构 FR 的响应在即期为 0，随着时间的推移，逐渐呈现出一种反向响应。这说明在考察期内，西部地区第三产业的发展对金融外部结构的调整具有抑制效应。这从一定程度上反映了西部地区第三产业发展滞后，产出效率较低的现实状况。第三产业这种低效率的发展状况不但不利于金融外部结构的调整，反而抑制了区域金融的发展。当金融外部结构受到来自自身的一个标准差信息冲击时，其即期响应达到最大值。虽随着时间的推移，这种正向响应显示出逐渐收敛，但始终为正向。这说明金融外部结构调整有利于自身的进一步发展。

　　总体上看，脉冲响应结果显示，金融外部结构 FR 的增长能促进非农产业占比的提升，非农产业占比的提升反过来也对金融外部结构 FR 的增长具有促进效用。即在考察期间，西部地区金融外部结构与非农产业占比之间具有正向的相互促进作用。而对于第三产业来说，金融外部结构 FR 的增长对第三产业占比的影响虽然有波动，但整体表现为一种反向效应，第三产业的增长也对金融外部结构 FR 具有反向作用。即在考察期间，西部地区金融外部结构与第三产业之间具有相互抑制作用。

　　为了进一步考察金融外部结构 FR 和非农产业占比 FN 以及金融外部结构 FR 与第三产业占比 TH 间的波动性，下面将利用方差分解技术对 FR 和 FN，以及 FR 和 TH 的预测均方误差进行分解，并测算每个变量的相对重要性，进一步度量西部地区金融外部结构与产业结构冲击作用的构成。对于不同模型的方差分解，表 7-7、

表 7-8 给出了第 10 个预测期、20 个预测期和 30 个预测期的方差分解结果。

表 7-7　两变量 $\{FN，FR\}^T$ 的 PVAR 的方差分解结果表

指标	S	FN	FR
FN	10	0.560	0.440
FR	10	0.138	0.862
FN	20	0.546	0.454
FR	20	0.150	0.850
FN	30	0.544	0.456
FR	30	0.150	0.850

表 7-8　两变量 $\{TH，FR\}^T$ 的 PVAR 的方差分解结果表

指标	S	TH	FR
TH	10	0.882	0.118
FR	10	0.127	0.873
TH	20	0.880	0.120
FR	20	0.120	0.880
TH	30	0.880	0.120
FR	30	0.120	0.880

由表 7-7 可知，在 10、20、30 个预测期，非农产业占比的变动来源于自身的比例分别为 56.019%、54.560% 和 54.424%，金融外部结构 FR 对非农产业占比变动的影响分别为 43.981%、45.440% 和 45.576%，其贡献率略小于非农产业占比自身变动的贡献率。而金融外部结构 FR 的变动来源于自身的比例分别为 86.255%、85.015% 和 85.015%，非农产业占比对金融外部结构 FR 变动的影响分别仅为 13.745%、14.985% 和 14.985%，对金融外部结构 FR 变动的贡献率相对较小。

由表 7-8 可知，在 10、20、30 个预测期，第三产业占比的变动也主要来源于自身，分别占到 88.197%、87.979% 和 87.978%，来源于金融外部结构 FR 的仅占到 11.803%、12.021% 和 12.021%，金融外部结构 FR 对第三产业占比调整的贡献率较小，产业结构调整主要依靠自身结构变动的促进。金融外部结构 FR 的变动来源于自身波动的分别为 87.297%、87.976% 和 87.978%，来自第三产业波动的则分别为 12.703%、12.024% 和 12.022%，金融外部结构调整也主要依靠自身结构变动的促进。

由此可见，方差分解结果显示，西部地区金融外部结构 FR 的变动主要来自自身；产业结构对其变动的影响相对较小。而从产业结构视角看，金融外部结构 FR 对非农产业占比 FN 的变动贡献率较大，对第三产业占比变动的贡献率较小。

西部地区主要处于金融结构调整带动产业升级阶段，而不是产业升级促进金融结构调整阶段。

7.4　金融外部结构与产业结构的格兰杰因果关系检验

根据 Granger（1969）的研究，如果两个非平稳时间序列变量存在协整关系，那么这两个变量至少在一个方向上存在格兰杰因果关系。这一结论解决了如何判断"X 是否引起 Y"的问题，即判断过去的 X 能在多大程度上解释现在的 Y 的问题，以及在系统中引入 X 的滞后值能否提高对 Y 解释度的问题。如果 X 有助于对 Y 的预测，或 X 与 Y 的相关系数统计显著，就可以说"X 是 Y 的格兰杰原因，或者说 Y 是由 X 格兰杰引起的"。格兰杰因果关系检验假定有关变量的预测信息全部包含在这些变量的时间序列之中，检验要求估计以下的两个回归方程：

$$Y_t = \sum_{j=1}^{m} a_j X_{t-j} + \sum_{j=1}^{m} b_j Y_{t-j} + \varepsilon_t \tag{7-40}$$

$$X_t = \sum_{j=1}^{m} a_j Y_{t-j} + \sum_{j=1}^{m} b_j X_{t-j} + \varepsilon_t \tag{7-41}$$

总体上看，传统的格兰杰因果检验法主要适用于时间序列数据。当面对具有时间和个体双重维度的面板数据序列时，其适用性就相对较差。Hurlin 和 Venet（2001）在遵循传统格兰杰因果检验思想的基础上，第一次提出了固定系数面板数据的格兰杰检验方法。由于面板数据同时包含时间和截面两个维度的数据，能有效增大样本数量、提高格兰杰因果检验的自由度，减少解释变量间的共线性，所以基于面板数据的这种格兰杰因果检验具有更强的有效性。在此基础上，Hurlin（2004）进一步提出了固定系数异质面板数据的格兰杰因果检验方法。在 Hurlin 和 Venet（2001）的检验方法中，他们基于面板数据的 VAR 过程，对于每一个截面 i 和时间 t 均检测了滞后 $p(p \in \mathbf{R})$ 期的模型。

$$Y_{i,t} = \sum_{k=1}^{p} \gamma^{(k)} Y_{i,t-1} + \sum_{k=1}^{p} \beta^{(k)} X_{i,t-1} + V_{i,t} \tag{7-42}$$

$$X_{i,t} = \sum_{k=1}^{p} \gamma^{(k)} X_{i,t-1} + \sum_{k=1}^{p} \beta^{(k)} Y_{i,t-1} + V_{i,t} \tag{7-43}$$

其中，$V_{i,t} = a_i + \omega_t + \varepsilon_{i,t}, \varepsilon_{i,t} \sim i.i.d(0, \sigma_\varepsilon^2)$；$X$、$Y$ 为两个不同的变量。在式（7-42）中，假定 Y 与其自身及 X 的过去值有关，如果估计结果表明 X 项的系数和显著不等于零，则说明有 X 到 Y 的单向格兰杰因果关系，即变量 X 引起变量 Y。在式（7-43）中，假定 X 与其自身及 Y 的过去值有关，如果估计结果表明 Y 的系数和显著不等于零，则说明有 Y 到 X 的单向格兰杰因果关系。若二者都显著不等于零，则说明

变量 X 和 Y 之间存在双向格兰杰因果关系。遵循这一思路，此处的格兰杰因果检验可基于如下误差修正模型进行：

$$\Delta FN_{it} = \gamma_{1g} + \sum_{p}\gamma_{11ip}\Delta FN_{it-p} + \sum_{p}\gamma_{12ip}\Delta FR_{it-p} + \psi_{1i}ecm_{t-1}$$

$$\Delta FR_{it} = \gamma_{2g} + \sum_{p}\gamma_{21ip}\Delta FR_{it-p} + \sum_{p}\gamma_{22ip}\Delta FN_{it-p} + \psi_{2i}ecm_{t-1}$$

$$\Delta TH_{it} = \gamma_{3g} + \sum_{p}\gamma_{31ip}\Delta TH_{it-p} + \sum_{p}\gamma_{32ip}\Delta FR_{it-p} + \psi_{3i}ecm_{t-1}$$

$$\Delta FR_{it} = \gamma_{4g} + \sum_{p}\gamma_{41ip}\Delta FR_{it-p} + \sum_{p}\gamma_{12ip}\Delta TH_{it-p} + \psi_{4i}ecm_{t-1}$$

由表 7-9 的检验结果可知，非农产业占比 FN 与金融外部结构 FR 之间的 ecm_{t-1} 至少在 5%水平显著。说明在长期内，非农产业占比 FN 与金融外部结构 FR 之间存在着双向格兰杰因果关系，即非农产业占比是金融外部结构 FR 的格兰杰原因，同时，金融外部结构 FR 也是非农产业占比 FN 的格兰杰原因。在短期内，金融外部结构 FR 滞后一阶、二阶和非农产业占比 FN 之间存在格兰杰单向因果关系，即金融外部结构是非农产业占比的格兰杰原因，但非农产业占比不是金融外部结构的格兰杰原因。由表 7-10 的检验结果可知，第三产业占比和金融外部结构之间的 ecm_{t-1} 均在 1%水平显著，说明二者在长期内存在双向格兰杰因果关系。在金融外部结构 FR 滞后二阶，存在金融外部结构 FR 到第三产业占比 TH 的单向因果关系，即金融外部结构 FR 是第三产业占比 TH 的格兰杰原因，但第三产业占比 TH 不是金融外部结构 FR 的格兰杰原因。

表 7-9　FN 与 FR 之间的格兰杰因果检验结果表

估计系数	FR_{t-1}	FR_{t-2}	FN_{t-1}	FN_{t-2}	ecm_{t-1}
FR	0.671*	−0.886	0.412	0.600	−0.843***
FN	0.490*	1.033**	0.810*	−1.044	−0.986**

***表示在 1%的显著性水平上显著；**表示在 5%的显著性水平上显著；*表示在 10%的显著性水平上显著

表 7-10　TH 与 FR 之间的格兰杰因果检验结果表

估计系数	FR_{t-1}	FR_{t-2}	TH_{t-1}	TH_{t-2}	ecm_{t-1}
FR	0.567*	−0.005	0.483	−0.714	−0.145***
TH	0.001	0.211*	−0.006**	0.031**	−0.550***

***表示在 1%的显著性水平上显著；**表示在 5%的显著性水平上显著；*表示在 10%的显著性水平上显著

由此可见，格兰杰因果检验结果表明，从长期来看，西部地区金融外部结构调整与产业结构升级之间存在着双向格兰杰因果关系，金融外部结构调整是产业结构升级的格兰杰原因,产业结构升级也是金融外部结构的格兰杰原因。但从短期来看,金融外部结构调整与产业结构升级之间仅存在单向因果关系,即金融外部结构调整是产业结构升级的格兰杰原因,但产业结构升级不是金融外部结构调整的格兰杰原因。这进一步印证了西部地区目前还主要处于金融结构调整带动产业结构升级,而不是产业结构升级促进金融资产结构调整阶段。

7.5　本章小结

为了考察金融外部结构与产业结构之间的协调互动关系,本章在对样本数据序列进行面板单位根检验基础上,运用 combined Johansen 面板协整检验方法对金融外部结构与产业结构之间的关系进行协整检验,通过构建面板数据向量自回归模型,采用脉冲响应和方差分解技术研究二者相互冲击响应和相互影响的方向和大小,最后应用面板数据格兰杰因果检验对二者的因果关系进行实证研究,得出以下主要结论。

第一,西部地区金融外部结构指标和产业结构指标样本数据序列均为一阶单整序列,金融结构与产业结构之间存在着协整关系。

第二,西部地区金融外部结构 FR 的增长能促进非农产业占比的提升,非农产业占比的提升反过来也对金融外部结构 FR 的增长具有促进效应。即在考察期间,西部地区金融外部结构与非农产业占比之间具有相互的正向促进作用。而对于第三产业来说,金融外部结构 FR 的增长对第三产业占比具有反向效应,第三产业的增长也对金融外部结构 FR 具有反向作用。即在考察期间,西部地区金融外部结构与第三产业之间具有相互抑制效应。

第三,西部地区金融外部结构 FR 的变动主要来自自身,产业结构对其变动的影响相对较小。同时,金融外部结构 FR 对非农产业占比 FN 变动的贡献率较大,对第三产业占比变动的贡献率较小。西部地区主要处于金融结构调整带动产业结构升级阶段,而不是产业结构升级带动金融结构调整阶段,产业结构对金融结构调整的反作用力相对较弱。

第四,西部地区金融外部结构与产业结构之间在长期存在双向格兰杰因果关系,金融外部结构是产业结构的格兰杰原因,产业结构也是金融外部结构的格兰杰原因。从短期来看,金融外部结构 FR 与产业结构之间仅存在单向因果关系,即金融外部结构 FR 是产业结构的格兰杰原因,但产业结构不是金融外部结构 FR 的格兰杰原因。

第 8 章　基于内部结构视角的西部地区金融结构与产业结构协调度实证研究

金融内部结构是指各项金融资产在金融资产总量中的比例关系，包括货币性金融资产/金融资产总量、证券类金融资产/金融资产总量、保险类金融资产/金融资产总量等指标体系，主要衡量的是金融资产多元化的程度。本章在运用 LLC、Fisher-ADF 和 Fisher-PP 等面板单位根检验方法对数据序列进行平稳性检验的基础上，以 combined Johansen 面板协整检验方法对金融内部结构与产业结构之间的协整关系进行检验。之后通过构建面板向量自回归模型，对金融内部结构与产业结构之间进行脉冲响应和方差分解分析，最后应用面板数据格兰杰因果检验技术对二者的因果关系进行实证研究。

8.1　指标设置及数据选取

从金融内部结构来看，我国金融结构主要由四部分组成，分别是货币、股票、债券、保险四种金融资产。金融内部结构优化调整的最重要内容之一就是丰富金融市场的金融资产品种，以此来拓宽社会资金的融通渠道，进而达到合理分配社会资源的目的。改革开放后很长一段时间以来，我国经济主体的融资渠道较为单一，发挥主要作用的还是以间接融资为主的国有银行贷款，而完善的金融结构体系不仅要依靠发达的间接融资手段，更需要具有诸多优势的直接融资市场。为此，设计的西部地区金融内部结构调整指标不仅要能反映货币、股票、债券、保险等各种金融资产的相对变动状况，还要能有效反映直接融资和间接融资方式的变动状况。

基于此，本章在保证数据可得性和满足实证需求的前提下，从金融资产结构视角设置了 HB、ST、IN 三个指标来代表西部地区金融内部结构。其中，HB=M_2/金融资产总额，代表的是货币资产结构的变动情况；ST=股票市值总额/银行信贷余额，代表的是证券资产结构的变动情况；IN=保费收入总额/金融资产总额，代表的是保险资产的变动情况。因考察期间西部地区债券发行量较小，以及考虑到数据的可得性，这里忽略了债券资产结构指标。从产业结构指标来看，这里仍选用第 5 章设置的两个指标 FN、TH 来反映产业结构状况，其中 FN 为非农产业占比，TH 为第三产业占比。在数据选取上，本章仍以西部地区 12 个省（自治区、

直辖市）作为研究样本，数据的选取跨度仍为 1993～2010 年，所有数据也均以
CPI 指数调整到 1993 年的基期值。数据来源为各年度的《中国城市统计年鉴》、
相关各省（自治区、直辖市）的统计年鉴和统计公报。各指标的特征值见表 8-1。

表 8-1　1993～2010 年西部地区金融资产及产业结构指标特征值表

变量	均值	中值	最大值	最小值	残差
HB	0.838	0.857	0.998	0.377	0.108
ST	0.234	0.153	2.141	0.000	0.287
IN	0.012	0.012	0.023	0.002	0.005
FN	0.801	0.812	0.914	0.511	0.736
TH	0.387	0.388	0.560	0.278	0.538

由表 8-1 可知，1993～2010 年，西部地区货币资产结构指标的均值最大为
0.838，保险资产结构指标的均值最小为 0.012。货币资产结构指标均值是保险资
产结构指标均值的近 69.834 倍，是证券资产结构指标的 3.581 倍。由此可见，西
部地区货币资产在金融内部结构中占有举足轻重的地位，而保险资产发展明显不
足。从残差项来看，西部地区证券资产结构指标的残差项最大为 0.287，保险资产
结构指标的残差项最小为 0.005，这和现实情况是非常吻合的。

8.2　西部地区金融内部结构与产业结构的 PVAR 模型估计

8.2.1　面板单位根检验

在进行向量自回归分析之前，先确认全部金融内部结构指标 HB、ST、IN，
以及产业结构指标 FN、TH 序列是否平稳。为解决传统单位根检验方法对面板数
据进行检验时效力过低的问题，这里仍采用 LLC 检验、ADF 检验和 Fisher-PP 检
验三种方法进行对比检验。结果如表 8-2 所示。

表 8-2　数据序列的平稳性检验结果表

序列	LLC	ADF	PP
FN	−0.527（0.299）	25.229（0.392）	23.184（0.509）
ΔFN	−12.071（0.001）***	116.496（0.001）***	85.396（0.001）***
TH	−2.406（0.058）	24.425（0.438）	16.843（0.855）
ΔTH	−7.375（0.000）***	67.410（0.000）***	70.222（0.000）***
HB	−2.799（0.003）***	23.759（0.475）	20.941（0.642）

续表

序列	LLC	ADF	PP
ΔHB	–11.419（0.001）***	101.083（0.001）***	120.062（0.001）***
IN	–0.804（0.211）	25.146（0.398）	38.492（0.031）**
ΔIN	–14.569（0.001）***	186.06（0.001）***	204.183（0.001）***
ST	–1.044（0.061）	27.831（0.267）	26.008（0.353）
ΔST	–12.463（0.001）***	111.054（0.001）***	139.814（0.001）***

注：Δ 为一阶差分

***表示在 1%的显著性水平上显著；**表示在 5%的显著性水平上显著

由表 8-2 可知，各面板数据序列的水平值检验值均不能完全拒绝"存在单位根"的原假设，但各面板数据序列的一阶差分检验值均显著拒绝"存在单位根"的原假设。因此，西部地区全部金融内部结构指标序列和产业结构指标序列满足一阶单整，可进行协整分析。

8.2.2　面板协整检验

在面板单位根检验的基础上，为了检验各非平稳时间序列之间是否存在长期均衡关系，下面将进行面板协整检验。此处仍采用第 5 章使用的 Johansen 面板协整检验法。检验结果如表 8-3、表 8-4 所示。

表 8-3　金融内部结构与非农产业占比的 Johansen 面板协整检验结果表

原假设	Fisher 联合迹统计量（p 值）	Fisher 联合 $\lambda-\max$ 统计量（p 值）
0 个协整向量	314.5（0.000）***	280.3（0.000）***
至少 1 个协整向量	29.84（0.190）	29.84（0.190）

***表示在 1%的显著性水平上显著

表 8-4　金融内部结构与第三产业占比的 Johansen 面板协整检验结果表

原假设	Fisher 联合迹统计量（p 值）	Fisher 联合 $\lambda-\max$ 统计量（p 值）
0 个协整向量	305.6（0.000）***	239.9（0.000）***
至少 1 个协整向量	21.77（0.593）	21.77（0.593）

***表示在 1%的显著性水平上显著

从表 8-3、表 8-4 可知，无论是金融内部结构与非农产业占比之间，还是金融内部结构与第三产业占比之间的 Fisher 联合迹统计量（p 值）、Fisher 联合 $\lambda-\max$ 统计量（p 值）在 1%的显著性水平下均拒绝原假设，所以存在面板协整关系，据此可进一步建立面板向量自回归模型。

8.2.3　PVAR 模型估计

这里仍沿用第 4 章的基本模型，即

$$V_{i,t} = B_0 + \sum_{j=1}^{k} B_j V_{i,t-j} + \eta_i + \varphi_t + \varepsilon_{i,t}$$

但此时，模型中各变量代表的指标有所差异。如考察的是金融内部结构与非农产业占比之间的关系，$V_{i,t}$ 是一个包含四变量的列向量 $\{FN,HB,ST,IN\}^T$，$FN_{i,t}$ 代表第 i 个省（自治区、直辖市）在时间 t 的非农产业占比指标；$HB_{i,t}$ 代表第 i 个省（自治区、直辖市）在时间 t 的货币资产占比指标；$ST_{i,t}$ 代表的是第 i 个省（自治区、直辖市）在时间 t 的证券资产占比指标；$IN_{i,t}$ 代表的是第 i 个省（自治区、直辖市）在时间 t 的保险资产占比指标。若考察的是金融内部结构与第三产业占比之间的关系，则 $V_{i,t}$ 是一个包含四变量的列向量 $\{TH,HB,ST,IN\}^T$，其中 $TH_{i,t}$ 代表第 i 个省（自治区、直辖市）在时间 t 的第三产业占比指标，其他指标的含义与上面相同。

这里 PVAR 模型的约束条件与前面类似，即西部地区各省（自治区、直辖市）金融内部结构对产业结构的影响具有相同的基本结构。为了克服这一约束，仍需要把固定效应引入模型，允许变量存在"省（自治区、直辖市）的异质性"，并用 η_i 表示，代表可能遗漏的省（自治区、直辖市）特征。φ_t 是时间效应，代表解释系统变量的趋势特征。$\varepsilon_{i,t}$ 为随机扰动，假设其服从正态分布。

在将地区固定效应和时间效应去除后，运用 GMM 估计方法对参数进行估计，结果如表 8-5、表 8-6 所示。由表 8-5、表 8-6 中的估计结果可知，滞后期对变量间的相互作用程度具有显著影响。这里滞后期的决定仍依据的是 AIC，根据这一准则可知其最佳滞后期为 1 期。

表 8-5　非农产业占比与金融内部结构的 PVAR 模型 GMM 估计结果表

变量的滞后	FN	HB	ST	IN
FN（$t-1$）	1.020***	1.297**	0.424*	0.010
	(7.089)	(2.203)	(1.776)	(1.174)
HB（$t-1$）	−0.954**	0.132	−0.136**	−0.006
	(−1.979)	(1.291)	(−2.151)	(−0.481)
ST（$t-1$）	1.130*	1.377**	0.508*	0.002
	(1.758)	(1.929)	(1.674)	(0.399)
IN（$t-1$）	−0.053	−0.007	0.135	0.122
	(−1.516)	(−1.163)	(0.671)	(1.185)

***表示在 1% 的显著性水平上显著；**表示在 5% 的显著性水平上显著；*表示在 10% 的显著性水平上显著

表 8-6　第三产业占比与金融内部结构的 PVAR 模型 GMM 估计结果表

变量的滞后	TH	HB	ST	IN
TH（t–1）	2.327***	0.576	−0.022	−0.015
	(2.406)	(1.149)	(−1.360)	(−1.130)
HB（t–1）	−0.172	0.880***	−0.505***	0.013
	(−1.126)	(3.627)	(−2.074)	(1.293)
ST（t–1）	0.030	0.658*	0.473**	−0.002
	(1.444)	(1.674)	(1.935)	(−0.602)
IN（t–1）	−0.729*	−0.658	0.138	0.521**
	(−1.785)	(−1.085)	(0.674)	(2.537)

***表示在 1%的显著性水平上显著；**表示在 5%的显著性水平上显著；*表示在 10%的显著性水平上显著

由表 8-5 可知，西部地区非农产业占比对自身在 1%水平上具有显著的正向影响，影响度为 1.020%；对货币资产在 5%水平上具有显著的正向影响，影响度为 1.297%；对证券资产在 10%水平上具有显著正向影响，影响度为 0.424%；对保险资产有微弱的正向影响，影响度仅为 0.010%，但并不显著。货币资产对非农产业占比在 5%水平上具有显著的反向影响，影响度为–0.954%；证券资产对非农产业占比在 10%水平上具有显著的正向影响，影响度为 1.130%；保险资产对非农产业占比具有微弱的反向影响，影响度为–0.053%，但并不显著。此外，货币资产结构指标对证券资产结构指标在 5%水平上具有显著反向影响，其影响度为–0.136%；证券资产结构指标对货币资产结构指标在 5%水平具有显著的正向影响，影响度为 1.377%。

由表 8-6 的 PVAR 模型估计结果可知，西部地区第三产业占比指标对货币资产结构有正向影响，影响度为 0.576%；对证券资产结构具有反向影响，影响度为–0.022%；对保险资产结构具有反向影响，影响度为–0.015%，但都不显著。货币资产结构对第三产业占比具有反向影响，影响度为–0.172%；证券资产结构对第三产业占比具有正向影响，影响度为 0.030%；保险资产结构对第三产业占比在 10%水平上具有影响度为–0.729%的反向影响。此外，货币资产结构对证券资产结构在 1%水平上具有显著的反向影响，证券资产结构指标对货币资产结构指标在 10%水平上具有显著的正向影响。

8.3　金融内部结构与产业结构的脉冲响应分析及方差分解

考虑到解释 PVAR 单个参数估计值较为困难，下面仍运用脉冲响应和方差分解技术对西部地区金融内部结构与产业结构之间的关系进行研究。图 8-1 给出了金融内部结构与非农产业占比之间的冲击影响，图 8-2 给出了金融内部结构与第三产业占比之间的冲击影响。其中横轴代表追溯期，这里为 6；纵轴表示因变量对各变量的响应大小，中间实线表示响应函数曲线，外侧两条线代表两倍标准差的置信区间。

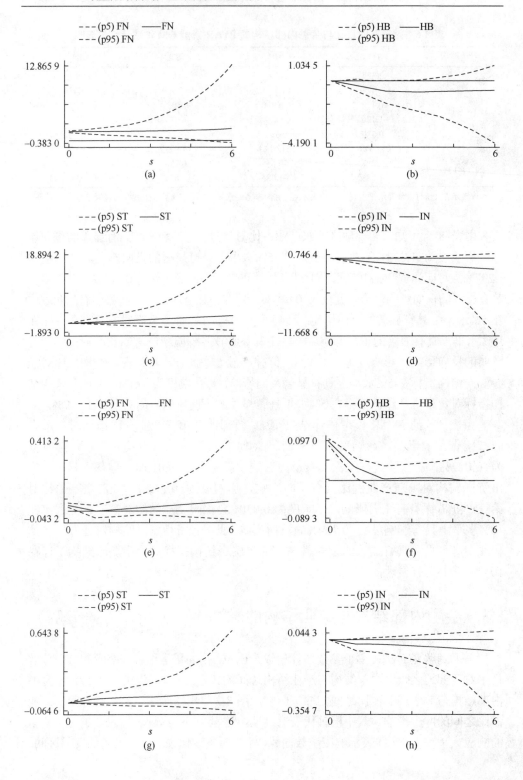

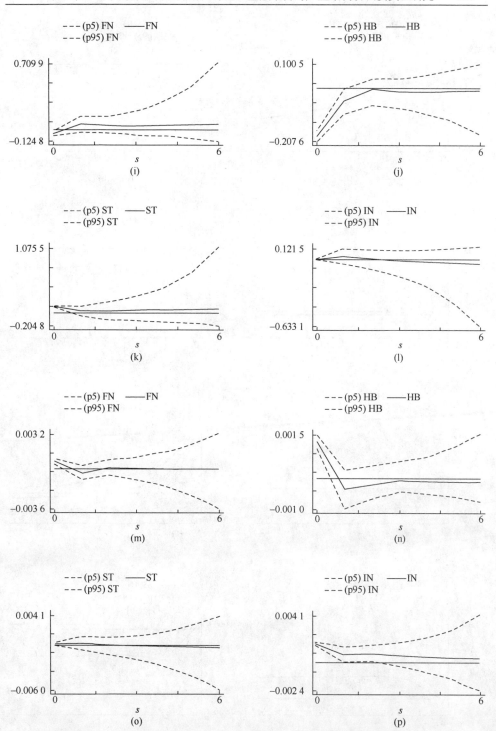

图 8-1　四变量{FN，HB，ST，IN}^{T} 的 PVAR 正交化脉冲-响应图

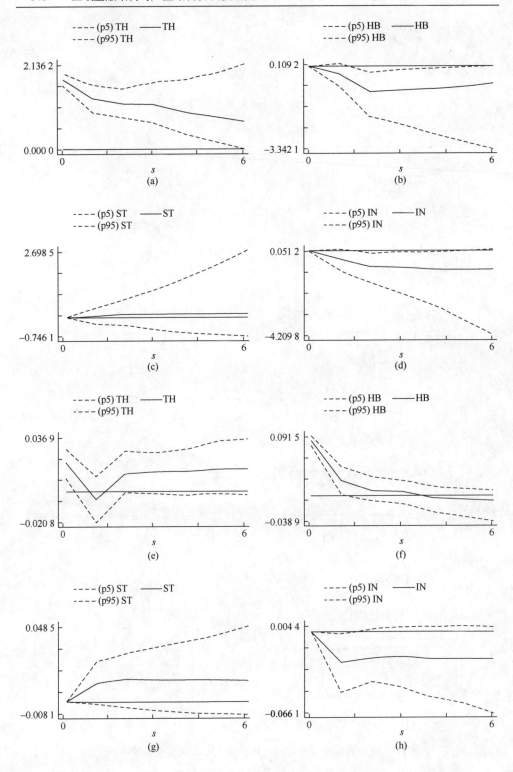

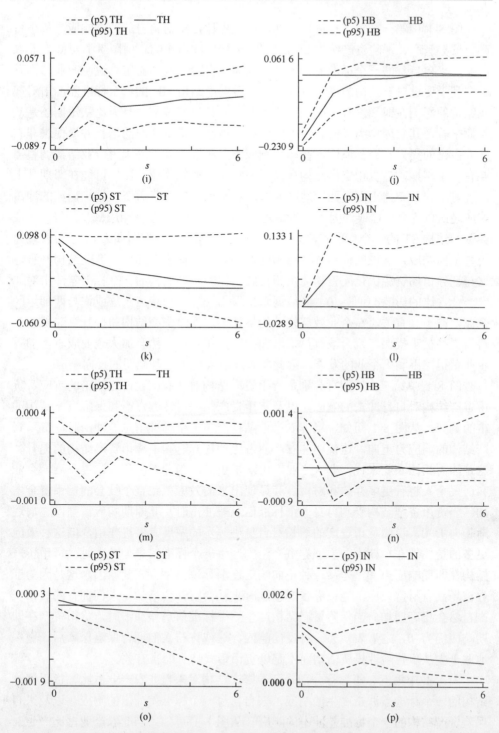

图 8-2　四变量{TH，HB，ST，IN}^{T} 的 PVAR 正交化脉冲-响应图

图 8-1 中第一、第二行分别是非农产业占比 FN 对自身的冲击响应，货币资产、证券资产、保险资产结构变动对产业结构的冲击影响。由图 8-1 可知，非农产业对来自自身的一个标准差冲击的响应为正向，且基本稳定，说明产业结构升级有利于促进自身结构的进一步提升。货币资产结构 HB 的一个标准差冲击对产业结构的影响在即期没有响应，之后呈现为一种反向效应，且无论从短期还是从长期来看，其响应均为反向。这说明在西部地区，货币资产的增长并没促进非农产业占比的提升。究其原因，在即期响应值之所以为 0，是因为产业结构调整需要有一个周期，当货币资产结构在出现调整时，非农产业占比不可能在即期马上出现响应。从整体上看，西部地区非农产业结构占比对货币资产结构调整的冲击响应之所以为负，这或许因为当货币资产，即 M_2 增加，投资相应减少的缘故。证券资产结构 ST 的一个标准差冲击对非农产业占比的影响在即期为 0，之后表现为一种正向响应，这说明证券资产结构的调整有利于促进西部地区产业结构升级，这与证券市场资源优化配置功能是相符的。保险资产结构的一个标准差冲击对非农产业占比的影响即期为 0，之后逐渐呈现出一种反向响应。这或许与西部地区企业效益不高有关，在企业效益较差的条件下，保险资产结构的提升意味着企业将为更多员工投保，或为原有员工增加投保金额，这必然会加大企业成本，加重企业负担，不利于企业的发展，因此非农产业表现出一种微弱的反向响应。

图 8-1 中第三、第四行分别是货币资产结构对非农产业占比冲击的响应，货币资产结构对自身冲击的响应，以及货币资产结构对证券资产和保险资产结构冲击的响应。从图 8-1 可知，当非农产业结构产生一个标准信息差冲击时，货币资产结构的响应为正向，这说明非农产业占比的提升有利于货币资产结构的提升。这是因为相比农业来说，非农产业产出水平更高。当非农产业占比提升后，企业和居民个人将有更多存款和财富，其显现出来的效应就是整个社会的货币资金增加。当货币资产结构受到自身一个标准信息差冲击时，其即期响应最强，之后逐渐趋向于 0，说明货币资产的增长对自身进一步的发展有促进作用，但这种效应更多的是体现在短期内。当证券资产结构产生一个标准信息差冲击时，货币资产结构在即期响应为 0，之后一种正向响应逐渐显现出来。究其原因，这是因为证券市场具有财富效应，当证券资产增加时，社会财富会增加，人们拥有的货币资产自然会相应增加。当保险资产结构产生一个标准信息差冲击时，货币资产在即期响应仍为 0，之后表现为一种反向响应，这或许与人们拥有保险保障后，更多地敢于去从事冒险性投资活动而不是以货币形式持有财富有关。

图 8-1 中第五、第六行分别是证券资产结构对来自非农产业占比、货币资产结构的一个标准差冲击产生的响应，来自自身一个标准差冲击的响应，以及来自保险资产结构的一个标准差冲击的响应。从图 8-1 可知，当非农产业占比产生一个标准差信息冲击时，证券资产结构在即期虽然表现为一种微弱的反向响应，但

很快转变为一种稳定的正向响应。说明从整体上看，非农产业占比的提升有利于证券资产的发展。当货币资产结构产生一个标准差信息冲击时，证券资产在即期呈现为一种较强的反向响应，之后逐渐收敛于 0。这和现实情况基本吻合，因为当货币资产增加时，意味着人们将以货币资产形式持有更多社会财富而不愿投资于证券，在社会财富总量一定的情况下，证券资产的发展必然会受到一定程度的影响。当证券资产结构受到来自自身的一个标准差信息冲击时，无论从短期还是从长期来看，其响应均为正，且影响较为稳定，这说明证券资产的增长有利于促进自身进一步发展。当证券资产结构受到来自保险资产结构的一个标准差冲击时，其响应呈波动状态，即期为 0，整体表现为反向，但响应较微弱，一方面与西部地区保险资产量小，总体效应不显著有关；另一方面与保险资产与证券资产之间具有的替代效应有关。

　　图 8-1 中第七、第八行分别是保险资产结构对非农产业占比、货币资产结构、证券资产结构及来自自身一个标准差信息冲击时的响应。从图 8-1 中可以看到，当非农产业占比产生一个标准差信息冲击时，保险资产结构在即期表现为一种正向响应，之后逐渐收敛于 0。非农产业占比调整对保险资产结构的影响是短期的，且总体影响程度较小。货币资产结构产生一个标准差信息冲击时，对保险资产结构的影响和非农产业占比对保险资产结构的影响类似，即期是一个正向影响，之后逐渐收敛于 0。从证券资产结构来看，其产生的标准差信息冲击对保险资产结构无论从短期还是从长期均非常微小，基本上接近于 0。而保险资产结构对来自自身的一个标准差信息冲击响应在即期为正向，之后逐渐下降，从长期看收敛于0。从总体上，西部地区保险资产结构对非农产业占比、货币资产结构、证券资产结构及来自自身一个标准差信息冲击响应均为正，但响应程度较微弱，这与当前西部地区保险资产总量偏小，发展较为落后有关。

　　总体上，当代表产业结构指标为非农产业占比时，金融内部结构对产业结构的影响体现在：货币资产结构无论是短期还是长期来看对非农产业占比均具有反向效应，说明货币资产的增长不利于非农产业占比的提升；证券资产结构对非农产业占比无论在短期还是长期均具有正向效应，说明证券资产发展对非农产业占比提升具有促进作用；保险资产结构对非农产业占比的效应虽为反向，但整体上影响非常微弱。非农产业占比提升对金融内部结构的影响是：无论从短期还是长期来看，非农产业占比提升都有利于货币资产的增长，也有利于证券资产的发展；在短期内对保险资产的增长有正向作用，但整体影响度较微弱。

　　图 8-2 中第一、第二行分别是第三产业占比 TH 对来自自身，以及来自货币资产结构、证券资产结构、保险资产结构的一个标准差信息冲击的响应。从图 8-2 中可以看到，第三产业占比对来自自身的一个标准差信息冲击响应在即期为最大，之后这种响应逐渐收敛，但无论从短期还是从长期看，其响应均为正向。这

说明第三产业占比的提升有利于自身的进一步发展。当货币资产结构产生一个标准差信息冲击时，第三产业占比在即期响应为 0，之后表现为一种反向响应，从长期看这种响应逐渐向 0 收敛。但无论从短期还是从长期看，第三产业占比对货币资产结构的冲击响应始终为反向，说明货币资产的增多不利于第三产业占比的提升。究其原因，这是因为在社会财富一定的前提下，货币资产增多意味着人们的投资减少，第三产业的发展也必将受到影响。从第三产业占比对来自证券资产结构的一个标准差信息冲击响应来看，其响应虽然为正向，但影响度非常低。这或许与当前西部地区第三产业发展相对滞后，效应不高，证券市场资金更多流向第二产业有关。从第三产业占比对保险资产结构的一个标准差信息冲击的影响来看，其即期响应为 0，但总体上看，无论短期还是长期响应均为反向，这说明保险资产的增长并没促进第三产业的发展。究其原因，可能仍与西部地区第三产业企业效益较低有关。当企业扩大员工投保范围、增大员工投保金额时，企业成本增加，对发展形成一种负面效应。其解决的根本途径就是要提升西部第三产业企业经营效益，使保险资产与第三产业彼此之间的相互促进作用得到充分发挥。

　　图 8-2 中第三、第四行分别是货币资产结构对来自第三产业占比的一个标准差信息冲击的响应，来自自身的一个标准差信息冲击的响应，以及来自证券资产结构、保险资产结构的一个标准差信息冲击的响应。从图 8-2 中可知，货币资产对来自第三产业占比的一个标准差信息冲击的即期响应为正，之后虽有所波动，但总体上表现为一种正向响应，这说明第三产业的发展有利于货币资产的增长。当货币资产结构受到来自自身的一个标准信息冲击时，在即期表现为一种最强的正向响应，之后逐渐下降，长期响应值收敛于 0。这与现实也是完全吻合的。当证券资产结构产生一个标准差信息冲击时，货币资产结构在即期响应为 0，之后逐渐上升，表现为一种稳定的正向响应，这说明证券资产的发展会促进货币资产的增加，二者呈正向关系，这和证券市场的财富效应也是相关的。而当保险资产结构产生一个标准差信息冲击时，货币资产结构在即期响应为 0，之后逐渐下降，表现为一种稳定的反向关系。这也是由货币资产和保险资产二者之间具有替代效应所导致。

　　图 8-2 中第五、第六行分别是证券资产结构对来自第三产业占比、货币资产结构一个标准差信息冲击的响应，以及来自自身及保险资产结构一个标准信息差冲击的响应。从图 8-2 中可以看到，当第三产业占比产生一个标准差信息冲击时，证券资产结果即期表现为一个最大的反向响应，之后虽有所收敛，但总体上的响应均为反向，其长期响应收敛于 0。这说明考察期内西部地区第三产业的发展并没促进证券市场的增长，可能是西部地区第三产业的发展尚处于规模扩张的低级阶段，当总量增长时，质量并未有提升，第三产业发展时新增上市资产量较少的原因导致。当货币资产结构产生一个标准差信息冲击时，证券资产结构在即期表

现为一个较强的反向响应，之后逐渐收敛于 0。这是因为货币资产和证券资产在短期内具有替代效应，在短期内表现出一种相互抑制效应，这与现实也是完全一致的。当证券资产结构受到来自自身的一个标准差信息冲击时，在即期立刻表现为一个较强的正向响应，之后影响逐渐下降，长期收敛于 0。这是因为从长期来看，证券资产的增长主要取决于实体经济的发展，证券资产自身的变动只是属于短期波动因素。当保险资产结构产生一个标准差信息冲击时，证券资产结构在即期的响应为 0，之后影响先是上升，长期看有一种向 0 收敛的趋势，这说明保险资产的发展有利于证券资产的增长。这或许是因为人们的保障程度提升之后，更愿意去从事风险性较高的证券资产投资活动。

图 8-2 中第七、第八行分别是保险资产结构对来自第三产业占比、货币资产结构、证券资产结构及来自自身的一个标准差信息冲击的响应。从图 8-2 中可知，当第三产业占比产生一个标准信息差冲击时，保险资产结构的即期响应为 0，之后呈现为一种波动状态。无论从短期还是从长期来看，保险资产结构对第三产业占比标准差冲击的响应均为反向。这进一步印证了西部地区第三产业发展水平较低，从业人员投保水平较低的问题。当货币资产结构产生一个标准差信息冲击时，保险资产结构在即期表现为一个较大的正向响应，之后转变为反向响应，长期收敛于 0。这是因为货币资产增多时，会产生一个短期的财富增长假象，于是可能会有更多的人投保，从而促进了保险资产的增长。但随着时间的推移，这种财富增长假象会逐渐消失。当证券资产结构产生一个标准差信息冲击时，保险资产结构在即期表现为一个微弱的正向响应，之后转为反向响应，整体上其影响较微弱。当保险资产结构受到一个来自自身的标准差信息冲击时，在即期呈现为一个较强的正向响应，之后逐渐向 0 收敛。但无论从短期还是长期看，其响应均为正向，这说明保险资产的增长有利于自身的进一步发展。

总体上看，当代表产业结构的指标为第三产业占比时，金融内部结构对产业结构的影响表现为：无论从短期还是从长期看，第三产业占比对货币资产结构调整的响应始终为反向，货币资产的增多并没有效促进第三产业占比的提升；第三产业占比对证券资产结构调整的冲击响应为正向，但其响应度较微弱，说明证券资产增长对第三产业发展的促进效应并不明显，增加的资产可能更多投向了第二产业；第三产业占比对保险资产结构调整的响应无论从短期还是长期看均为反向，说明保险资产结构调整对第三产业发展也没起到有效的促进作用。第三产业占比对金融内部结构的影响则表现为：从短期看，第三产业占比提升对货币资产增长具有一定的抑制效应，但长期来看有利于货币资产的增长；第三产业占比提升对证券资产、保险资产增长的总体影响为反向，对证券资产和保险资产的发展均具有一定的抑制效应。

为了进一步考察 HB、ST、IN 和 FN，以及 HB、ST、IN 和 TH 这几个变量彼此的波动性，下面将利用方差分解技术对 HB、ST、IN、FN、TH 的预测均方误差进行分解，并计算每个变量的相对重要性，进一步度量西部地区金融结构调整与产业结构冲击作用的构成。对于不同模型的方差分解，表 8-7、表 8-8 给出了第 10、20、30 个预测期的方差分解结果。

表 8-7　四变量{FN，HB，IN，ST}^{T} 的 PVAR 的方差分解结果表

指标	S	FN	HB	ST	IN
FN	10	0.385	0.230	0.351	0.034
HB	10	0.222	0.191	0.529	0.058
ST	10	0.237	0.114	0.399	0.250
IN	10	0.087	0.599	0.084	0.229
FN	20	0.257	0.226	0.513	0.004
HB	20	0.249	0.220	0.528	0.003
ST	20	0.252	0.218	0.518	0.011
IN	20	0.215	0.268	0.485	0.032
FN	30	0.251	0.221	0.526	0.002
HB	30	0.250	0.221	0.527	0.002
ST	30	0.250	0.221	0.526	0.002
IN	30	0.249	0.222	0.527	0.003

表 8-8　四变量{TH，HB，IN，ST}^{T} 的 PVAR 的方差分解结果表

指标	S	TH	HB	ST	IN
TH	10	0.468	0.223	0.010	0.299
HB	10	0.127	0.503	0.103	0.268
ST	10	0.066	0.555	0.133	0.246
IN	10	0.040	0.147	0.046	0.768
TH	20	0.407	0.193	0.029	0.371
HB	20	0.155	0.378	0.121	0.346
ST	20	0.065	0.534	0.132	0.269
IN	20	0.071	0.126	0.081	0.723
TH	30	0.389	0.182	0.042	0.387
HB	30	0.164	0.334	0.128	0.374
ST	30	0.068	0.525	0.134	0.274
IN	30	0.089	0.121	0.092	0.699

由表 8-7 可知，当产业结构指标为非农产业占比时，在第 10、20、30 个预测期，非农产业占比的变动来源于自身的分别占到 38.528%、25.734% 和 25.125%。

货币资产结构对非农产业占比变动的影响分别为 22.952%、22.575%和 22.141%，证券资产结构对非农产业占比变动的影响分别为 35.077%、51.330%和 52.619%；保险资产结构对非农产业占比变动的影响分别为 3.443%、0.362%和 0.216%。由此可见，对非农产业占比变动影响的大小顺序为证券资产结构变动、非农产业占比自身变动、货币资产结构变动、保险资产结构变动。

货币资产结构变动来源于自身的分别为 19.137%、21.954%、22.107%，来源于非农产业占比变动的影响分别占到 22.146%、24.892%、24.998%，来自于证券资产结构变动影响的分别为 52.904%、52.820%、52.681%，来自于保险资产结构变动的影响分别为 5.813%、0.334%、0.214%，对货币资产结构影响的大小顺序为证券资产结构、非农产业占比、货币资产自身结构、保险资产结构。证券资产的变动来源于自身的分别为 39.882%、51.838%、52.639%，来源于非农产业占比变动的分别为 23.691%、25.201%、25.012%，来源于货币资产结构变动的分别为 11.438%、21.826%、22.115%，来源于保险资产结构变动的分别为 24.990%、1.135%、0.234%，其影响的大小顺序为证券资产自身结构变动、非农产业占比变动、货币资产结构变动、保险资产结构变动。保险资产结构变动来源于自身的分别为 22.930%、3.192%、0.282%，来源于非农产业占比变动的分别为 8.738%、21.482%、24.873%，来源于货币资产结构变动的分别为 59.892%、26.819%、22.182%，来源于证券资产结构变动的分别为 8.439%、48.507%、52.663%。

由表 8-8 可知，当产业结构指标为第三产业占比时，在第 10、20、30 个预测期，第三产业占比的变动主要来自自身，分别占到 46.793%、40.724%和 38.940%；其次是保险资产结构对第三产业占比变动的影响，分别占到 29.867%、37.066%和 38.669%；处于第三位的是货币资产结构变动，其贡献率分别为 22.313%、19.292%和 18.190%；贡献率最小的是证券资产结构变动，分别为 1.026%、2.918%和 4.202%。

货币资产结构变动来源于自身的分别为 50.289%、37.776%、33.432 %，来源于第三产业占比变动的影响分别占到 12.704%、15.535%、16.362%，来自证券资产结构变动影响的分别为 10.245%、12.134%、12.802%，来自保险资产结构变动的影响分别为 26.762%、34.555%、37.404%，对货币资产结构影响程度的大小顺序为货币资产结构自身变动、保险资产结构变动、第三产业占比变动、证券资产结构变动。证券资产结构的变动来源于自身的分别为 13.344%、13.243%、13.373%，来源于第三产业占比变动的分别为 6.576%、6.536%、6.801%，来源于货币资产结构变动的分别为 55.504%、53.347%、52.449%，来源于保险资产结构变动的分别为 24.577%、26.874%、27.377%，其影响大小的顺序为货币资产结构变动、保险资产结构变动、证券资产自身结构变动、第三产业占比变动。保险资产结构的变动来源于自身的分别为 76.812%、72.260%、69.883%，来源于第三产业占比变动的分别为 3.979%、7.129%、8.905%，来源于货币资产结构变动的分别为 14.651%、12.559%、8.905%，来源于证券资产结构变动的分别为 4.558%、8.051%、9.160%，其影响大小的顺序为保险资产自身结构调整、货币资产结构调整、证券资产结构调整、第三产业占比变动。

8.4　金融内部结构与产业结构的格兰杰因果关系检验

为了进一步考察金融内部结构与产业结构之间的因果关系，根据格兰杰因果检验的基本原理建立如下误差修正模型：

$$\Delta FN_{it} = a_{1g} + \sum_p a_{11ip}\Delta FN_{it-p} + \sum_p a_{12ip}\Delta HB_{it-p} + \varphi_{1i}ecm_{t-1}$$

$$\Delta HB_{it} = a_{2g} + \sum_p a_{21ip}\Delta HB_{it-p} + \sum_p a_{22ip}\Delta FN_{it-p} + \varphi_{2i}ecm_{t-1}$$

$$\Delta FN_{it} = a_{3g} + \sum_p a_{31ip}\Delta FN_{it-p} + \sum_p a_{32ip}\Delta IN_{it-p} + \varphi_{3i}ecm_{t-1}$$

$$\Delta IN_{it} = a_{4g} + \sum_p a_{41ip}\Delta FN_{it-p} + \sum_p a_{42ip}\Delta IN_{it-p} + \varphi_{4i}ecm_{t-1}$$

$$\Delta FN_{it} = a_{5g} + \sum_p a_{51ip}\Delta FN_{it-p} + \sum_p a_{52ip}\Delta ST_{it-p} + \varphi_{5i}ecm_{t-1}$$

$$\Delta ST_{it} = a_{6g} + \sum_p a_{61ip}\Delta ST_{it-p} + \sum_p a_{62ip}\Delta FN_{it-p} + \varphi_{6i}ecm_{t-1}$$

$$\Delta TH_{it} = \beta_{1g} + \sum_p \beta_{11ip}\Delta TH_{it-p} + \sum_p \beta_{12ip}\Delta HB_{it-p} + \phi_{1i}ecm_{t-1}$$

$$\Delta HB_{it} = \beta_{2g} + \sum_p \beta_{21ip}\Delta HB_{it-p} + \sum_p \beta_{22ip}\Delta TH_{it-p} + \phi_{2i}ecm_{t-1}$$

$$\Delta TH_{it} = \beta_{3g} + \sum_p \beta_{31ip}\Delta TH_{it-p} + \sum_p \beta_{32ip}\Delta IN_{it-p} + \phi_{3i}ecm_{t-1}$$

$$\Delta IN_{it} = \beta_{4g} + \sum_p \beta_{41ip}\Delta IN_{it-p} + \sum_p \beta_{42ip}\Delta TH_{it-p} + \phi_{4i}ecm_{t-1}$$

$$\Delta TH_{it} = \beta_{5g} + \sum_p \beta_{51ip}\Delta TH_{it-p} + \sum_p \beta_{52ip}\Delta ST_{it-p} + \phi_{5i}ecm_{t-1}$$

$$\Delta ST_{it} = \beta_{6g} + \sum_p \beta_{61ip}\Delta ST_{it-p} + \sum_p \beta_{62ip}\Delta TH_{it-p} + \phi_{6i}ecm_{t-1}$$

其中，Δ 为一阶差分；p 为滞后期。如果差分项显著，代表短期格兰杰因果关系成立；如果误差修正项 ecm_{t-1} 显著，则代表长期格兰杰因果关系成立。运用面板数据对西部地区 12 个省（自治区、直辖市）金融内部结构与产业结构变量进行格兰杰因果关系检验，结果见表 8-9～表 8-14。

表 8-9　非农产业占比与货币资产之间的格兰杰因果关系检验结果表

估计系数	HB_{t-1}	HB_{t-2}	FN_{t-1}	FN_{t-2}	ecm_{t-1}
HB	0.711*	0.232	0.386	0.251	−0.013*
FN	−0.182*	−0.121*	0.957*	0.654*	−0.859**

**表示在5%的显著性水平上显著；*表示在10%的显著性水平上显著

表 8-10　非农产业占比与保险资产之间的格兰杰因果关系检验结果表

估计系数	IN_{t-1}	IN_{t-2}	FN_{t-1}	FN_{t-2}	ecm_{t-1}
IN	0.911*	1.000*	0.016	−0.072	−0.421*
FN	−0.017	−0.023	0.471**	0.730*	−0.322***

***表示在1%的显著性水平上显著；**表示在5%的显著性水平上显著；*表示在10%的显著性水平上显著

表 8-11　非农产业占比与证券资产之间的格兰杰因果关系检验结果表

估计系数	ST_{t-1}	ST_{t-2}	FN_{t-1}	FN_{t-2}	ecm_{t-1}
ST	0.380*	0.197*	0.806	0.601	−0.441***
FN	0.324**	0.259*	0.992**	0.366**	−0.258*

***表示在1%的显著性水平上显著；**表示在5%的显著性水平上显著；*表示在10%的显著性水平上显著

表 8-12　第三产业占比与货币资产之间的格兰杰因果关系检验结果表

估计系数	HB_{t-1}	HB_{t-2}	TH_{t-1}	TH_{t-2}	ecm_{t-1}
HB	0.295*	−0.354*	0.025	0.458	−0.033*
TH	−0.157	0.001	0.001	0.379*	−0.123**

**表示在5%的显著性水平上显著；*表示在10%的显著性水平上显著

表 8-13　第三产业占比与保险资产之间的格兰杰因果关系检验结果表

估计系数	IN_{t-1}	IN_{t-2}	TH_{t-1}	TH_{t-2}	ecm_{t-1}
IN	0.616*	0.616*	−0.853	0.175	−0.655**
TH	−0.211*	−1.020*	0.632*	0.008	−0.987**

**表示在5%的显著性水平上显著；*表示在10%的显著性水平上显著

表 8-14　第三产业占比与证券资产之间的格兰杰因果关系检验结果表

估计系数	ST_{t-1}	ST_{t-2}	TH_{t-1}	TH_{t-2}	ecm_{t-1}
ST	0.016*	0.706*	−0.966	0.062	−0.524**
TH	0.649	0.256	0.003	1.634**	−0.079*

**表示在5%的显著性水平上显著；*表示在10%的显著性水平上显著

由表 8-9～表 8-11 的检验结果可得出以下结论：第一，无论是 FN 与 HB、FN 与 IN，还是 FN 与 ST 格兰杰因果关系检验的 ecm 均至少在 10%的水平显著。说明在长期内，非农产业占比和金融内部结构之间存在双向格兰杰因果关系，即产业结构升级是金融内部结构调整的格兰杰原因。同时，金融内部结构调整也是产业结构升级的格兰杰原因。第二，在短期内，FN 和 HB、FN 和 ST 之间只存在单向因果关系，即 HB 是 FN 的格兰杰原因，但 FN 不是 HB 的格兰杰原因；ST 是 FN 的格兰杰原因，FN 不是 ST 的格兰杰原因。第三，短期内，IN 与 FN 之间不存在格兰杰关系。即 FN 不是 IN 的格兰杰原因，IN 也不是 FN 的格兰杰原因。

而从表 8-12～表 8-14 的检验结果可知，第一，TH 与 HB、TH 与 IN、TH 与 ST 格兰杰因果关系检验的 ecm 也均至少在 10%的水平显著。说明在长期内，从第三产业占比来看，产业结构升级和金融内部结构之间也存在双向格兰杰因果关系，即产业结构升级是金融内部结构调整的格兰杰原因，金融内部结构调整也是产业结构升级的格兰杰原因。第二，在短期内，TH 和 IN 之间只存在单向格兰杰因果关系，即 IN 是 TH 的格兰杰原因，但 TH 不是 IN 的格兰杰原因。第三，在短期内，TH 和 HB、TH 和 ST 之间不存在格兰杰因果关系，即 TH 不是 HB 的格兰杰原因，HB 也不是 TH 的格兰杰原因；TH 不是 ST 的格兰杰原因，ST 也不是 TH 的格兰杰原因。

8.5　本章小结

为了考察金融内部结构与产业结构之间的协调互动关系，本章仍分别运用面板数据的 LLC 检验、Fisher-ADF 检验和 Fisher-PP 检验对数据序列进行单位根检验，采用 combined Johansen 面板协整检验方法对金融内部结构与产业结构之间的关系进行协整检验，构建面板向量自回归模型，对金融内部结构与产业结构面板数据序列进行脉冲响应和方差分解分析，最后应用面板数据格兰杰因果检验对二者的因果关系进行实证检验，并得到以下结论。

第一，面板单位根和协整检验结果表明，全部金融内部结构指标和产业结构指标序列均为一阶单整序列；combined Johansen 面板协整检验结果表明，金融内部结构与代表产业结构的第三产业占比、非农产业占比之间均存在着协整关系。

第二，脉冲响应结果显示：①金融内部结构对非农产业占比的影响是，货币资产结构调整无论是在短期还是长期都对第三产业占比具有反向效应，货币资产增长不利于第三产业发展；证券资产结构调整对第三产业占比无论在短期还是长期均具有正向效应，证券资产发展对产业结构升级具有促进作用；保险资产结构调整对第三产业占比具有反向效应，且整体上非常微弱，说明保险资产增长没有促进西部地区产业结构升级。②非农产业占比提升对金融内部结构的影响是，非农产业占比提升无论从短期还是长期来看对货币资产结构调整均具有正向效应，有利于货币资产的增长；在短期内对证券资产结构调整虽有反向影响，但总体上看有利于证券资产的增长；在短期内对保险资产增长有正向影响，但总体影响度较弱。

第三，脉冲响应结果显示：①金融内部结构调整对第三产业占比的影响是，货币资产结构调整对第三产业结构提升具有反向效应，货币资产的增多并没有效促进产业结构升级；证券资产结构调整对第三产业占比的影响为正向，但其响应度非常微弱，说明证券资产的发展对西部地区第三产业的促进作用并不明显；保险资产结构调整对第三产业占比的影响为反向，说明保险资产的增长对西部地区第三产业的发展也具有抑制效应。②第三产业占比的变化对金融内部结构的影响则表现为，第三产业占比变动在短期内对货币资产结构调整具有一定抑制作用，但长期来看有利于货币资产的增长；对证券资产结构调整、保险资产结构调整的影响为反向，说明西部地区第三产业占比提升对证券资产和保险资产的发展均具有一定的抑制作用。

第四，方差分解结果显示：①在第 10、20、30 个预测期，金融内部结构对非农产业占比变动的影响是，货币资产结构对非农产业占比变动的影响分别为 22.952%、22.575% 和 22.141%；证券资产结构对非农产业占比变动的影响为 35.077%、51.330% 和 52.619%；保险资产结构对非农产业占比变动的影响分别为 3.443%、0.362% 和 0.216%。对非农产业占比变动影响的大小顺序为证券资产结构变动、货币资产结构变动、保险资产结构变动。②非农产业占比变动金融内部结构的影响是，非农产业占比变动对货币资产结构变动的影响分别为 22.146%、24.892%、24.998%；对证券资产变动的影响分别为 23.691%、25.201%、25.012%；对保险资产变动的影响分别为 8.738%、21.482%、24.873%。

第五，方差分解结果显示：①在第 10、20、30 个预测期，金融内部结构对第三产业占比变动的影响是，货币资产结构调整对第三产业占比变动的贡献率分别为 22.313%、19.292%、18.190%；证券资产结构调整对第三产业占比变动的贡献率分别为 1.026%、2.918%、4.202%；保险资产结构调整对第三产业占比变动的贡献率分别为 29.867%、37.066%、38.669%。对第三产业占比影响的大小顺序为保险资产结构变动、货币资产结构变动、证券资产结构变动。②第三产业占比变动对金融内部结构的影响是，对货币资产结构变动的影响分别为 12.704%、15.535%、16.362%；对证券资产变动的影响分别是 6.576%、6.536%、6.801%；对保险资产变动的影响分别是 3.979%、7.129%、8.905%。

　　第六，格兰杰因果关系检验结果显示：①西部地区金融结构调整和产业结构之间在长期存在双向格兰杰因果关系，即产业结构是金融内部结构的格兰杰原因。同时，金融内部结构也是产业结构的格兰杰原因。②在短期内，货币资产结构、证券资产结构与非农产业占比之间，以及保险资产结构和第三产业占比之间存在从金融结构到产业结构的单向因果关系。即货币资产结构调整、证券资产结构调整是非农产业占比变动的格兰杰原因，但非农产业占比变动不是货币资产结构调整和证券资产结构调整的格兰杰原因；保险资产结构调整是第三产业占比变动的格兰杰原因，但第三产业占比变动不是保险资产结构调整的格兰杰原因。③在短期内，保险资产结构调整与非农产业占比之间，以及货币资产结构调整、证券资产结构调整与第三产业占比变动之间不存在格兰杰因果关系。即保险资产结构调整不是非农产业占比变动的格兰杰原因，非农产业占比变动也不是保险资产结构调整的格兰杰原因。货币资产结构调整、证券资产结构调整不是第三产业占比变化的格兰杰原因，第三产业占比变动也不是货币资产结构调整、证券资产结构调整的格兰杰原因。

第9章 基于空间结构视角的西部地区金融结构 与产业结构协调度实证研究

为了克服传统研究中常常忽略经济变量的空间因素而造成模型设定偏误问题，本章在运用 Wald、LR、LM 和 Moran 指数对相关面板数据序列进行相关性检验的基础上，以 Matlab7.10 中的 Spatial econometric 软件模块为计量工具，分别采用地理权重矩阵和经济权重矩阵的空间面板误差模型对西部地区金融结构和产业结构之间的协调互动关系进行实证研究。

9.1 指标设置与数据选取

在产业结构指标的选择上，为了便于比较分析，和前面章节的研究一样，这里仍采用两个指标：其一是非农产业占比，即第二、第三产业值之和与当年国内生产总值之比 FN；其二是第三产业占国内生产总值之比，即 TH。在金融结构指标的选择上，为了更好地反映金融结构调整与外部经济间的关系，这里采用的是金融外部结构指标 FR，即金融资产总量与国民生产总值之比。遵循柯布-道格拉斯生产函数模型，这里还选取了劳动力 LB 和固定资产投资 FX 两个指标作为因变量。为了保证指标的统一性，减少数据的波动性，固定资产投资和劳动力指标采用的均是年度增长率这一相对值指标而不是绝对值指标。

在数据选取上，仍以西部 12 个省（自治区、直辖市）的 1993～2010 年的数据为样本。经计算，各样本指标特征值如表 9-1 所示。由表 9-1 可知，1993～2010年，西部地区金融外部结构指标 FR 的均值为 1.615，中值为 1.604；劳动力增长率指标 LB 的均值为 1.317%，中值为 1.487%；固定资产投资增长率 FX 的均值为 18.825%，中值为 18.189%；非农产业占比 FN 均值为 80.057%，中值为 81.150%；第三产业占比 TH 均值为 38.748%，中值为 38.838%。从波动性大小，即残差来看，固定资产投资增长率指标 FX 的波动性最大，其残差值为 12.211，第三产业占比指标 TH 波动性最小，其残差仅为 0.538。

表 9-1 1993～2010 年西部 12 个省（自治区、直辖市）相关经济指标特征值表

指标	FR	LB	FX	FN	TH
均值	1.615	0.013	0.188	0.801	0.387
中值	1.604	0.015	0.182	0.812	0.388

指标	FR	LB	FX	FN	TH
最大值	4.237	0.141	0.850	0.914	0.560
最小值	0.715	−0.100	−0.241	0.511	0.278
残差	0.544	0.024	0.122	0.736	0.538

9.2 空间计量模型设置

9.2.1 空间计量模型

在空间计量经济学中，空间效应主要包括空间依赖性和空间差异性。其中，空间依赖性是指一个地区的样本观测值与其他地区的样本观测值相关，观测值在空间上缺乏独立性，相关程度及模式由空间绝对位置和相对位置，如布局、距离等因素决定。空间差异性是指因空间单位异质性而产生的空间效应在区域层面上的非均一性。根据 Anselin（1988a，1988b）的研究结论，空间相关性主要来自两个方面：一是来自不同地区经济变量样本数据采集时可能存在的空间测量误差；二是来自相邻地区间的客观经济联系，尤其是在区域一体化和经济全球化趋势日益增强的今天，地区间的经济联系更加紧密。总的来看，空间经济计量模型主要有两种，分别是空间自回归模型（spatial auto regressive model，SAR）和空间误差模型，空间自回归模型的基本形式为

$$y = \rho(I_r \otimes W_N)y + X^{\mathrm{T}}\beta + \varepsilon \tag{9-1}$$

空间误差模型的基本形式为

$$\begin{aligned} y &= X^{\mathrm{T}}\beta + \mu \\ \mu &= \lambda(I_T \otimes W_N)\mu + \varepsilon \end{aligned} \tag{9-2}$$

其中，y 为因变量；X 为自变量；β 为变量系数；ρ 为空间自回归系数；λ 为空间自相关系数；ε 为误差成分，在一维误差分解模型中，$\varepsilon = \eta_i + v_{it}$ 或 $\varepsilon = \delta_t + v_{it}$，在二维误差分解模型中，$\varepsilon = \eta_i + \delta_t + v_{ti}, \eta_i \sim i.i.d(0, w_i^2)$、$\delta_t \sim i.i.d(0, \xi_t^2)$、$v_{ti} \sim i.i.d(0, \sigma_{ti}^2)$；$t$ 为时间维度；i 为截面维度，I_T 为 T 维单位时间矩阵；W_N 为 $n \times n$ 维的空间权重矩阵，其中 n 为地区数，可根据实际情况来确定权重系数。

根据误差成分分解的差异，空间计量模型可分为固定效应和随机效应。其中，固定效应模型（Elhorst，2003）中控制了空间固定效应和时间固定效应两类非观测效应，反映的是随区位变化，但不随时间变化的背景变量，如经济结构和自然禀赋等对稳态水平的影响；时间固定效应反映的是随时间变化，但不随区位变化的背景变量，如商业周期和暂时性冲击因素等对稳态水平的影响。设 sF 为空间固

定效应的 N 维列向量，tF 为和时间固定效应的 T 维列向量，则

$$\text{sF} = (a_1, a_2, \cdots, a_N)^{\mathrm{T}}$$

$$\text{tF} = (\delta_1, \delta_2, \cdots, \delta_T)^{\mathrm{T}}$$

对应于每个观测值的空间固定效应列向量和时间固定效应列向量为

$$\eta = i_T \otimes \text{sF}, \quad \delta = \text{tF} \otimes i_N$$

其中，i_T 为 T 维元素全为 1 的列向量；i_N 为 N 维元素全为 1 的列向量。

结合式（9-1）、式（9-2）可得

$$y = \rho(I_T \otimes W_N)y + \eta + \delta + X^{\mathrm{T}}\beta + v \qquad (9\text{-}3)$$

$$y = X^{\mathrm{T}}\beta + \eta + \delta + \mu \qquad (9\text{-}4)$$

$$\mu = \lambda(I_T \otimes W_N)\mu + v$$

从空间滞后变量类型和空间相关性作用范围出发，Anselin（2003）对空间计量经济模型进行了分类，并从经济意义上对空间误差模型和空间滞后模型进行了阐释。根据 Anselin（2003）的观点，空间误差模型和空间滞后模型所反映的空间相关性都是全局性的，且相关强度服从距离衰减规律。其中，空间自回归模型意味着一个地区经济增长的所有解释变量均会通过空间传导机制作用于其他地区，空间误差模型则意味着区域外溢是随机冲击作用的结果。因此，式（9-3）和式（9-4）不仅考虑了空间异质性和时间异质性，而且在模型中明确引入了空间相关性，这不仅能在很大程度上纠正可能存在的模型设定偏误问题，而且能为区域外溢效应的考察提供有利条件。

9.2.2　空间相关性检验和模型选择

空间相关性检验是空间计量经济分析的一个重要内容。目前，对区域空间相关性的检验主要方法有基于极大似然估计（maximum likelihood estimation，MLE）假设检验的 Wald、LR 和 LM 统计量和空间相关指数 Moran's I 和 Geary C，它们的原假设为 H_0：$\rho=0$ 或 $\lambda=0$。但是 Moran's I（Moran，1948）、LMerr（Burridge，1980）、LMsar、Lratios、Walds（Anselin，1988b）等空间相关性检验统计量都是针对单个截面回归模型提出的，并不适用于面板数据模型。为此，本书借鉴何江和张馨之（2006）等的方法，采用分块对角矩阵 $C = I_T \otimes W_N$ 来替代 Moran's I 等统计量中的空间权重矩阵，从而把这些检验扩展到面板数据分析之中。同时，LMerr 和 LMsar 及其稳健形式的空间相关性检验不仅可用来检验空间相关性，还可为模型选择提供线索（Anselin and Rey，1991；Anselin and Florax，1995），帮助我们在式（9-3）和式（9-4）之间进行选择。目前通行的做法是，先不考虑空间相关性，采用普通最小二乘法（ordinary least square，OLS）方法对受约束模型

进行估计，然后进行空间相关性检验，如果 Lmsar 比 LMerr 统计量更显著，那么恰当的模型是空间滞后模型；如果 Lmerr 比 Lmsar 统计量更显著，那么恰当的模型是空间误差模型。Anselin 和 Rey（1991）利用蒙特卡罗实验方法证明这种方法能够为空间计量经济模型的选择提供很好的指导。

9.2.3　模型参数估计

在空间计量经济模型估计中，OLS 并不适用。因为，当模型存在空间滞后误差项时，OLS 估计量虽然是无偏的，但不再有效；当模型包含空间滞后被解释变量时，OLS 估计量不仅有偏，而且是非一致的。所以，在空间计量经济模型中，一般使用极大似然法来对模型进行估计（Anselin，1988a；Anselin and Hudak，1992）。但对于空间面板数据模型而言，其参数估计更加复杂，主要针对截面回归模型设计的极大似然估计方法也并不适用。根据 Kelejian 和 Prucha（1999）的研究结论可知，当空间权重矩阵维数很大，尤其是超过 400 时，采用极大似然估计程序将难以对空间权重矩阵进行可靠估计。目前解决这一问题的最常用方法是采用蒙特卡罗模拟来近似运算对数似然函数中雅可比行列式的自然对数（Barry and Pace，1999）。

Smirnov 和 Anselin（2001）给出了一般空间面板模型的极大似然估计函数。如果 $\varepsilon \sim N(0, \sigma_\varepsilon^2 I_{NT})$，则对于空间滞后模型有

$$L = \ln|I_T \otimes (I_N - \rho W_N)| - \frac{NT}{2}\ln\sigma_\varepsilon^2 - \frac{1}{2\sigma_\varepsilon^2}\varepsilon^T\varepsilon \tag{9-5}$$

其中，

$$\varepsilon = y - \rho(I_T \otimes W_N)y - X\beta - a - \delta$$

$|I_T \otimes (I_N - \rho W_N)|$ 为空间转换的雅可比行列式。如果雅可比行列式对角结构一致，那么式（9-5）可简化为

$$L = T\ln|I_N - \rho W_N| - \frac{NT}{2}\ln\sigma_\varepsilon^2 - \frac{1}{2\sigma_\varepsilon^2}\varepsilon^T\varepsilon \tag{9-6}$$

为使模型更为一般化，继续假设 $\varepsilon \sim N(0, \Sigma)$，则式（9-6）又可化为

$$L = T\ln|I_N - \rho W_N| - \frac{1}{2}\ln|\Sigma| - \frac{1}{2}\varepsilon^T\Sigma^{-1}\varepsilon \tag{9-7}$$

其中，

$$\Sigma = E(\varepsilon^T\varepsilon) = \sigma_u^2(i_T i_T^T \otimes I_N) + \sigma_u I_{NT}$$

对于空间误差模型，似然函数可简化为

$$L = -\frac{1}{2}\ln|\Sigma| - \frac{1}{2}\varepsilon^T\Sigma^{-1}\varepsilon \tag{9-8}$$

9.3　空间权重矩阵 W 的设置

空间权重矩阵是空间计量模型构建的关键，也是区域间空间影响方式的集中体现。目前最常用的空间权重矩阵是简单二分权重矩阵，遵循的判定规则是 Rook 相邻规则，即两个地区拥有共同边界则视为相邻。其具体设定方式为：主对角线上的元素为 0，如 i 地区与 j 地区相邻，W_{ij} 为 1；如 i 地区与 j 地区不相邻，则 W_{ij} 为 0。W 经过行标准化处理，用每个元素同时除以所在行元素之和，使得每行元素之和为 1。这种设置方式简单，计算简便，故使用广泛。根据该方法，本章设置了西部地区 12 个省（自治区、直辖市）的地理权重矩阵。具体如表 9-2 所示，表中列出了西部地区 12 个省（自治区、直辖市）的地理相邻信息。

表 9-2　经标准化后的地理权重矩阵表

省份	广西	西藏	陕西	贵州	重庆	内蒙古	四川	青海	云南	新疆	甘肃	宁夏
广西	0	0	0	0.500	0	0	0	0	0.500	0	0	0
西藏	0	0	0	0	0	0	0.250	0.250	0.250	0.250	0	0
陕西	0	0	0	0	0.200	0.200	0.200	0	0	0	0.200	0.200
贵州	0.250	0	0	0	0.250	0	0.250	0	0.250	0	0	0
重庆	0	0	0.333	0.333	0	0	0.333	0	0	0	0	0
内蒙古	0	0	0.333	0	0	0	0	0	0	0	0.333	0.333
四川	0	0.143	0.143	0.143	0.143	0	0	0.143	0.143	0	0.143	0
青海	0	0.250	0	0	0	0	0.250	0	0	0.250	0.250	0
云南	0.250	0.250	0	0.250	0	0	0.250	0	0	0	0	0
新疆	0	0.333	0	0	0	0	0	0.333	0	0	0.333	0
甘肃	0	0	0.167	0	0	0.167	0.167	0.167	0	0.167	0	0.167
宁夏	0	0	0.333	0	0	0.333	0	0	0	0	0.333	0

考虑到相邻地区间的经济联系存在差异，林光平（2006）在二元权重矩阵基础上构建了经济权重矩阵，其基本形式为

$$W^* = W \times E$$

$$E_{ij} = 1 / |\bar{y}_i - \hat{y}_i|$$

$$\bar{y}_i = \frac{1}{t_1 - t_0 + 1} \sum_{t_0}^{t_1} y_{it}$$

其中，W 为空间地理位置权重矩阵；E 为经济强度矩阵。在现实中，经济落后地区对经济发达地区的影响力常常较弱，而经济发达地区对经济落后地区的辐射力和吸引力常常更大，空间影响力更强。为了对地区间现实存在的这种经济关联性进行更好的模拟，本章将采用更能表达区域间经济联系的经济空间权重矩阵。假设一个省（自治区、直辖市）的经济实力强，其对周边省（自治区、直辖市）产生的空间影响力就大；一个省（自治区、直辖市）的经济实力弱，则对对周边省（自治区、直辖市）的空间影响力就小（陈晓玲和李国平，2006）。用考察期间西部地区各省（自治区、直辖市）实际 GDP/西部地区所有省（自治区、直辖市）实际 GDP 之和的均值来衡量地区经济发展水平的高低，则经济空间权重矩阵 W 是地理空间权重 w 与各地区 GDP 所占比重均值为对角元的对角矩阵的乘积。具体形式如下：

$$W = w^* \mathrm{diag}\left(\frac{\overline{y}_1}{\overline{y}}, \frac{\overline{y}_2}{\overline{y}}, \cdots, \frac{\overline{y}_n}{\overline{y}}\right)$$

$$\overline{y}_1 = \frac{1}{t_1 - t_0 + 1} \sum_{t_0}^{t_1} y_{it}$$

$$\overline{y} = \frac{1}{n(t_1 - t_0 + 1)} \sum_{i=1}^{n} \sum_{t_0}^{t_1} y_{it}$$

根据此原理，下面构建了西部地区 12 个省（自治区、直辖市）的经济权重矩阵，具体见表 9-3，表 9-3 是经过标准化后的西部地区 12 个省（自治区、直辖市）经济权重矩阵表。

表 9-3 经标准化后的经济权重矩阵表

省份	广西	西藏	陕西	贵州	重庆	内蒙古	四川	青海	云南	新疆	甘肃	宁夏
广西	0	0	0	0.705	0	0	0	0	1.230	0	0	0
西藏	0	0	0	0	0	0	2.630	0.194	1.230	0.871	0	0
陕西	0	0	0	0	1.158	1.423	2.630	0	0	0	0.664	0.225
贵州	1.447	0	0	0	1.158	0	2.630	0	1.230	0	0	0
重庆	0	0	1.372	0.705	0	0	2.630	0	0	0	0	0
内蒙古	0	0	1.372	0	0	0	0	0	0	0	0.664	0.225
四川	0	0.081	1.372	0.705	1.158	0	0	0.194	1.230	0	0.664	0
青海	0	0.081	0	0	0	0	2.630	0	0	0.871	0.664	0
云南	1.447	0.081	0	0.705	0	0	2.630	0	0	0	0	0
新疆	0	0.081	0	0	0	0	0	0.194	0	0	0.664	0
甘肃	0	0	1.372	0	0	1.423	2.630	0.194	0	0.871	0	0.225
宁夏	0	0	1.372	0	0	1.423	0	0	0	0	0.664	0

9.4　基于非农产业的空间实证分析

当代表产业结构的指标为非农产业占比时，首先利用最小二乘虚拟变量（least square dummy variables，LSDV）方法估计传统的固定效应模型。这里的应变量为非农产业占比 FN，即第二、第三产业之和与西部地区 GDP 的比值，因变量分别为金融结构指标 FR、固定资产投资增长率 FX、劳动力增长率 LB。回归结果如式（9-9）所示。其中，固定影响系数 η_i 值见表 9-4。

$$\text{FN}_{i,t} = 65.239 + \eta_i + 8.331\text{FR}_{i,t} + 0.274\text{LB}_{i,t} + 0.071\text{FX}_{i,t} \qquad (9\text{-}9)$$

$$(54.400) \quad (11.491) \quad (2.145) \quad (2.778)$$

$$R^2 = 0.657, \quad \overline{R}^2 = 0.632, \quad \text{DW=0.571}, \quad F\text{=25.913}$$

表 9-4　西部地区 12 个省（自治区、直辖市）横截面固定影响系数表

省份	η_i	省份	η_i
广西	−1.309	四川	−2.064
西藏	−14.558	青海	2.421
陕西	5.257	云南	0.676
贵州	−3.893	新疆	−0.595
重庆	5.505	甘肃	1.696
内蒙古	3.838	宁夏	3.025

从回归结果来看，金融结构 FR、固定资产投资增长率 FX、劳动力增长率 LB 对产业结构指标 FN 的回归系数符号均为正。这三个指标每变动一个单位，其对产业结构指标 FN 的影响度分别为 8.331、0.071、0.274，其中金融结构 FR 对产业结构 FN 的作用最显著。模型整体虽然显著，但其拟合优度不高，$\overline{R}^2$ 仅为 65.747%，调整的判定系数也仅为 63.210%。这说明模型中的变量对产业结构解释力并不高。原因可能有两个：一是模型中存在重要变量被遗漏的问题；二是模型设定可能存在偏误问题，如未考虑到西部各省（自治区、直辖市）截面单元间的空间自相关性。从 DW 值 0.571 来看，模型中的变量应该存在自相关。因此，下面需要对空间回归误差项进行检验，检验结果见表 9-5。

表 9-5　地理权重空间相关性检验表

检验方法	样本数	检验值	概率
LMerr	204	44.420	0.016
LMsar	204	25.733	0.007

检验方法	样本数	检验值	概率
Moran	204	0.082	0.024
Lratios	204	−50.394	0.000
Walds	204	60.586	0.000

从检验结果来看，所有检验均否定原假设，说明回归误差项存在空间自相关。同时，基于经济空间权重矩阵的面板数据空间相关性检验也具有几乎相同的显著性。因为检验结果显示 LMerr=44.420>LMsar=25.733，因此这里选择空间面板误差估计方法分别对无固定效应、空间固定效应、时间固定效用、时空固定效应四种模型进行估计。使用的软件为 Matlab7.10 中的 Spatial econometric 模块。具体估计结果如表 9-6～表 9-9 所示。其中，表 9-6 是基于地理权重的空间面板模型估计结果，表 9-7 是基于经济权重的空间面板模型估计结果、表 9-8 是经济空间权重 Panel SEM 时空固定效应模型的空间固定效应、表 9-9 是经济空间权重 Panel SEM 时空固定效应模型的时间固定效应。

表 9-6　基于地理权重的空间面板 Panel SEM 模型估计结果表

解释变量	无固定效应	空间固定效应	时间固定效应	时空固定效应
FR	32.783***	5.372***	−0.271	0.804**
LB	0.605	0.216**	−0.097	0.151**
FX	0.665***	0.032	−0.009	0.146*
误差空间自相关系数	0.137***	0.125***	−0.170***	−0.197***
判定系数	0.498	0.615	0.526	0.877
总体方差	334.441	12.666	22.684	4.049
对数似然比	−893.648	−557.043	−607.988	−447.007

***表示在1%的显著性水平上显著；**表示在5%的显著性水平上显著；*表示在10%的显著性水平上显著

表 9-7　基于经济权重的空间面板 Panel SEM 模型估计结果表

解释变量	无固定效应	空间固定效应	时间固定效应	时空固定效应
FR	33.050***	5.847***	−0.258	0.634**
LB	0.664	0.214**	−0.084	0.147**
FX	0.664***	0.035	−0.012	0.151*
误差空间自相关系数	0.117***	0.110***	−0.100***	−0.074***
判定系数	0.326	0.626	0.526	0.877
总体方差	332.001	12.691	22.753	5.394
对数似然比	−893.673	−559.052	−608.183	−465.392

***表示在1%的显著性水平上显著；**表示在5%的显著性水平上显著；*表示在10%的显著性水平上显著

表 9-8　经济空间权重 Panel SEM 时空固定效应模型的空间固定效应表

省份	Panel SEM	省份	Panel SEM
广西	−5.249	四川	−2.609
西藏	−7.853	青海	4.293
陕西	5.478	云南	0.182
贵州	−4.459	新疆	−0.377
重庆	4.565	甘肃	1.383
内蒙古	0.143	宁夏	4.505

表 9-9　经济空间权重 Panel SEM 时空固定效应模型的时间固定效应表

年份	地理空间权重	经济空间权重
1994	−7.853	−7.967
1995	−6.872	−6.962
1996	−7.418	−7.502
1997	−6.025	−6.080
1998	−4.327	−4.370
1999	−2.709	−2.728
2000	−1.170	−1.132
2001	0.266	0.295
2002	1.465	1.488
2003	2.518	2.537
2004	2.587	2.584
2005	3.164	3.157
2006	4.549	4.558
2007	4.481	4.563
2008	5.373	5.377
2009	5.940	6.037
2010	6.033	6.144

　　由表 9-6 和表 9-7 可知，标志空间依赖关系的误差空间自相关系数的估计值在所有模型中均达到 1%的显著性水平，说明产业结构的确存在空间相关性。其中，误差空间自相关系数的系数估计在基于经济权重矩阵面板数据模型中的值整体上要比基于地理权重矩阵的面板数据模型的值要小，其原因可能是经济空间权重矩阵反映邻近关系时考虑了经济活动的差异性，而地理空间权重矩阵反映邻近关系

时仅考虑了自然邻近关系，权重设置更加均匀的原因。从估计参数来看，无论是基于地理权重的空间面板模型，还是基于经济权重的空间面板模型，其固定效应模型、空间固定效应模型、时间固定效应模型、时空固定效应模型的参数估计结果存在较大差异。

对于表 9-6 和表 9-7 中的无固定效应模型来说，由于假定各省（自治区、直辖市）之间产业结构是同质的，而没有考虑西部地区各省（自治区、直辖市）之间在产业结构上存在结构性差异。而事实上，西部地区大多数省（自治区、直辖市）产业结构层次较低，少数省（自治区、直辖市）产业结构层次较高，如果不考虑这种差异而放在一起进行回归，很容易产生异方差，从而导致估计的金融结构 FR、劳动力增长率 LB、固定资产投资增长率 FX 的弹性系数之和偏高。在表 9-6 的无固定效应模型中，金融结构 FR、劳动力增长率 LB、固定资产投资增长率 FX 的参数分别为 32.783、0.605、0.665，FR 的参数明显偏高；而在表 9-7 的无固定效应模型中，金融结构 FR、劳动力增长率 LB、固定资产投资增长率 FX 的参数分别为 33.050、0.664、0.664，FR 的参数也显著偏高。

对于表 9-6 和表 9-7 中的空间固定效应模型来说，由于只考虑了地区之间结构性差异的影响，没有考虑期间影响，此时期间影响值将反映在固定影响系数里，使得固定影响系数整体偏高，进而导致估计的金融结构 FR、劳动力增长率 LB、固定资产投资增长率 FX 的参数失真。在表 9-6 的空间固定效应模型中，金融结构 FR、劳动力增长率 LB、固定资产投资增长率 FX 的参数分别为 5.372、0.216、0.032，弹性系数之和明显偏高；而在表 9-7 的空间固定效应模型中，金融结构 FR、劳动力增长率 LB、固定资产投资增长率 FX 的参数分别为 5.847、0.214、0.035，弹性系数之和也显著失真。

从表 9-6 和表 9-7 中的时间固定效应模型来看，由于该模型只考虑了期间影响，而没有考虑西部地区各省（自治区、直辖市）之间的固定影响，其回归结果亦存在明显的失真现象。在表 9-6 的时间固定效应模型中，金融结构 FR、劳动力增长率 LB、固定资产投资增长率 FX 的参数分别为 -0.271、-0.097、-0.001，弹性系数之和明显与现实不符。而在表 9-7 的时间固定效应模型中，金融结构 FR、劳动力增长率 LB、固定资产投资增长率 FX 的参数分别为 -0.258、-0.084、-0.012，弹性系数之和也明显不符合现实。

从表 9-6 和表 9-7 中时空固定效应模型来看，由于该模型既考虑了区域内各省（自治区、直辖市）之间的结构性差异，又考虑了期间差异，较好地消除了横截面上由结构性差异和时间上期间差异产生的异方差，避免了伪回归问题，更能客观地反映现实情况。这一点从估计结果中的判定系数、似然比等指标也可得到证实。在表 9-6 的时空固定效应模型中，判定系数为 0.877，是四个模型中最大的。似然比为 -447.007，其绝对值是最小的。而在表 9-7

的时空固定效应模型中，其判定系数为 0.877，仍然是四个模型中最大的。似然比为−465.392，其绝对值是最小的。这也印证了时空固定效应模型的解释度更强。

在表 9-6 的时空固定效应模型中，金融结构 FR、劳动力增长率 LB、固定资产投资增长率 FX 的参数分别为 0.804、0.146 和 0.151，弹性系数之和为 1.101。其中，金融结构 FR 在 5%水平上显著，固定资产投资增长率 FX、劳动力增长率 LB 在 10%水平上显著。这说明西部地区金融结构对产业结构具有促进作用，金融结构每增长 1 个单位，西部地区产业结构将变动 0.804 个单位。在表 9-7 的时空固定效应模型中，金融结构 FR、劳动力增长率 LB、固定资产投资增长率 FX 的参数分别为 0.634、0.147 和 0.151，弹性系数和为 0.932。其中，固定资产投资增长率 FX、劳动力增长率 LB 在 10%水平显著，金融结构 FR 在 5%水平显著。金融结构调整对产业结构同样具有促进作用，金融结构每调整 1 个单位，西部地区产业结构将变动 0.634 个单位，略小于地理权重的空间面板模型实证结果。总体上看，当产业结构指标为非农产业 FN 时，对西部地区产业结构影响最大的是金融结构 FR；其次是固定资产投资增长率 FX，这或许与固定资产投资增长时，更多地表现为一种外延式产业发展路径有关；而劳动力增长率 LB 对产业结构影响最小，这说明西部地区劳动力资源，尤其是高素质劳动力资源尚不足，对产业结构的促进作用还较小。

从表 9-8 来看，西部地区 12 个省（自治区、直辖市）的空间固定效应存在显著差异，其中空间效应绝对值较大的有广西、西藏、陕西、重庆、青海、宁夏等，而空间效应绝对值较小的有内蒙古、四川、云南、新疆、甘肃等。最高值达到 5.478，最低值为−7.853。从表 9-9 来看，无论是地理空间权重还是经济空间权重下，其时间效应虽有阶段性特点，但整体上呈逐渐增长趋势。说明在这一期间，随着时间的推移，西部地区产业结构存在着分化加大的趋势。

9.5　基于第三产业的空间实证分析

当代表产业结构的指标为第三产业占比时，这里同样先利用 LSDV 方法估计传统固定效应模型。这里的应变量为第三产业占比 TH，即第三产业与西部地区 GDP 的比值，因变量仍为固定资产投资增长率 FX、劳动力增长率 LB、金融结构 FR。回归结果如式（9-10）所示。其中，固定影响系数 η_i 值见表 9-10。

$$\text{TH}_{i,t} = 31.881 + \eta_i + 4.375\text{FR}_{i,t} + 0.008\text{LB}_{i,t} + 0.066\text{FX}_{i,t} \tag{9-10}$$

$$（32.037）\quad（7.272）\quad（−0.078）\quad（0.311）$$

$$R^2 = 0.549，\quad \overline{R}^2 = 0.516，\quad \text{DW}=0.369，\quad F=16.460$$

表 9-10　西部地区 12 个省（自治区、直辖市）横截面固定影响系数表

省份	η_i	省份	η_i
广西	0.386	四川	−1.955
西藏	6.126	青海	−0.416
陕西	−0.545	云南	−1.862
贵州	−1.623	新疆	−2.061
重庆	0.341	甘肃	−1.015
内蒙古	1.120	宁夏	1.506

从回归结果来看，金融结构 FR、固定资产投资增长率 FX 对产业结构的回归系数符号为正，而劳动力增长率 LB 对产业结构指标 TH 的回归系数符号为负。这三个指标每变动一个单位，对产业结构指标 TH 的影响度分别为 4.375、0.066、0.008 个单位，其中金融外部结构 FR 对产业结构指标 TH 的作用最显著，固定资产投资增长率 FX 和劳动力增长率 LB 指标对产业结构指标 TH 的作用不显著。模型整体显著，但模型的拟合优度 $\overline{R^2}$ 仅为 54.940%，调整的判定系数也仅为 51.602%。这说明本章选择的变量对产业结构问题的解释度不高。原因同样仍可能有两个：一是遗漏了重要变量；二是模型设定有问题。从 DW 值 0.369 来判断，变量之间同样可能存在自相关。因此，下面仍对空间回归误差项进行检验，检验结果见表 9-11。

表 9-11　地理权重空间相关性检验结果表

检验方法	样本数	检验值	概率
LMerr	204	31.134	0.082
LMsar	204	20.554	0.026
Moran	204	0.069	0.014
Lratios	204	−33.856	0.000
Walds	204	60.586	0.000

从检验结果来看，所有检验也均否定原假设，说明回归误差项存在空间自相关。经检验发现，基于经济空间权重矩阵的面板数据空间相关性检验具有几乎相同水平的显著性。这里检验结果仍显示 LMerr=31.134>LMsar=20.554，说明西部地区各省（自治区、直辖市）之间的产业结构还是以依赖效应为主，扩散效应不明显。因此，这里仍选择空间面板误差估计方法对无固定效应、空间固定效应、时间固定效应、时空固定效应等四种情况分别进行估计。使用的软件仍是 Matlab7.10 中的 Spatial econometric 模块。具体估计结果如表 9-12～表 9-15 所示。

表 9-12　基于地理权重的空间面板 Panel SEM 模型表

解释变量	无固定效应	空间固定效应	时间固定效应	时空固定效应
FR	18.032***	3.131***	5.327***	1.836***
LB	0.309	−0.013	0.258***	0.097
FX	0.251***	−0.014	−0.004	−0.034*
误差空间自相关系数	0.138***	0.104***	−0.126***	−0.178***
判定系数	0.486	0.534	0.546	0.741
总体方差	60.676	9.413	9.528	6.086
对数似然比	−718.928	−523.320	−526.917	−476.003

***表示在1%的显著性水平上显著；*表示在10%的显著性水平上显著

表 9-13　基于经济权重的空间面板 Panel SEM 模型表

解释变量	无固定效应	空间固定效应	时间固定效应	时空固定效应
FR	18.056***	2.907***	5.551***	1.403*
LB	0.320	−0.029	0.212**	0.057
FX	0.257***	−0.015	−0.004	−0.040*
误差空间自相关系数	0.118***	0.107***	−0.113***	−0.101***
判定系数	0.488	0.529	0.548	0.742
总体方差	62.990	8.643	11.182	6.448
对数似然比	−723.198	−518.626	−536.368	−479.724

***表示在1%的显著性水平上显著；**表示在5%的显著性水平上显著；*表示在10%的显著性水平上显著

表 9-14　经济空间权重 Panel SEM 时空固定效应模型的空间固定效应表

省份	Panel SEM	省份	Panel SEM
广西	−1.166	四川	−2.076
西藏	8.571	青海	0.336
陕西	−0.384	云南	−2.133
贵州	−1.898	新疆	−2.074
重庆	0.064	甘肃	−1.005
内蒙古	−0.220	宁夏	1.984

表 9-15　经济空间权重 Panel SEM 时空固定效应模型的时间固定效应表

年份	地理空间权重	经济空间权重
1994	−5.224	−5.584
1995	−3.637	−3.816
1996	−3.543	−3.819
1997	−2.533	−2.686

年份	地理空间权重	经济空间权重
1998	−0.786	−0.907
1999	0.377	0.296
2000	1.008	1.063
2001	2.697	2.772
2002	4.038	4.107
2003	3.436	3.490
2004	2.382	2.379
2005	2.057	2.050
2006	0.889	0.924
2007	−0.546	−0.313
2008	−0.470	−0.452
2009	1.085	1.397
2010	−1.229	−0.901

由表 9-12 和表 9-13 可知，标志空间依赖关系的误差空间自相关系数的系数估计值在所有模型中也均达到 1%的显著性水平,说明产业结构的确存在空间相关性。其中，误差空间自相关系数的系数估计在基于经济权重矩阵的面板数据模型中的值整体上比基于地理权重矩阵面板数据模型的值要小，同样可能是因为经济空间权重矩阵反映邻近关系时考虑了经济活动的差异性，而地理空间权重矩阵反映邻近关系时仅考虑自然邻近关系，权重设置更加均匀。从估计参数来看，无论是基于地理权重的空间面板模型，还是基于经济权重的空间面板模型，其固定效应模型、空间固定效应模型、时间固定效应模型、时空固定效应模型的参数估计结果也均存在较大差异。

对于表 9-12 和表 9-13 中的无固定效应模型来说，在表 9-12 的无固定效应模型中，金融结构 FR、劳动力增长率 LB、固定资产投资增长率 FX 的参数分别为 18.032、0.309、0.251。在表 9-13 的无固定效应模型中，金融结构 FR、劳动力增长率 LB、固定资产投资增长率 FX 的参数分别为 18.056、0.320、0.257，弹性系数和均明显偏高。对于空间固定效应模型来说，基于地理权重空间面板模型的空间固定效应模型中，金融结构 FR、劳动力增长率 LB、固定资产投资增长率 FX 的参数分别为 3.131、−0.013、−0.014，在表 9-13 的空间固定效应模型中，金融结构 FR、劳动力增长率 LB、固定资产投资增长率 FX 的参数分别为 2.907、−0.029、−0.015，弹性系数之和也均显著失真。从时间固定效应模型来看，在表 9-12 的时间固定效应模型中，金融结构 FR、劳动力增长率 LB、固定资产投资增长率 FX 的参数分别为 5.327、0.258、−0.004，弹性系数之和与现实明显不符。而在表 9-13 的时间固定效应模型中，金融结构 FR、劳动力增长率 LB、固定资产投资增长率 FX 的参数分别为 5.551、0.212、-0.004，弹性系数之和也明显偏高。而从既考虑了区域内各省（自治区、直辖市）之间的结构性差异，又考虑了期间差异的时空固定效应模型来看，在表 9-12 的时空固定效应模型中，判定系数为 0.741，是四个模型中最大的。似然比为-476.003，其绝对值是最小的。而在表 9-13 的时空固定效应模型中，其判定系数为 0.742，仍然是四个模型中最大的。似然比为-479.724，其绝对值是最小的。这同样印证了时空固定效应模型的解释度更强。

在表 9-12 的时空固定效应模型中，金融结构 FR、劳动力增长率 LB、固定资产投资增长率 FX 的参数分别为 1.836、0.097、-0.034，金融结构 FR 在 1%水平上显著，固定资产投资增长率在 10%水平上显著，劳动力增长率 LB 不显著。在表 9-13 的时空固定效应模型中，金融结构 FR、劳动力增长率 LB、固定资产投资增长率 FX 的参数分别为 1.403、0.057、-0.040。同样，金融结构 FR 在 1%水平上显著，固定资产投资增长率 FX 在 10%水平上显著，劳动力增长率 LB 不显著。这两个模型均说明西部地区金融结构调整对产业结构具有显著的促进效应，当金融结构调整一个单位，第三产业的占比将分别增长 1.836 个和 1.403 个单位。而固定资产投资增长率对产业结构具有微弱的负面效应，当固定资产投资 FX 每增加一个单位，第三产业占比将分别降低 0.034、0.040 个单位，这可能是因为在西部地区第三产业不发达投资效益较差的情况下，增长的固定资产投资更多是投向了第二产业而不是第三产业。劳动力增长率每变动一个单位，第三产业占比将分别增长 0.097 个和 0.057 个单位，影响度较小。

从表 9-14 来看，西部地区 12 个省（自治区、直辖市）中空间效应绝对值较大的有西藏、贵州、四川、云南、新疆、宁夏，空间效应绝对值较小的有广西、陕西、重庆、内蒙古、青海、甘肃。从表 9-15 来看，无论是地理空间权重还是经济空间权重下，时间效应均呈先上升后下降的阶段性趋势特点，2003 年以前总体上呈不断上升趋势，2003～2010 年总体上呈不断下降趋势。

9.6 本章小结

在有关金融结构与产业结构关系的相关研究文献中，极少考虑到其中的空间距离要素问题，具有空间事物无关联及均质性假定。但在现实中，空间距离可产生地理分割，是区域金融和产业发展的重要影响因素之一。忽略空间要素，可能会造成模型设定偏误的问题。为此，本章在对相关面板数据序列进行空间相关性检验的基础上，运用空间面板误差模型对西部地区金融结构和产业结构之间的协调互动关系实证分析。为了对结果进行比较，在研究中分别采用了地理权重矩阵和经济权重矩阵。研究获得以下主要结论。

第一，空间相关性检验结果表明，西部地区产业结构指标存在空间自相关，传统的 LSDV 估计方法因没有考虑到空间因素，可能存在模型设定偏误的问题。因此，要把握西部地区金融结构与产业结构之间的真实关系，需要运用空间计量模型进行考察。检验结果显示 LMerr>LMsar，因此空间面板误差估计方法是研究这一问题的适宜模型。

第二，基于地理权重的空间面板时空固定效应模型实证结果表明，西部地区金融结构对非农产业占比提升具有促进作用，金融结构每增长 1 个单位，西部地区非农产业占比将提升 0.804 个单位。基于经济权重的空间面板时空固定效应模型实证结果也表明西部地区金融结构对非农产业占比同样具有促进作用，金融结构每增长 1 个单位，西部地区非农产业占比将增长 0.634 个单位，略小于地理权重的空间面板模型实证结果。总体上看，对西部地区非农产业占比影响最大的是金融结构 FR；其次是固定资产投资增长率 FX，劳动力增长率 LB 对非农产业占比变动的影响最小。西部地区 12 个省（自治区、直辖市）的空间固定效应存在显著差异，说明各省（自治区、直辖市）的产业结构具有较强的异质性。时间效应虽有阶段性特点，但整体上呈逐渐增长趋势，说明西部地区产业结构存在分化加大的趋势。

第三，基于地理权重的空间面板时空固定效应模型实证结果表明，西部地区资产结构调整对第三产业占比提升具有促进作用，金融结构每增长 1 个单位，西部地区第三产业占比将变动 1.836 个单位。基于经济权重的空间面板时空固定效应模型实证结论表明金融结构调整对第三产业占比同样具有促进作用，金融结构每调整 1 个单位，西部地区产业结构将变动 1.403 个单位，略小于地理权重的空间面板模型实证结果。总体上看，对西部地区第三产业占比变动影响最大的是金融结构 FR；其次是劳动力增长率 LB；固定资产投资增长率 FX 对产业结构影响为负。西部地区各省（自治区、直辖市）的空间效应绝对值较大的有西藏、贵州、四川、云南、新疆、宁夏，空间效应绝对值较小的有广西、陕西、重庆、内蒙古、青海、甘肃。时间效应在 2003 年以前总体上呈不断上升趋势，2003～2010 年则呈不断下降趋势，说明 2003 年以后西部地区第三产业的发展有逐渐收敛的趋势。

第 10 章　结论及政策建议

围绕金融结构与产业结构协调互动关系这一主题，本书从理论探讨和实证分析两个方面入手，在对金融结构与产业结构的协调互动关系进行跨期动态均衡理论研究基础上，运用金融学、产业经济学、计量经济学、经济地理学等相关理论知识和实证方法，从外部结构、内部结构、空间结构等多个维度对西部地区金融结构和产业结构的协调互动关系进行实证研究，获得以下基本结论。

10.1　研究结论

第一，从跨期动态视角看，金融结构与产业结构之间存在协调互动关系。

从跨期动态视角对金融结构与产业结构协调互动关系进行理论研究。以 Chakraborty 和 Ray（2007）的动态均衡模型为基础，构建了分析金融结构与产业结构协调互动关系的一般静态均衡和跨期动态均衡模型。并以此为基础，对金融结构与产业结构之间的协调互动作用原理进行严密的理论研究。

研究表明，①产业结构会从两个方向影响金融外部结构：一是随着产业结构升级的出现，一少部分工人因此受益，财富水平超过财富门槛下限 a，进而使自己的下一代成为企业家，增大对金融资产的总需求，提升金融资产结构水平；二是一部分企业家因跟不上产业结构升级步伐而投资失败，导致其下一代转变为工人，从而减少金融资产的总需求，降低金融外部结构水平。②金融外部结构也会从两个方向来影响产业结构：一是当金融外部结构水平提升时，财富门槛下降，少部分原来低于财富下限门槛的工人成功达到要求，其下一代可成功进入企业家群体，从而促进产业结构升级；二是当金融外部结构水平下降时，财富门槛提高，原来财富量较少的企业家因不能达到这一门槛值，其下一代转变为工人，进而引起产业结构调整。③产业结构影响金融内部结构的路径是：当产业结构升级时，一部分企业家因不适应产业结构升级步伐而使自己的财富量下降，通过遗产继承方式的影响，他们的下一代身份发生变动，进而引起金融内部结构出现调整。当金融内部结构出现调整时，货币资产和非货币资产融资的财富门槛值出现调整，各类经济主体的占比发生变化，进而引起产业结构发生相应改变。

第二，金融资产总量不足，结构失衡；产业结构层次较低，第三产业发展滞后。

采用比较研究法，本书从货币资产、证券资产、保险资产、银行信贷资产、金融内部结构、金融外部结构等多个方面，把西部地区的金融结构发展状况与我国东部、中部及全国平均水平进行比较，把西部地区内部各省市的金融结构发展状况进行比较。在分析西部地区三次产业构成现状的基础上，运用系统动力学模拟仿真技术对西部地区产业结构演进规律进行仿真模拟研究。

研究结果表明：①金融资产总量不足，结构失衡。与我国三大区域相比，西部地区的货币资产与东部地区存在较大差距，仅与中部地区相当；券化率水平和上市公司数量最低，上市公司数量仅为东部地区的三分之一左右，尚处于较低发展水平；保险资产增长速度虽较快，但其绝对值仍明显不足。整体上，西部地区金融结构是以货币资产占绝对比重，结构较为单一。从西部地区内部各省（自治区、直辖市）金融资产发展状况来看。四川、重庆、陕西、云南、广西等省份的金融资产发展总体情况较好，而西藏、新疆、青海、宁夏等省份的金融资产发展相对滞后，省份之间发展差异巨大，呈现出不均衡的态势。②产业结构层次较低，第三产业发展滞后。1993~2010，西部地区一直处于"二三一"的产业结构状态，刚进入工业化初期阶段。第一产业所占比例持续下降，第二、第三产业所占比例逐渐上升。在我国三大区域中，西部地区第一产业占比下降速度最快，第二产业增幅最高，第三产业增速较慢，发展滞后。1992年开始全面实施的市场经济体制改革和1999年正式提出并实施的西部大开发战略对该地区工业化进程起到了有效的推动作用。

第三，金融外部结构对产业结构促进效应显著，产业结构对金融外部结构促进作用不明显。

在运用LLC、Fisher-ADF和Fisher-PP等面板单位根检验方法对数据序列进行平稳性检验的基础上，以combined Johansen面板协整检验方法对金融外部结构与产业结构之间的协整关系进行检验。通过构建面板向量自回归模型，对金融外部结构与产业结构之间进行脉冲响应分析和方差分解。应用面板格兰杰因果检验技术对二者的因果关系进行实证检验。

研究结果显示：①西部地区金融外部结构与非农产业之间具有相互的正向促进作用，与第三产业之间具有相互抑制效应。即金融外部结构FR的增长能促进非农产业占比FN的提升，非农产业占比FN的提升反过来也对金融外部结构FR的增长具有促进作用。金融外部结构FR的增长会导致第三产业占比TH的下降，第三产业占比TH的增长也对金融外部结构FR具有反向作用。②西部地区金融外部结构的变动主要来自自身，来源于产业结构的影响相对较小。同时，金融外部结构对非农产业变动的贡献率较大，对第三产业变动的贡献率较小。西部地区主要处于金融结构调整带动产业结构升级阶段，而不是产业结构升级带动金融结构调整阶段，产业结构升级对金融结构调整的反作用力较弱。③西部地区金融结构与产业结构之间存在协整关系。在长期，金融外部结构调整与产业结构之间存在双向格兰杰因果关系，金融外部结构调整是产业结构升级的格兰杰原因，产业结构升级也是金融外部结构调整的格兰杰原因。在短期，金融外部结构调整与产业结构升级之间仅存在单向因果关系，金融外部结构是产业结构升级的格兰杰原因，但产业结构升级不是金融外部结构的格兰杰原因。

第四，金融内部结构各要素与产业结构之间的协调互动作用存在显著差异。

在对数据序列进行面板单位根平稳性检验基础上，本书以面板协整检验方法对金融内部结构调整与产业结构之间的协整关系进行检验。之后通过构建面板向量自回归模型，对金融内部结构与产业结构之间进行脉冲响应和方差分解分析，最后应用面板数据格兰杰因果检验技术对二者的因果关系进行实证研究。

结果表明：①货币资产、保险资产对非农产业的发展具有反向作用，但非农产业发展对货币资产、保险资产的增长具有正向效应。证券资产增长有利于非农产业发展，非农产业发展在短期内对证券资产具有反向作用，在长期内具有促进作用。货币资产、保险资产的增长对第三产业的发展具有反向效应，第三产业发展在短期内对货币资产增长有阻碍作用，在长期对货币资产具有促进作用。对保险资产具有抑制效应。证券资产增长对第三产业发展具有正向效应，但第三产业发展却不利于证券资产增长。②在 10、20、30 个预测期，对非农产业变动影响的大小顺序分别为证券资产、货币资产、保险资产，而非农产业变动对金融内部结构各组成要素的影响大小顺序分别为证券资产、货币资产、保险资产。金融内部结构调整对第三产业影响的大小顺序分别为保险资产、货币资产、证券资产，第三产业变动对金融内部结构调整组成要素的影响大小顺序分别为货币资产、证券资产、保险资产。③金融内部结构各组成要素与非农产业、第三产业之间存在协整关系。在长期，金融内部结构和产业结构之间存在双向格兰杰因果关系；在短期，货币资产、证券资产与非农产业之间，以及保险资产和第三产业之间存在从金融内部结构到产业结构的单向因果关系。保险资产与非农产业之间，以及货币资产、证券资产与第三产业之间不存在格兰杰因果关系。

第五，从空间视角考察，金融结构对产业结构具有显著促进作用。

在运用 Wald、LR、LM 和 Moran 指数对相关面板数据序列进行相关性检验的基础上，以 Matlab7.10 中的 Spatial econometric 软件模块为计量工具，分别采用地理权重矩阵和经济权重矩阵的空间面板误差模型对西部地区金融结构和产业结构之间的协调互动关系进行实证研究。

研究结果显示：西部地区产业结构存在空间自相关，把握西部地区金融结构与产业结构之间的真实关系，需要运用空间计量模型进行考察。无论是基于地理权重的空间面板时空固定效应模型还是基于经济权重的空间面板时空固定效应模型均能证明，金融结构对非农产业和第三产业均具有促进作用。总体上看，对西部地区非农产业影响最大的是金融结构 FR；其次是固定资产投资增长率 FX，劳动力增长率 LB 对非农产业变动的影响最小。对西部地区第三产业变动影响最大的是金融结构 FR；其次是劳动力增长率 LB；固定资产投资增长率 FX 对产业结构的影响为负。在时间效应上，西部地区非农产业存在逐渐分化加大的趋势，第三产业在 2003 年以前有分化加大的趋势，2003 年以后有逐渐收敛的趋势。在空间效应上，西部地区各省（自治区、直辖市）的产业结构具有较强的异质性。

10.2 政策建议

10.2.1 做大金融资产总量，优化金融资产结构

根据研究结论可知，当前西部地区金融资产总量不足、结构失衡，金融资产种类单一，与产业结构互动效应差异较大。为此，今后西部地区应从内外部结构两方面入手，在做大金融资产总量，满足产业结构升级对资金总量需求的前提下，不断优化金融结构，促进西部地区金融资产健康快速发展。具体措施包括以下三点。

（1）提升银行业务创新能力、扭转货币资产对产业结构升级的抑制效应。从研究结果可知，西部地区目前处于"银行主导模式"的金融内部结构体系下，货币资产在各类金融资产中占有绝对比重。但与此同时，无论从非农产业还是第三产业来看，货币资产在产业结构升级中的促进作用均未能得到有效发挥。究其原因，这与西部地区投资渠道不畅，货币资产在银行大量沉淀不无相关。为此，当前西部地区应大力提升银行业务创新能力，不断扩大投资渠道，积极扭转货币资产对产业结构升级的负面效应。一是要大力发展方便快捷的支付手段。应根据社会需求的总体变化，重新规划和设计银行营业网点的布局和功能；应根据所在区域客户的变化特征，提供更具针对性的个性化特色服务；应根据客户新的支付习惯，广泛推行网上银行、手机银行、电话银行等新兴支付方式。二是要创新房地产金融业务。要以个人住房信贷业务为重点，以住房装修信贷、汽车消费信贷、耐用品消费信贷为主体的多种消费信贷产品组合；要不断整合住房公积金及其衍生金融业务，加大委托住房资金归集力度，积极探索住房储蓄、住房抵押贷款证券化等新兴房地产金融业务，构建特色鲜明的住房金融业务产品组合。三是要积极兼营投资银行业务，尤其是要对目前西部地区发展不足的财务顾问、企业并购、项目融资、资产管理等衍生投行业务进行重点突破。四是要充分发挥区域银行优势，为本地中小企业提供更多资金支持，大力促进本地中小企业发展，尤其是第二、第三产业中的中小企业发展。

（2）创新证券市场产品，增强证券资产对产业结构升级的促进作用。实证结果表明，西部地区证券资产对产业结构升级具有重要促进作用。但目前西部地区上市公司数量偏少，证券资产总量不足。为此，今后应从以下两个方面来不断发展证券资产，增强其对产业结构升级的促进作用。一是要通过创新来丰富证券市场的金融产品。要把以融通资金为主要功能的货币市场，以及与实质性投融资直接相关的证券发行市场作为金融市场发展的重心，积极开发场外交易市场，有效抑制高风险性、高投机性和寻租性市场活动。二是要积极提供各种信息服务和上市指导，帮助更多中小企业上市。对已上市的公司，要加强监管，强化信息公布制度建设，不断提高上市公司质量和效益，为企业发展获得更多直接融资。在上市公司遇到困难时，要积极引入战略投资者，通过股权和资产置换，促进企业转型升级，并进一步带动整个区域产业结构调整，促进产业结构优化升级。

（3）增大保险资产总量，提升保险资产对产业结构升级的促进作用。由研究结论可知，当前西部地区保险资产总量较少，对产业结构升级的促进作用微弱。为此，今后西部地区保险资产发展的重点应是以增大保险资产总量为基础，密切关注与社会发展和人民群众生活紧密相关的热点问题和热点领域。要积极优化保险产品结构，创新保险产品服务类型，注重那些具有广泛社会需求的保险产品，如养老、医疗、教育、住房、责任等保险产品的开发，满足社会成员多层次的保险需求；要积极创新保险服务方式，扩展保险服务内涵，把保险服务向保险消费的各个环节进行有效渗透；要加强保险市场的监管制度和行业自律制度建设，通过加强保险中介机构培训考核制度和监管制度建设，规范中介机构的经营行为；要创造良好的外部政策环境，积极鼓励保险经纪公司的发展；要坚持以人为本，通过提升人力资源管理水平，促进保险营销人员提升服务意识，加快保险经纪人的成长。

10.2.2 增强技术创新能力，提升产业结构层次

作为一个国家或地区经济构成的重要因素，产业结构在经济发展中起着重要作用。一个国家和地区产业结构的优化不仅能促进经济增长方式的有效转变，同时还可带动生产要素重新分配，引导资金流量结构变化和金融结构调整。目前西部地区产业结构已进入工业化初期阶段，但仍处于"二三一"的结构分布状态，产业结构层次较低，与金融结构的协调程度较低，尚未形成金融结构与产业结构互相促进的良好局面。为此，今后西部地区应从以下三个方面入手来积极调整产业结构。

（1）深入改造传统农业。从总体上看，传统农业改造的好坏对金融结构调整

具有重要影响。这是因为：一方面，传统农业改造离不开金融支持，当对传统农业进行改造时，需要金融结构做出有利于其发展的结构调整；另一方面，传统农业改造有助于金融结构进一步优化调整基础的改善。由于历史及农业发展自身等诸多原因制约，西部地区的农业生产效率低，发展水平相对较低。目前西部地区应加大传统农业升级改造力度，提高农业产业化和现代化水平。具体措施包括：第一，大力发展以龙头企业为纽带的农业产业化经营，提升农业产业规模化经营水平；第二，培育农村产业化中介组织，解决农业生产中"小生产大市场"的矛盾；第三，完善配套措施，加强农业科技发展、加大农业投入、增强政策保护，为传统农业改造提供良好政策配套环境。

（2）大力升级传统工业。传统工业常常是一个国家或地区的经济支柱，其升级改造能否顺利进行，将直接影响到该国或地区产业结构升级步伐的快慢。从目前来看，西部地区传统工业的技术发展水平相对较低，经济效益较差，对该地区产业结构升级造成了较为严重的阻碍作用。为此，西部地区应积极应用新型适用技术，大力改造传统工业。具体措施包括：第一，集中政府资源，积极发展壮大高科技产业，引领整个产业结构向高科技方向转型升级；第二，积极打造支柱工业，为整个产业结构升级奠定坚实的产业基础，为金融机构提高信贷效益，形成良好的社会信贷结构创造有利的产业环境；第三，用高科技产业改造传统产业，通过先进科技增强传统产业企业的创新能力，通过利益引导机制，防止低水平、非经济规模项目建设，集中资金投资于影响大、效益高的重点项目上，形成新的经济增长点，为金融机构信贷对象结构的调整提供有力支持。

（3）加快发展第三产业。积极发展第三产业是促进市场经济发展、优化社会资源配置、提升金融结构与产业结构协调互动作用效应的重要途径。这一方面是因为第三产业包括的门类众多，各个门类第三产业的发展会产生多样化的金融需求，促进金融资产种类结构的多样化；另一方面是因为金融业本身也是第三产业的重要组成部分，与第三产业发展有着千丝万缕的联系，金融资产发展本身就是第三产业发展的应有之意。近年来，西部地区第三产业虽有较大发展，但与发达国家和地区相比，其发展总量仍不足，发展速度仍偏低，第三产业对金融结构调整的促进作用不明显。为此，西部地区在当前应在稳步发展第二产业的基础上，多方入手，大力提升第三产业的发展速度和水平，增大第三产业总量，为金融结构与产业结构协调发展创造有利条件。

10.2.3　夯实互动保障机制，构建协调发展环境

经济商品化与货币化、社会信用基础和信用制度、风险监管制度建设等基础性条件是一个国家或地区金融结构和产业结构协调互动作用能否有效发挥的重要

保障。西部地区在当前应从保障机制建设出发，通过对外部环境和基础性条件的建设，夯实金融结构调整和产业结构升级互动保障机制，完善二者协调发展的宏观环境，促进二者协调发展良好局面的形成。具体措施包括以下三点：

（1）提高经济商品化与货币化程度。经济商品化和货币化是金融资产形成的基础。一个社会的经济商品化和货币化程度越高，交换关系越复杂，金融需求的多样化、个性化、复杂化程度将越高。在现实中，随着社会对金融产品和金融服务需求的日益增加，金融工具和金融资产的需求也日益多样化。近年来，随着经济的发展，西部地区经济商品化和货币化程度得到了显著提高，但与发达市场经济国家或发达地区相比，该地区的经济商品化和货币化程度仍存在较大差距。为此，当前西部地区应借助我国全面建设小康社会的经济高速发展时期，大力推进城镇化和城市化建设，着力提高经济发展的商品化和货币化水平，积极推进金融资产多样化发展，从而为金融结构与产业结构协调互动作用关系的发挥创造有利的宏观经济环境。

（2）加强社会信用基础和信用制度建设。市场经济的实质是信用经济，而金融业的主要经营对象就是以信用经济为主要特征的信用商品和信用服务，金融交易成本的高低、金融产品和服务类型的多寡将直接由社会信用基础和信用制度的建设水平来决定。社会信用基础越厚实，社会信用制度越完善，金融结构将越合理，金融发展水平越高。从西部地区的现状来看，其社会信用基础发展相对较为薄弱，信用制度建设水平相对较低，金融创新水平受到较大阻碍，金融产品和服务类型受到较大制约，中小企业融资渠道不畅，发展相对滞后，居民个人储蓄形式较为单一，往往以国有银行储蓄形式而不以股票和企业债券的方式持有自己的盈余资金，形成了国有商业银行资产占据绝对垄断地位，证券类资产和非货币性金融资产发展滞后的单一金融结构现状。为此，西部地区应大力加强社会信用基础和信用制度建设，增强证券类和保险类金融资产的地位和作用，为金融结构与产业结构协调互动作用关系的发挥营造积极的宏观信用环境。

（3）优化外部监管环境，加强风险管理。金融监管的核心是风险防范。为此，西部地区应以本地区的基本区情为基础，以风险防范为中心，加强风险监管制度建设，强化金融风险监管力度，为金融结构与产业结构协调互动作用的发挥创造一个安全的宏观环境。具体来看，当前西部地区监管当局应不断强化风险监管理念，优化外部监管环境。要实现从合规性监管向风险性监管的有效转变，积极推进金融风险的动态监管机制，摒弃那种希望通过一个监管政策框架的制定从而一劳永逸解决所有风险监管问题的思想，紧跟金融发展步伐，因势而动，以动制动，运用创造性的监管理念、现代化的监管技术、科学的监管方法，通过全方位的持续性监管，降低金融风险，保证整个金融业的健康稳健运行，促进西部地区金融结构调整与产业结构良好协调互动关系的形成。

10.3　未来拓展方向

在本书的写作过程中，作者发现有关金融结构和产业结构协调互动关系这一课题尚有许多内容值得去深入研究。现将需要进一步去探讨的地方提出，供有兴趣者参考，这也是作者今后将继续深入研究的方向。

（1）指标构建方面，由于数据的可得性，本书采用的金融结构指标中仅包含货币资产、证券资产、保险资产三种类型。而现实情况是，除了这三种资产外，还有债券、期货、期权、民间金融等多种其他形式的金融资产，这些金融资产形式与产业结构之间是否存在协调互动关系，有待我们进一步去研究。

（2）实证研究方面，本书主要是基于外部结构、内部结构、空间结构视角对金融结构与产业结构的协调度进行研究。但在现实中，金融结构与产业结构的协调互动作用机制是多维的，从其他视角来看，二者是否存在协调互动关系？这一问题仍待我们在今后的研究中继续深入。

（3）研究视角方面，本书以 Chenery 的三次产业划分理论为依据来研究金融结构和产业结构之间的协调互动关系，这更多的是从宏观视角展开的研究。要使该方面的研究结论更具现实指导意义，今后的研究还可从行业视角、企业视角对金融结构和产业结构的协调互动关系进行深入探讨。

参 考 文 献

白钦先. 2003. 论以金融资源学说为基础的金融可持续发展理论与战略——兼论传统金融观到现代金融观的变迁[J]. 广东商学院学报,（5）：5-10.

博迪 Z, 莫顿 R C. 2000. 金融学[M]. 伊志宏译. 北京：中国人民出版社.

蔡则祥. 2006. 金融结构优化论[M]. 北京：中国社会科学出版社.

陈崎安. 2008. 我国金融资产结构对金融效率的影响研究[D]. 长沙：湖南大学金融学院.

陈晓玲, 李国平. 2006. 我国地区经济收敛的空间面板数据模型分析[J]. 经济科学,（10）：5-17.

党耀国, 刘思峰, 王庆丰. 2011. 区域产业结构优化理论与实践[M]. 北京：科学出版社.

董晓时. 1999. 金融结构的基础与发展[M]. 大连：东北财经大学出版社.

杜家廷. 2010. 中国区域金融发展差异分析——基于空间面板数据模型的研究[J]. 财经科学, 270（9）：33-41.

樊明太. 2005. 金融结构与货币传导机制[M]. 北京：中国社会科学出版社.

方贤明. 1999. 居民收入分配体制与储蓄投资机制[J]. 财贸经济,（4）：22-27.

何江, 张馨之. 2006. 中国区域经济增长及其收敛性：空间面板数据分析[J]. 南方经济,（5）：44-52.

黄凌云, 徐磊, 冉茂盛. 2009. 金融发展、外商直接投资与技术进步——基于中国省际面板数据的门槛模型分析[J]. 管理工程学报, 23（3）：16-22.

康继军, 张宗益, 傅蕴英. 2005. 金融发展与经济增长之因果关系——中国、日本、韩国的经验[J]. 金融研究, 304（10）：20-31.

李惠彬, 张丽阳, 曹国华. 2011. 区域金融发展与产业结构升级的相互作用机制——基于重庆市的实证分析[J]. 技术经济, 30（6）：69-73.

李健. 2003. 优化我国金融结构的理论思考[J]. 中央财经大学学报,（9）：1-8.

李敬, 冉光和, 万广华. 2007. 中国区域金融发展差异的解释——基于劳动分工理论与 Shapley 值分解方法[J]. 经济研究,（5）：42-54.

李茂生. 1987. 中国金融结构研究[M]. 太原：山西人民出版社.

李木祥, 钟子明, 冯宗茂. 2004. 中国金融结构与经济发展[M]. 北京：中国金融出版社.

林光平. 2006. 我国地区经济收敛的空间计量实证分析：1978—2002 年[J]. 经济学（季刊）, 4（10）：67-82.

林毅夫, 江烨. 2006. 发展战略、经济结构与银行业结构：来自中国的经验[J]. 管理世界,（1）：29-39.

林毅夫, 章奇, 刘明兴. 2003. 金融结构与经济增长：以制造业为例[J]. 世界经济,（1）：3-20.

刘仁伍. 2003. 区域金融结构和金融发展理论与实证研究[M]. 北京：经济管理出版社.

陆静. 2012. 金融发展与经济增长关系的理论与实证研究[J]. 中国管理科学, 20（1）: 177-184.

吕德宏. 2005. 西部金融结构重组及其金融政策研究[M]. 西安: 西北农林科技大学出版社.

皮力红, 裘丹红. 2006. 金融结构与经济增长关系的相关研究综述[J]. 哈尔滨工业大学学报（社会科学版）, 8（4）: 83-88.

青木昌彦. 2001. 比较制度分析[M]. 周黎安译. 上海: 上海远东出版社.

冉茂盛, 张宗益, 冯军. 2003. 中国金融发展对经济增长的影响程度分析[J]. 管理工程学报, 17（1）: 52-55.

宋泓明. 2004. 中国产业结构高级化分析[M]. 北京: 中国社会科学出版社.

孙伍琴. 2003. 不同金融结构下的金融功能比较[M]. 北京: 中国统计出版社.

陶良虎, 周军. 2004. 产业结构优化与产业政策调整[M]. 武汉: 武汉大学出版社.

王定祥, 李伶俐, 冉光和. 2009. 金融资本形成与经济增长[J]. 经济研究, （9）: 39-51.

王广谦. 2002. 中国金融发展中的结构问题分析[J]. 金融研究, 263（5）: 47-56.

王火生, 沈利生. 2007. 中国经济增长与能源消费空间面板分析[J]. 数量经济技术经济研究, （12）: 98-107.

王楠, 张晓峒. 2011. 基于 PVAR 模型的金融数字化资源与城市化进程的关联性研究[J]. 情报科学, 29（10）: 1518-1523.

王修华. 2010. 我国二元经济转换中的金融结构研究[M]. 长沙: 湖南大学出版社.

王兆星. 1990. 转轨时期的宏观金融管理[J]. 中央财政金融学院学报, （3）: 42-48.

吴晓求. 2005. 建立以市场为主导的现代金融体系[J]. 中国人民大学学报, （5）: 63-70.

吴新生. 2009. 金融发展与经济增长——基于面板数据的协整及因果关系检验[J]. 兰州商学院学报, 25（6）: 100-104.

杨德勇, 张宏艳. 2008. 产业结构研究导论[M]. 北京: 知识产权出版社.

殷剑峰. 2004. 不对称信息环境下的金融结构和经济增长[J]. 世界经济, （2）: 35-46.

于忠, 王继翔. 2000. 对我国银行业集中度决定因素的实证分析[J]. 统计研究, （3）: 102-106.

张立洲. 2002. 论金融结构、金融监管与中国金融发展[J]. 经济学动态, （7）: 35-39.

张平. 2005. 中国区域产业结构演进与优化[M]. 武汉: 武汉大学出版社.

张润林. 2008. 金融结构视角下的金融稳定研究[M]. 北京: 中国财政经济出版社.

赵玉林, 李文超. 2008. 基于系统动力学的产业结构演变规律仿真模拟实验研究[J]. 系统科学学报, 16（4）: 51-58.

周平. 2009. 我国金融资产结构调整与产业结构升级的协调性分析[D]. 兰州: 兰州商学院.

周振华. 1997. 中国地区发展新态势及其政策架构调整[J]. 经济学家, （1）: 67-74.

Adjasi C K D, Biekpe N B. 2006. Stock market development and economic growth: the case of selected African countries[J]. African Development Review, 18（1）: 141-161.

Akamatsu K. 1935. Waga kuni yomo kogyohin no boueki susei[J]. Shogyo Keizai Ronso, （13）: 129-212.

Allen F. 1999. Diversity of opinion and financing of new technologies[J]. Journal of Financial Intermediation，（8）：68-89.

Allen F，Gale D. 1999. Comparing Financial Systems[M]. Cambridge：MIT Press.

Amel D F. 1997. Determinants of etry profits local markets review of industrial organization[J]. European Review of Economic History，（12）：59-78.

Anoruo E，Ahmad Y. 2001. Causal relationship between domestic savings and economic growth：evidence from seven African countries[J]. African Development Review，13（2）：238-249.

Anselin L. 1988a. Spatial Econometrics：Methods and Models[M]. Dordrecht：Kluwer Academic Publishers.

Anselin L. 1988b. Lagrange multiplier test diagnostics for spatial dependence and spatial heterogeneity[J]. Geographical Analysis，（20）：1-17.

Anselin L. 2003. Spatial externalities，spatial multipliers，and spatial econometrics[J]. International Regional Science Review，（26）：153-166.

Anselin L，Florax R. 1995. Small sample properties of tests for spatial dependence in regression models：some further results[J]. Spatial Econometrics，（32）：21-74.

Anselin L，Hudak S. 1992. Spatial econometrics in practice：a review of software options[J]. Regional Science and Urban Economics，（22）：50-96.

Anselin L，Rey S. 1991. Properties of tests for spatial dependence in linear regression models[J]. Geographical Analysis，（23）：112-131.

Antzoulatos A A，Apergis N，Tsoumas C. 2011. Financial structure and industrial structure[J]. Bulletin of Economic Research，63（2）：109-139.

Atindehou R，Gueyie J P，Amenounve E K. 2005. Financial intermediation and economic growth：evidence from Western Africa[J]. Applied Financial Economics，15（11）：777-790.

Banerjee A，Newman A. 1993. Occupational choice and the process of economic development[J]. Journal of Political Economy，101（2）：274-298.

Barry R，Pace R K. 1999. A Monte Carlo estimator of the log determinant of large sparse matrices[J]. Linear Algebra and its Applications，（289）：41-54.

Beck T，Levine R. 2002. Industry growth and capital allocation：does having a market or bank-based system matter?[R]. NBER Working Paper No. 8982.

Beck T，Levine R. 2004. Stock markets，banks and growth：panel evidence[J]. Journal of Banking and Finance，（28）：423-442.

Bencivenga V R. 1993. Some consequences of credit rationing in an endogenous growth model[J]. Journal of Economic Dynamics and Control，17（2）：97-122.

Besanko D，Kanatas G. 1996. The regulation of bank capital：do capital standards promote bank safety[J]. Journal of Financial Intermediation，（5）：160-153.

Bhide A. 1993. The hidden costs of stock market liquidity[J]. Financial Economic，34（1）：51-52.

Binder M H C P. 2003. Estimation and inference in short panel vector autoregressions with unit roots and cointegration[J]. Econometric Theory，21（4）：795-837.

Boot A W，Thakor A V. 1997. Financial system architecture[J]. Review of Financial Studies，（10）：693-733.

Boot A W，Thakor A V. 2000. Can relationship banking survive competition[J]. Finance，55（3）：679-713.

Boyd J H，Smith B D. 1996. The co-evolution of the real and financial sectors in the growth process[J]. World Bank Economic Review，10（2）：371-396.

Boyd J H，Smith B D. 1998. The evolution of debt and equity markets in economic development[J]. Economic Theory，1（12）：519-560.

Burridge P. 1980. On the clifford test for spatial autocorrelation[J]. Journal of the Royal Statistical Society，（42）：107-108.

Canova F. 2003. Panel index VAR models: specification，estimation，testing and leading indicators[R]. CEPR Discussion Paper，No. 4033.

Canova F，Ciccarelli M. 2002. Bayesian panel VAR: specification，estimation，forecasting and leading indicators[R]. CEPR Working Paper.

Canova F，Ciccarelli M. 2004. Forecasting and turning point predictions in a Bayesian panel VAR model[J]. Journal of Econometrics，120（2）：327-359.

Chakraborty S，Ray T. 2007. Bank-based versus market-based financial systems: a growth theoretic analysis[J]. Journal of Monetary Economics，（53）：329-350.

Chamberlain G. 1984. Panel Data[M]. North-Holland: Handbook of Econometric.

Chang T，Caudill S B. 2005. Financial development and economic growth: the case of Taiwan[J]. Applied Economics，（37）：1329-1335.

Chenery H B，Syrquin M. 1986. Typical patterns of transformation[A]//Chenery H B，Robinson S，Syrquin M. Industrialization and Growth: A Comparative Study[C]. Oxford: Oxford University Press: 37-83.

Chenery H B，Syrquin M，Elkington H. 1975. Patterns of Development，1950-1970[M]. Oxford: Oxford University Press.

Choe C，Moosa I A. 1999. Financial system and economic growth: the Korean experience[J]. World Development，27（6）：1069-1082.

Choi I. 2001. Unit root tests for panel data[J]. Journal of International Money and Finance，20（2）：249-272.

Christopoulos D K，Tsionas E G. 2004. Financial development and economic growth: evidence from panel unit root and cointegration tests[J]. Journal of Development Economics，（73）：

55-74.

Claessens S, Laeven L. 2005. Financial sector competition, finance dependence, and economic growth[J]. Journal of the European Economic Association, 3 (1): 179-207.

Clark C G. 1940. Condition of Economic Progress[M]. London: Macmillian.

Demirguc-Kunt A, Levine R. 1996. Stock market development and financial intermediaries: stylized facts[J]. World Bank Economic Review, 10 (2): 291-322.

Demirguc-Kunt A, Levine R. 1999. Bank-based and market-based financial systems: cross-country comparisons[R]. World Bank Working Paper, No. 2143.

Diamond D W. 1984. Financial intermediation and delegated monitoring[J]. Review of Economic Study, 51 (3): 393-414.

Dianmond D W. 1991. Monitoring and reputation: the choice between bank loans and directly palced debt[J]. Journal of Political Economy, 99: 689-721.

Elhorst P J. 2003. Specification and estimation of spatial panel data models[J]. International Regional Sciences Review, (26): 244-268.

Engle R F, Granger C W J. 1987. Co-integration and error correction representation, estimation, and test[J]. Econometrica, 55 (2): 251-276.

Ergungor E. 2008. Financial system structure and economic growth: structure matters[J]. International Review of Economics and Finance, (17): 292-305.

Fisher A G B. 1935. The Clash of Progress and Security[M]. London: Macmillian.

Fisher R A. 1925. Statistical Methods for Research Workers[M]. Edinburgh: Genesis Publishing Pvt Ltd.

Ghirmay T. 2004. Financial development and economic growth in Sub-Saharan African countries: evidence from time series analysis[J]. African Development Review, 16 (3): 415-432.

Goldsmith R. 1969. Financial Structure and Economic Development[M]. New Haven: Yale University Press, (5): 155-213.

Granger C W J. 1969. Investigating causal relations by econometric models and cross-spectral methods[J]. The Econometric Society, (37): 424-438.

Gries T, Kraft M, Meierrieks D. 2009. Linkages between financial deepening, trade openness, and economic development: causality evidence from Sub-Saharan Africa[J]. World Development, 37 (12): 1849-1860.

Grossman S, Hart O. 1979. A theory of competitive equilibrium in stock market economics[J]. Econometrica, 47 (2): 293-329.

Gurley J G, Shaw E S. 1955. Financial aspects of economic development[J]. American Economic Review, 45 (4): 515-518.

Gurley J G, Shaw E S. 1956. Financial intermediaries and the saving investment process[J]. Journal of Finance, 11 (2): 257-276.

Hall D T. 1990. Promoting work/family balance: an organization change approach[J]. Organizational Dynamics, 18 (3): 5-18.

Harris I. 1994. A Test of the Null Hypothesis of Cointegration in Non-Stationary Time Series Analysis and Cointegration[M]. New York: Oxford University Press.

Hirschman A O. 1958. The Strategy of Economic Development[M]. New Haven: Yale University Press.

Holmstrom B. 1996. Financing of investment in eastern europe[J]. Industrial and Corporate Change, (5): 205-237.

Holmstrom B, Tirole J. 1997. Financial intermediation, loanable funds, and the real sector[J]. Quarterly Journal of Economics, 112: 663-691.

Holtz-Eakin D. 1988. Testing for individual effects in autoregressive models[J]. Journal of Econometrics, 39 (3): 297-307.

Holtz-Eakin D, Newey W, Rosen H S. 1988. Estimating vector autoregressions with panel data[J]. Journal of the Econometric Society, 56 (6): 1371-1395.

Hurlin C. 2004. Testing granger causality in heterogeneous panel data models with fixed coefficients [R]. Paris: university Paris IX Dauphine.

Hurlin C, Venet B. 2001. Granger causality in panel data models with fixed coefficients[R]. Paris: University Paris IX Dauphine.

Im E I. 1997. Narrower eigenbounds for Hadamard products[J]. Linear Algebra and its Applications, 264 (10): 141-144.

Im K S, Pesaran M H, Shin Y. 1996. Testing for unit roots in heterogeneous panels[R]. University of Cambridge, Discussion Paper.

Johansen S, Juselius K. 1992. Testing structural hypotheses in a multivariate cointegration analysis of the PPP and the UIP for UK[J]. Journal of Econometrics, 53 (1): 211-244.

Kao C. 1999. Spurious regression and residual-based tests for cointegration in panel data[J]. Journal of Econometrics, 90 (1): 1-44.

Kelejian H H, Prucha I R. 1999. A generalized moments estimator for the autoregressive parameter in a spatial model[J]. International Economic Review, (40): 509-533.

Kuznets S. 1971. Economic Growth of Nations: Total Output and Production Structure[M]. Cambridge: Harvard University Press.

Kwiatowski D, Phillips P C B, Schmidt P, et al. 1992. Testing the null hypothesis of stationarity against the alternative of a unit root[J]. Journal of Econometrics, (54): 91-115.

LaPorta R, Lopez-de-Silanes F, Shleifer A. 1997. Legal determinant of external finance[J]. Journal of Finance, 52 (3): 1131-1150.

LaPorta R，Lopez-de-Silanes F，Shleifer A. 1998. Law and finance[J]. Journal of Political Economy，106（6）：1113-1155.

LaPorta R，Lopez-de-Silanes F，Shleifer A. 2000. Investor protection and corporate governance[J]. Journal of Financial Economics，58（1）：3-27.

Lee B S. 2012. Bank-based and market-based financial systems：time-series evidence[J]. Pacific-Basin Finance Journal，（20）：173-197.

Levin A，Lin C F. 1993. Unit root test in panel data：new results[R]. San Diego：Department of Economics，University of California.

Levin A，Lin C F，Chu C S J. 2002. Unit root tests in panel data：asymptotic and finite-sample properties[J]. Journal of Econometrics，108（1）：1-24.

Levine R. 1997. Financial development and economic growth：views and agenda[J]. Journal of Economic Literature，35（92）：688-726.

Levine R. 1998. The legal environment，banks，and long-run economic growth[J]. Journal of Money，（30）：596-620.

Levine R. 1999. Law，financial，and economic growth[J]. Journal of Financial Intermediation，8（2）：36-67.

Levine R. 2003. Bank-based or market-based financial systems：which is better[J]. Journal of Financial Intermediation，（11）：398-428.

Lucas Jr R E. 1988. On the mechanism of eonomic development[J]. Journal of Monetary Economics，（22）：3-22.

Luintel K B，Khan M，Arestis P，et al. 2008. Financial structure and economic growth[J]. Journal of Development Economics，（86）：181-200.

McCoskey S，Kao C. 1998. A residual-based test of the null cointegration in panel data[J]. Econometric Reviews，（17）：57-84.

McKinnon R I. 1973. Money and Capital in Economic Development[M]. Washington D C：Brookings Institution：4-55.

Mill J S. 1844. Essays on Some Unsettled Questions of Political Economy[M]. Toronto：University of Toronto Press.

Moran P. 1948. The interpretation on statistical maps[J]. Journal of the Royal Statistical Society，（10）：243-251.

Pedroni P. 2004. Panel cointegration：asymptotic and finite sample properties of pooled time series tests with an application to the PPP hypothesis[J]. Econometric Theory，20（3）：597-625.

Pesaran M H，Smith R. 1995. Estimating long-run relationships from dynamic heterogeneous panels[J]. Journal of Econometrics，68（1）：79-113.

Phillips P C B，Moon H R. 1999. Linear regression limit theory for nonstationary panel data[J].

Econometrica，67（5）：1057-1111.

Rajan R G. 1992. Insiders and outsiders: the choice between informed and arms length debt[J]. Journal of Finance，47（4）：1367-1400.

Rajan R G. 1999. Financial systems，industrial structure and growth[D]. Chicago: University of Chicago.

Rajan R G，Zingales L. 1998. Financial dependence and growth[J]. American Economic Review，（88）：559-586.

Rajan R G，Zingales L. 2003. The great reversals: the politics of financial development in the 20th century[J]. Journal of Financial Economics，（69）：5-50.

Ramakrishan R T S，Thakor A V. 1984. Information reliability and theory of financial intermediation[J]. The Review of Economic Studies，51（3）：415-432.

Rostow W W. 1960. The Process of Economic Growth[M]. Oxford: Oxford University Press.

Schumpeter J. 1912. The Theory of Economic Development[M]. Cambridge: Harvard University Press.

Shaw E. 1973. Financial Deepening in Economic Development[M]. Oxford: Oxford University Press: 10-45.

Shin Y. 1994. A residual-based test of the null of cointegration against the alternative of no cointegration[J]. Econometric Theory，（19）：91-115.

Sirrie R. 1995. The Economics of Pooling[M]. Boston: Harvard Business School Press.

Smirnov O，Anselin L. 2001. Fast maximum likelihood estimation of very large spatial autoregressive models: a characteristic polynomial approach[J]. Computational Statistics and Data Analysis，35（3）：301-319.

Stiglitz J E. 1985. Credit markets and the control of capital[J]. Journal of Money Credit and Banking，17（2）：133-152.

Stulz R M. 2002. Financial Structure，Corporate Finance，and Economic Growth[M]. Cambridge: MIT Press: 143-188.

Syrquin M，Chenery H B. 1989. Three decades of industrialization[J]. The World Bank Economic Review，3（2）：145-181.

Tadesse S. 2002. Financial architecture and economic performance: international evidence[J]. Journal of Financial Intermediation，11（4）：429-454.

Wenger E，Kaserer C. 1998. German banks and corporate governance: a critical view[A]//Hopt K J，Kanda H，Roe M J，et al. Comparative Corporate Governance: The State of the Art and Emerging Research[C]. Oxford: Clarendon Press: 499-536.